Logística na cadeia de suprimentos
uma perspectiva gerencial

Logística na cadeia de suprimentos
uma perspectiva gerencial

David A. Taylor, Ph.D.

Tradução
Claudia Freire

Revisão Técnica
Prof. Eng⁰ Paulo Roberto Leite
Pós-graduado pela Fundação Getulio Vargas
Mestre em Administração de Empresas pela
Universidade Presbiteriana Mackenzie
Professor, conferencista e consultor empresarial
na área de Logística Empresarial
Idealizador e coordenador, até 2003, dos cursos de
pós-graduação em Logística Empresarial na
Universidade Presbiteriana Mackenzie

© 2005 by Pearson Education do Brasil
Título original: Supply Chains: A Manager's Guide
© 2004 by David A. Taylor
Publicação autorizada a partir da edição original em inglês publicada pela
Pearson Education, Inc. sob o selo Addison Wesley.

Todos os direitos reservados. Nenhuma parte desta publicação poderá ser reproduzida ou transmitida de qualquer modo ou por qualquer outro meio, eletrônico ou mecânico, incluindo fotocópia, gravação ou qualquer outro tipo de sistema de armazenamento e transmissão de informação, sem prévia autorização, por escrito, da Pearson Education do Brasil.

Diretor Editorial: José Braga
Gerente Editorial: Roger Trimer
Gerente de Produção: Heber Lisboa
Editora dIVe Desenvolvimento: Renatha Prado
Editora de Texto: Adriane Gozzo
Preparação: Felice Morabito
Revisão: Rita Sorrocha
Capa: Marcelo Françozo, a partir do projeto original
Editoração Eletrônica: ERJ Composição Editorial e Artes Gráficas Ltda.

Dados Internacionais de Catalogação na Publicação (CIP)
(Câmara Brasileira do Livro, SP, Brasil)

Taylor, David A.
  Logística na Cadeia de Suprimentos: uma perspectiva gerencial / David A. Taylor ; tradutora Claudia Freire ; revisor técnico Paulo Roberto Leite. -- São Paulo : Pearson Addison-Wesley, 2005.

  ISBN 978-85-88639-19-5

  1. Logística (Organização) I. Título.

04-8539   CDD-658.7

Índice para catálogo sistemático:

1. Cadeia de suprimentos : Logística : Gerenciamento
   de materiais : Administração de empresas   658.7

Direitos exclusivos cedidos à
Pearson Education do Brasil Ltda.,
uma empresa do grupo Pearson Education
Avenida Francisco Matarazzo, 1400
Torre Milano – 7o andar
CEP: 05033-070 -São Paulo-SP-Brasil
Telefone 19 3743-2155
pearsonuniversidades@pearson.com

Distribuição
Grupo A Educação
www.grupoa.com.br
Fone: 0800 703 3444

Sumário

Agradecimentos IX
Introdução XI
Sobre a Capa XV

Parte I
Desafios

1
A Nova Concorrência

A Emoção da Vitória 3
A Agonia da Derrota 8
Um Jogo de Alto Risco 13
A Nova Concorrência 15
Exercícios 19

2
As Regras do Jogo

Instalações e Links 20
Demanda, Suprimento e Caixa 24
Distribuição e Compras 30
Complexidade e Variabilidade 34
Exercícios 39

3
Vencendo como um Time

Programas de Suprimento JIT 41
Programas de Reposição no Varejo 45
O Problema dos Programas 49
Insights da Teoria dos Jogos 55
Vencendo pela Colaboração 61
Exercícios 65

Parte II
Soluções

4
Cadeias de Suprimentos como Sistemas

A Cibernética dos Negócios 69
Conjunto de Relações Não Amigáveis 73
A Dinâmica do Atraso 77
Feedback e Estabilidade 81
Exercícios 85

5
Modelando a Cadeia de Suprimentos

Exemplos de Modelos 86
Modelos Conceituais 90
Modelos Matemáticos 92
Modelos de Simulação 97
Combinando os Modelos 103
Exercícios 106

6
Softwares de Cadeia de Suprimentos

A Plataforma de Manufatura 107
Sistemas de Planejamento Avançado 110
Aplicativos de Cadeias de Suprimentos 113
Modelos de Negócios Implícitos 116
Sistemas Baseados na Internet 118
Exercícios 123

Parte III
Operações

7
Atendendo à Demanda

Comunicando a Demanda 128
Processando um Pedido 132
Reunindo os Produtos 138
Envio do Pedido 142
Cobrança 144
Agilizando o Atendimento 147
Exercícios 150

8
Mantendo o Suprimento

Acionando o Reabastecimento 153
Determinando a Quantidade do Pedido 156
Mantendo o Estoque de Segurança 158
Simplificando o Reabastecimento 164
Exercícios 169

9
Avaliando o Desempenho

Medindo o Tempo 170
Medindo o Custo 177
Medindo a Eficiência 181
Medindo a Eficácia 185
Exercícios 189

Parte IV
Planejamento

10
Prevendo a Demanda

Projetando Tendências 193
Agregação da Demanda 197
Analisando o Futuro 202
Integrando as Previsões 207
Exercícios 211

11
Programando o Suprimento

Planejando com o ERP 213
Otimizando com o APS 217
Validando com Simuladores 221
Integrando as Programações 225
Exercícios 231

12
Melhorando o Desempenho

Definindo Objetivos 232
Evitando Conflitos 236
Alinhando Incentivos 242
Aperfeiçoando o Planejamento 246
Exercícios 245

Parte V
Projeto

13
Controlando a Demanda

Conhecendo o Cliente 255
Analisando o Produto 259
Configurando a Demanda 266
Estabilizando a Demanda 270
Exercícios 273

14
Projetando a Cadeia

Escolhendo uma Estratégia 275
Explorando suas Opções 279
Projetando a Cadeia 285
Exercícios 292

15
Maximizando o Desempenho

Aumentando a Velocidade 294
Centralizando o Risco 297
Projetando o Produto 303
Adiando a Diferenciação 307
Exercícios 312

Observações sobre as Fontes 313

Leituras Sugeridas 319

Glossário 321

Índice 340

Agradecimentos

Gostaria de agradecer a Kevin Dick, Jill Dyche, Dirk Riehle e Jill Mizano pelas cuidadosas e construtivas revisões deste livro. Sou especialmente grato a Kevin, cujo conhecimento excepcional em economia e tecnologia da informação me ajudou imensamente a unir essas duas disciplinas. Agradeço também a John Fuller, Mary O'Brien, Tyrrell Albaugh e ao restante da equipe da Addison-Wesley que junto com a revisora *free-lance* Carol Noble se dedicaram com afinco em todas as etapas de criação da obra. Porém, minha maior gratidão é, como sempre, à minha esposa, Nina. Ela não só me apoiou e incentivou durante os dois anos em que escrevi o livro como se valeu de sua própria habilidade como escritora e estrategista de negócios para aprimorar consideravelmente o resultado final deste trabalho.

Introdução

Em maio de 2001, a Nike anunciou que havia sofrido perda nas vendas no trimestre anterior por causa de problemas em sua cadeia de suprimentos. O valor da perda foi expressivo: US$ 100 milhões. Passados três meses, a Cisco Systems divulgou que houve depreciação de seus estoques não utilizados, causada por alguma confusão em *sua* cadeia de suprimentos. O montante dessa depreciação foi ainda mais impressionante: US$ 2,2 bilhões. Incidentes isolados? Apenas em termos de grandeza, fracassos nas cadeias de suprimentos estão se tornando cada vez mais comuns e custando caro às empresas. Além de seu impacto nos lucros, os problemas na cadeia de suprimentos exercem um efeito devastador nos preços das ações, levando a uma perda média de US$ 350 milhões na participação dos acionistas em cada incidente desse tipo. É um preço elevado demais a ser pago por um único erro.

Fracassos na cadeia de suprimentos podem ser devastadores

O outro lado dessa moeda é que, como a Dell e o Wal-Mart demonstram diariamente, acertar os ponteiros da cadeia de suprimentos pode resultar em uma significativa vantagem competitiva, permitindo que novas empresas derrotem líderes fortalecidos no mercado. Por que a cadeia de suprimentos é tão importante para a obtenção do sucesso? Porque é a nova fronteira dos negócios. A manufatura moderna excluiu grande parte do excesso de tempo e custos do processo de produção, assim há pouca vantagem a ser ganha na fábrica. Porém, ainda que as cadeias de suprimentos sejam notoriamente suscetíveis a erros e desperdícios, podem oferecer oportunidades inigualáveis para a conquista de vantagem competitiva. O resultado disso é uma modificação fundamental na natureza da concorrência. A batalha pelo domínio no mercado deixou de ser travada entre empresas rivais. Agora, a nova concorrência pressupõe cadeias de suprimentos *versus* cadeias de suprimentos.

A concorrência agora é entre cadeias de suprimentos

O que torna essa nova concorrência tão desafiadora é o nível de cooperação que ela requer. Para formar equipes vencedoras, as empresas precisam destruir as barreiras entre os silos funcionais

Cooperação é a chave para o sucesso

dentro de suas organizações e devem substituir relacionamentos antagônicos por uma colaboração em que todas as partes se beneficiam ao longo da cadeia de suprimentos. Conseguir estabelecer esse nível de cooperação não é fácil, mas as empresas mais bem-sucedidas estão colocando isso em prática e já se posicionam com vantagem no mercado.

Todos os gerentes são responsáveis pela cadeia de suprimentos

Como derivado dessa nova concorrência, o gerenciamento da cadeia de suprimentos passou de função de suporte para habilidade essencial, envolvendo a empresa como um todo. O gerenciamento da cadeia não pode mais ser responsabilidade apenas de especialistas; a nova concorrência exige que todos os gerentes sejam responsáveis pela cadeia de suprimentos. Se sua empresa estabelece algum tipo de contato com um produto a ser encaminhado ao mercado, ela já faz parte de uma cadeia de suprimentos, e só haverá sucesso no cenário da nova concorrência se você e seus colegas gerentes compreenderem o que deve ser feito para tornar a cadeia mais eficiente e eficaz possível.

Este é seu guia para a nova concorrência

Pode ser difícil compreender esse conceito, já que o gerenciamento da cadeia de suprimentos é um assunto técnico e profundo. A maioria dos livros sobre cadeias de suprimentos oferece fórmulas simplistas para o sucesso, em que uma única solução se adapta a qualquer problema, ou então análises tão detalhadas indicadas apenas para especialistas. Neste livro, tentei oferecer a visão geral equilibrada de que você precisa, incluindo informações suficientes para que você possa tomar decisões inteligentes sem precisar se afogar em detalhes. Pense neste livro como seu guia tático para o novo jogo da concorrência.

O livro foi organizado considerando suas necessidades

O livro foi dividido em cinco partes, com três capítulos cada uma, conforme mostra a Figura I. A primeira parte discorre sobre o desafio dos negócios; a segunda descreve as ferramentas necessárias para que você supere tal desafio; as demais explicam o gerenciamento da cadeia de suprimentos em três níveis: operações, planejamento e projeto. As últimas três partes foram estruturadas da mesma forma, com um capítulo sobre demanda, suprimento e desempenho em cada uma delas. Essa estrutura em comum oferece um conjunto exclusivo de nove capítulos, possibilitando a compreensão e a solução dos problemas referentes à cadeia de suprimentos. No final do livro, você encontrará as fontes dos fatos citados no texto, algumas sugestões de leitura e um glossário dos termos mais utilizados.

PARTE I: Desafios	1	A Nova Concorrência	2	As Regras do Jogo	3	Vencendo como um Time
PARTE II: Soluções	4	Cadeias de Suprimentos como Sistemas	5	Modelando a Cadeia de Suprimentos	6	Softwares de Cadeia de Suprimentos
		Demanda		Suprimento		Desempenho
PARTE III: Operações	7	Atendendo à Demanda	8	Mantendo o Suprimento	9	Avaliando o Desempenho
PARTE IV: Planejamento	10	Prevendo a Demanda	11	Programando o Suprimento	12	Melhorando o Desempenho
PARTE V: Projeto	13	Controlando a Demanda	14	Projetando a Cadeia	15	Maximizando o Desempenho

Figura 1
Organização do livro

Suponho que você seja muito ocupado e não tenha tempo para ler. Por isso, adotei algo que apelidei de *guia rápido*, para ajudá-lo a captar as informações rapidamente. Como você pôde ver aqui, o guia rápido resume o tópico principal de cada parágrafo. Este é o quinto livro que escrevo utilizando essa técnica, desde que a criei há 15 anos, e continuo a aplicando, pois meus fiéis leitores ameaçaram atirar em mim se eu a descartasse. Na verdade, muitos gerentes já me disseram que a melhor coisa de meus livros é que você não precisa realmente lê-los. Você pode obter todas as informações necessárias passando os olhos pelo guia rápido e vendo as figuras. Nunca sei se devo tomar isso como elogio ou ofensa, mas, de qualquer forma, aqui está.

O guia rápido facilita sua leitura

Não se intimide em ler o livro desordenadamente. A Parte I é um resumo sobre a concorrência baseada em cadeias de suprimentos; se você só precisa de um panorama geral, lá o encontrará. A Parte II é uma introdução às ferramentas de cadeias de suprimentos; dependendo de suas necessidades, você pode estudar essa parte, dar uma lida rápida ou simplesmente ignorá-la. A organização das outras seções permite que você leia o material em partes, analisando a Parte IV para entender mais sobre planejamento, por exemplo.

É possível ler o livro selecionando o que mais o interessa

ou os capítulos 7, 10 e 13 para uma jornada pelo gerenciamento da demanda.

Um glossário o ajudará com os termos técnicos

Como todas as disciplinas técnicas, o gerenciamento da cadeia de suprimentos criou termos para ajudar os especialistas a se comunicar entre si, mantendo a distância de intrusos. Para facilitar sua leitura, utilizei termos técnicos apenas quando foi estritamente necessário e mantive o mínimo de abreviações possível. Porém, também tive a preocupação em muni-lo com o vocabulário sobre o assunto e, dessa forma, apresentei os termos à medida que foram surgindo no texto, destacando-os em negrito e definindo-os no glossário.

O site possui materiais adicionais

Uma ótima maneira de ampliar sua compreensão sobre cadeias suprimentos é visitando o site deste livro, no endereço: www.grupoa.com.br, onde você encontrará:

- respostas dos exercícios;
- apresentações em PowerPoint das figuras do livro para professores.

David A. Taylor, Ph.D.

NOTA: O Professor Paulo Roberto Leite, revisor técnico desta obra e autor do livro *Logística reversa — meio ambiente e competitividade* (Pearson Prentice Hall, 2003), elaborou os exercícios ao final dos capítulos.

Sobre a Capa

A imagem da capa deste livro é a *n. 39* da *Kroeber series*, do fotógrafo Jay Dunitz. Em 1980, Dunitz encontrou um amontoado de sobras de metal descartado em um pátio, ao ar livre, por estudantes de artes da Universidade da Califórnia, em Berkeley. Reorganizando essas peças e fotografando-as à luz do dia, o próprio Dunitz criou esculturas não-permanentes que agora estão preservadas em seu livro *Pacific light*, publicado pela Beyond Words em 1989. Este é o terceiro livro de David Taylor a ser ilustrado por uma imagem da Kroeber series. O primeiro foi o aclamado *Object technology: a manager's guide*. Perguntado sobre o motivo de sua paixão por essas imagens, doutor Taylor explicou: "Meu objetivo como escritor é identificar as idéias principais, organizá-las da forma que melhor revele sua estrutura fundamental e comunicá-las com o maior nível de clareza possível. Não consigo imaginar uma representação gráfica melhor desse objetivo que as figuras de Jay Dunitz".

PARTE I

Desafios

PARTE I: Desafios	1	A Nova Concorrência	2	As Regras do Jogo	3	Vencendo como um Time
PARTE II: Soluções	4	Cadeias de Suprimentos como Sistemas	5	Modelando a Cadeia de Suprimentos	6	Softwares de Cadeia de Suprimentos

		Demanda		Suprimento		Desempenho
PARTE III: Operações	7	Atendendo à Demanda	8	Mantendo o Suprimento	9	Avaliando o Desempenho
PARTE IV: Planejamento	10	Prevendo a Demanda	11	Programando o Suprimento	12	Melhorando o Desempenho
PARTE V: Projeto	13	Controlando a Demanda	14	Projetando a Cadeia	15	Maximizando o Desempenho

1

A Nova Concorrência

O modo de gerenciar a cadeia de suprimentos pode levantar ou derrubar sua empresa. Algumas das mais espetaculares histórias de sucesso registradas nos últimos 20 anos foram pautadas na tentativa de encontrar maneiras mais eficazes de levar os produtos aos clientes. Porém, também houve alguns fracassos seguindo paralelamente por esse caminho. Trata-se de um jogo de altos riscos e não há muita opção entre querer ou não jogar; se sua empresa estabelece qualquer relação com um produto, ela já faz parte de uma cadeia de suprimentos e seu sucesso se prende pelo elo mais frágil dessa cadeia. Por quê? Porque a natureza da concorrência está passando da batalha clássica entre empresas para o confronto entre cadeias de suprimentos.

A Emoção da Vitória

A Siemens CT, de Forchheim, na Alemanha, fabrica máquinas de raios X para tomografia computadorizada para hospitais e laboratórios de diagnóstico do mundo todo. O preço unitário dessas máquinas é de aproximadamente US$ 500 mil e elas são personalizadas para cada cliente. Há seis anos, a Siemens CT se viu enfrentando aumento nos custos e queda acentuada nos preços, o que ameaçou seu posicionamento nesse lucrativo setor do mercado. A resposta da empresa foi a reinvenção completa na forma de preparar, montar e entregar os produtos. Foram cortados dois níveis da média gerência, a empresa foi reestruturada em equipes, alinharam-se incentivos ao sucesso da cadeia de suprimentos e deixou-se a imaginação fluir. Entre outras mudanças, as equipes estreitaram os laços com os fornecedores, eliminaram depósitos intermediários, adotaram técnicas de produção just-in-time e passaram a utilizar o frete aéreo para realizar entregas aos clientes localizados fora da Europa.

A Siemens CT reinventou sua cadeia de suprimentos

Hoje, a Siemens CT possui uma cadeia-modelo de suprimentos que estabeleceu um novo padrão de melhores práticas em seu setor. O lead time de suas máquinas fabricadas por encomenda passou de 22 semanas para apenas duas. O índice de entregas pontuais pas-

O lead time passou de seis meses para duas semanas

sou de 60% para 99,3%, e *pontual* agora significa entregar em um intervalo de duas horas — um feito impressionante para operações que exigem a interdição de ruas e o uso de guindastes. O custo para alcançar resultados tão excepcionais? Zero. Esses ganhos em desempenho foram acompanhados por uma redução de 40% nos estoques, diminuição de 50% de espaço na fábrica, tempo de montagem 76% menor e custos totais 30% mais baixos. A empresa também conseguiu duplicar sua produção para 1.250 máquinas por ano sem precisar aumentar seu número de operadores.

A Gillette registrou redução de US$ 400 milhões em estoques

Seria difícil igualar o sucesso formidável da Siemens, mas essa empresa não está sozinha em termos de disposição para recriar a cadeia de suprimentos. No final da década de 90, a Gillette Company, fornecedora de bens de consumo com receita de US$ 9 bilhões, começou a notar perda de participação no mercado devido ao aumento vertiginoso de custos. Em janeiro de 2000, a empresa criou um novo tipo de grupo operacional, unificando compras, embalagens, logística e gerenciamento de materiais em uma única organização com poderes para reestruturar totalmente sua cadeia de suprimentos. Ao longo dos 18 meses subseqüentes, o grupo reduziu o estoque total na cadeia em 30%, eliminando materiais estocados por 40 dias que representavam um custo de US$ 400 milhões. A organização responsável pela cadeia de suprimentos acredita que só agora conseguiu recuperar o tempo perdido, mas já permitiu que a empresa economizasse US$ 90 milhões.

A Chrysler recriou sua cadeia de suprimentos em 1990

Esses relatos de cadeias de suprimentos bem-sucedidas são animadores, mas não há nada de novo nas técnicas adotadas por essas empresas. Nos anos 80, a Chrysler Corporation estava com a corda no pescoço, chegando ao final da década com perdas no último trimestre somando US$ 664 milhões. Desesperada para encontrar uma saída dessa areia movediça financeira, a empresa decidiu experimentar algumas técnicas utilizadas por fabricantes japoneses de automóveis. Assim como a Siemens CT e a Gillette fariam uma década depois, a Chrysler formou equipes multifuncionais concentrando design, engenharia, manufatura, compras, marketing e finanças e concedeu a essas equipes o poder necessário para redesenhar a cadeia de suprimentos. As equipes cortaram a base de fornecedores pela metade, escalaram os fornecedores restantes para o design de uma nova geração de carros e estabeleceram relacionamentos de longo prazo baseados na confiança e não na coerção. Em vez de pressionar os fornecedores com relação a preços, como fazia no passado, a Chrysler passou a solicitar a ajuda dos fornecedores para encontrar formas de gerar economia ao fabricante de automóveis. Mais surpreendentemente ainda, a empresa se ofereceu para dividir a economia com os fornecedores em lugar de pedir que a repassassem toda para a Chrysler.

A Chrysler denominou esse programa de compartilhamento de esforços de redução de custos do fornecedor, ou Score (*supplier cost reduction effort*). A empresa anunciou o Score em 1990 para uma base de fornecedores extremamente cética. Mas, assim que os fornecedores perceberam que não se tratava de um embuste, ou seja, que a Chrysler realmente tinha a intenção de fazer parcerias com seus fornecedores e dividir os ganhos, as idéias não pararam mais de surgir. Em 1995, a empresa implementou 5.300 idéias sugeridas por fornecedores, resultando em economia líquida anual de US$ 1,7 bilhão. O custo de desenvolvimento de um novo carro foi reduzido em 40% e o tempo necessário para o processo de desenvolvimento caiu de 234 para 160 semanas. Simultaneamente, o lucro da Chrysler por veículo teve aumento de cerca de US$ 250 em meados da década de 80 para US$ 2.110 por volta da década de 90, representando uma elevação de 844%.

O Score gerou economia de US$ 1,7 bilhão por ano para a Chrysler

A Chrysler não foi a única empresa a se prevenir do fracasso remodelando sua cadeia de suprimentos. Em 1997, a Apple Computer perdia US$ 1 bilhão por ano e estava prestes a falir. A mudança mais visível foi o retorno de Steve Jobs à empresa, mas foi a recriação total de sua cadeia de suprimentos que a salvou. Entre outras modificações, a Apple descontinuou 15 de seus 19 produtos, adotou técnicas de produção just-in-time para os produtos remanescentes, revisou seu sistema de previsão de vendas e iniciou um incessante esforço, visando à diminuição dos estoques. Em dois anos, a empresa, que mantinha estoques de um mês, no valor de US$ 437 milhões, passou a manter estoques de alguns dias, avaliados em apenas US$ 25 milhões. A redução nos estoques foi de 94%, as margens brutas se elevaram em 40% e a Apple continua no mercado até hoje.

A Apple reduziu seus estoques em 94%

A cadeia de suprimentos tornou a Amazon lucrativa

Falando em continuar no mercado, a Amazon.com Inc., uma das poucas empresas de internet sobreviventes, anunciou seu primeiro lucro no último trimestre de 2001. Esse lucro não serve como defesa do modelo de comércio eletrônico, pois foi obtido graças a um esforço intenso de um ano para consertar a confusa cadeia de suprimentos da empresa. Os problemas eram tão sérios que 12% do estoque recebido era encaminhado ao local errado de armazenagem, provocando um enorme desperdício de tempo e energia, porque a empresa precisava desdobrar-se para localizar os próprios produtos. Um ano mais tarde, após a instalação de melhores controles de estoque, a Amazon já reduzia aquele índice para 4%, ainda longe da perfeição, mas fora da corda bamba. A empresa também passou a combinar suas entregas para ganhar economias de escala, enviando 40% dessas entregas em cargas cheias diretamente às cidades de destino. Resultados: redução de 18% em estoques, eliminação de US$ 31 milhões em mercadorias com pouca saída e diminuição em 17% nos gastos de atendimento, permitindo economia ainda maior de US$ 22 milhões. Essa economia pode parecer pouco significativa se a compararmos com os exemplos anteriores, mas sem ela o lucro líquido de US$ 5 milhões da Amazon certamente não poderia ter sido obtido.

As reduções de custo são apenas parte da história

As vitórias conquistadas pela Siemens, Gillette, Chrysler, Apple e Amazon ilustram o tremendo impacto do desempenho da cadeia de suprimentos no custo da realização dos negócios. Essa economia é de importância vital e os gerentes sabem muito bem disso: a redução de custos é o principal motivo que leva as empresas a iniciar melhorias em sua cadeia de suprimentos. Mas há uma oportunidade ainda maior nesse contexto: o aperfeiçoamento na cadeia favorece os lucros, mas pode ser ainda melhor para o posicionamento no mercado. Acertar os ponteiros da cadeia de suprimentos pode oferecer uma espantosa vantagem competitiva à empresa, e em alguns casos essa vantagem é suficiente para provocar uma reviravolta na estrutura de um setor inteiro.

A Dell transformou o mercado de computadores

O exemplo mais evidente desse tipo de vitória é a forma como a Dell Computer desmantelou sistematicamente o restante do mercado de computadores de uso pessoal. Antes da Dell, os computadores pessoais eram produzidos em série, enviados aos varejistas e vendidos individualmente aos clientes — modelo muito semelhante ao adotado por fabricantes de máquinas de lavar, televisores e outros eletrodomésticos. Esse modelo funcionava, mas exigia quantidades excessivas de estoque e os clientes tinham relativamente poucas opções de configuração. A Dell modificou tudo isso adotando uma estratégia de venda direta, fabricando todos os PCs sob encomenda e enviando o produto diretamente ao cliente (Figura 1.1). Recebendo inicialmente pedidos pelo correio, a Dell foi uma das primeiras empresas a reconhecer o potencial da internet, vendendo seus primeiros computadores pela rede em 1996. Quatro anos mais tarde, somente seu site na web gerava lucros de US$ 50 milhões por dia. Em 2001, a Dell se tornou a maior fabricante de computadores do mundo, posição que cedeu por um curto período após a fusão das antigas líderes de mercado, HP e Compaq.

Sabe-se que o sucesso da Dell foi embasado na combinação entre vendas diretas e fabricação sob encomenda, mas ela não foi a primeira fabricante de PCs a experimentar essa estratégia. O que realmente torna a empresa tão bem-sucedida é a forma como coloca sua estratégia em prática. A Dell é inflexível em relação à redução de tempo e custos de sua cadeia de suprimentos. Os fornecedores se localizam bem ao lado das fábricas da Dell e entregam lotes constantes de componentes seguindo o modelo just-in-time. Os monitores são entregues diretamente de seus fabricantes e consolidados, em trânsito, com os embarques da Dell. O produto completo vem nas embalagens da Dell combinado em uma única entrega ao cliente (Figura 1.1). A empresa transformou previsão e planejamento em ciência e se beneficia das vantagens de um ciclo financeiro (cash-to-cash) negativo — na verdade, a Dell é paga por seus produtos antes de pagar os fornecedores de componentes. A perfeição de técnicas desse tipo concede à empresa cinco pontos percentuais de vantagem nos lucros em relação à concorrência, um ganho realmente incontestável no que agora é praticamente um mercado de matérias-primas.

O sucesso da Dell se deve à sua cadeia de suprimentos

Figura 1.1
Estratégia da cadeia de suprimentos da Dell

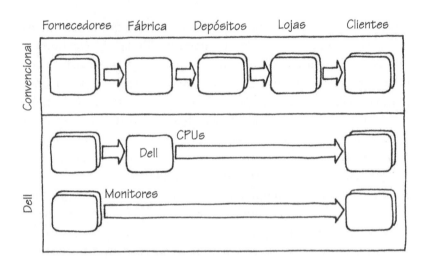

As cadeias de suprimentos são a última mina inexplorada

As cadeias de suprimentos são tão antigas quanto o próprio comércio, mas as oportunidades que hoje apresentam não têm precedentes na história. A manufatura moderna eliminou em tão grande escala o tempo e o custo do processo de produção que há apenas um recurso para a obtenção de vantagem competitiva. Como o engenheiro guru nos negócios Michael Hammer afirmou em seu livro *A agenda*, a cadeia de suprimentos é a última mina de ouro inexplorada nos negócios. Os exemplos deste capítulo mostram claramente que essas minas são profundas, mas ninguém sabe ao certo quanto ouro pode ser encontrado porque o verdadeiro potencial das cadeias está apenas começando a ser descoberto. Hoje, o gerenciamento da cadeia de suprimentos é muito mais importante do que a manufatura como habilidade essencial, tanto que é possível, como a Nike e a Cisco Systems exemplificaram muito bem, dominar o mercado de determinado produto sem ter muito mais do que uma única fábrica em operação. O futuro das cadeias de suprimentos é realmente promissor.

A Agonia da Derrota

As cadeias de suprimentos são facas de dois gumes

As cadeias de suprimentos modernas são facas de dois gumes. Gerenciadas adequadamente, abrem caminho para novos mercados. Mal administradas, causam feridas profundas. Se de um lado uma cadeia de suprimentos bem fundamentada origina diversos tipos de benefício, de outro sua estrutura deficiente pode ser catastrófica.

No final da década de 90, a cadeia de suprimentos da Kmart Corporation se enfraquecia na tentativa de igualar seus preços aos da do Wal-Mart e da Target, porque no mercado varejista com ofertas de descontos preço é tudo. Pior ainda, quando a empresa conseguiu recuperar seus clientes com descontos especiais, os produtos nunca estavam nas lojas no momento em que as pessoas chegavam para comprá-los; a cadeia de suprimentos não conseguia entregá-los a tempo durante as liquidações, mesmo que recebesse as solicitações com muita antecedência. A Kmart tropeçava nos próprios erros e então decidiu que precisava de uma nova tecnologia para solucionar seus problemas. Em maio de 2000, a empresa anunciou um investimento inédito de US$ 1,4 bilhão em software e serviços para inspecionar sua cadeia de suprimentos, incluindo o software de gerenciamento de depósitos da EXE Technologies e sistemas de planejamento da i2 Technologies.

A Kmart fez investimentos de US$ 1,4 bilhão

Um ano e meio mais tarde, antes mesmo de os sistemas serem implementados, a Kmart anunciou que estava abandonando a maior parte do software que havia adquirido e declarava uma depreciação de US$ 130 milhões. O que houve de errado? Parece que quase tudo, mas a empresa realmente admitiu haver falta de clareza sobre sua estratégia, afirmando que precisava primeiro reavaliar sua estratégia de cadeia de suprimentos antes de implementar seus sistemas. Essa idéia estava correta, mas tudo indica que chegou tarde e desapareceu antes da hora. Não muito tempo depois da declaração, a Kmart anunciou que estava comprando US$ 600 milhões em software de gerenciamento de depósitos da Manhattan Associates e estava certa de que essa aquisição solucionaria seus problemas. Talvez em um esforço adicional para aliviar a pressão de sua cadeia de suprimentos, a Kmart informou que havia resolvido fechar 250 lojas. A empresa entrou em processo de falência.

A empresa entrou em processo de falência

Mesmo as empresas que obtêm sucesso não ficam livres do fracasso. Após anos de sucesso com seu programa Score, a Chrysler concluiu a famosa 'fusão de iguais' que formou a DaimlerChrysler. Assim como a própria fusão, o programa Score rapidamente se enfraqueceu e o relacionamento com fornecedores se tornou rançoso. A empresa passou a recorrer à oferta de reduções unilaterais de

A Chrysler não conseguiu manter o Score

preços de fornecedores na tentativa de se prevenir de perdas descontroladas. O momento glorioso da Chrysler chegava ao fim.

A Nike fez mudanças radicais e perdeu US$ 100 milhões

A Nike, que se tornou a maior fabricante de calçados do mundo, também acabou se perdendo com sua cadeia de suprimentos. Em fevereiro de 2001, a empresa anunciou que havia perdido US$ 100 milhões em vendas no trimestre anterior devido à falta de organização em sua cadeia de suprimentos. A decadência teve início logo após a implementação do sistema de planejamento da i2 Technologies. Após um ano de serviços de instalação, a Nike decidiu que chegara a hora de uma mudança radical — e o novo sistema imediatamente arruinou a cadeia de suprimentos. A Nike culpou a i2, com o presidente reclamando aos analistas: "É isso que conseguimos pelos nossos US$ 400 milhões?" (citação encontrada na revista *Computerworld*; consulte as 'Observações sobre as fontes'). O fornecedor, por sua vez, alegou que a Nike havia forçado a utilização do sistema com muita rapidez e havia exigido muitas personalizações. Seja quem for o culpado, ambas tiveram prejuízos enormes. As ações da Nike caíram 20% no dia em que fez o anúncio e as da i2 registraram queda de 22% no mesmo dia.

A Cisco perdeu US$ 2 bilhões em excesso de estoque

Até a Cisco Systems, exemplar no gerenciamento de cadeia de suprimentos, pode eventualmente errar. Em maio de 2001, a empresa divulgou que teve de declarar parte de seu estoque como inutilizado — no valor de US$ 2,2 bilhões, a maior depreciação de estoques da história dos negócios. O problema teve origem em um lapso de comunicação ao longo da cadeia de suprimentos (Figura 1.2). A Cisco concorria por contratos extremamente lucrativos no mercado em expansão de hardware para internet. Sem capacidade produtiva própria, a empresa transferiu toda sua demanda antecipada direto para seus fornecedores contratados. Essas empresas adicionaram esse dado à demanda das concorrentes da Cisco, algumas das quais também participavam da licitação, e cada fornecedor via a demanda independentemente, levando à contagem dupla ou tripla da mesma demanda. Conclusão: os fornecedores de componentes trabalhavam horas extras para atender pedidos que nunca foram feitos e a Cisco teve de arcar com os erros de terceiros.

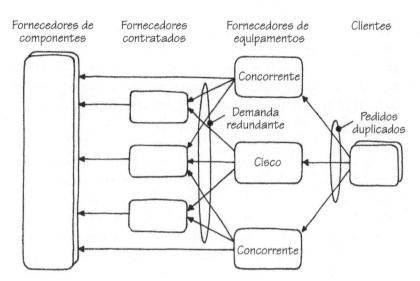

Figura 1.2
O erro de US$ 2 bilhões da Cisco

Como mostram esses exemplos, os fracassos nas cadeias de suprimentos podem ser extremamente onerosos. Mas há um preço ainda mais alto a ser pago, além do impacto imediato no fluxo de caixa. A Nike e a i2 perderam um quinto de seu valor de mercado no dia em que a Nike divulgou seus problemas. A dimensão dessas quedas é incomum, mas sua ocorrência não. Um estudo realizado pela Georgia Tech analisou mais de mil novos relatórios sobre problemas em cadeias de suprimentos entre 1989 e 1999, com o objetivo de descobrir se esses relatórios exercem impacto no preço das ações. A resposta que obtiveram foi um retumbante sim: as empresas que divulgaram seus problemas sofreram, em média, quedas de 7,5% no preço de suas ações no dia em que fizeram o anúncio. Os pesquisadores, examinando os preços seis meses antes e depois dos anúncios, descobriram que os preços na verdade começaram a cair muito antes de divulgados, sugerindo que notícias ruins tendem a vazar. Os preços não demonstraram nenhum sinal de recuperação após o ocorrido (Figura 1.3). A queda total ao longo de 12 meses era de 18,5%.

Cadeias fragmentadas reduzem o preço das ações

Essas porcentagens de queda são obviamente significativas, mas o impacto total pode ser mais bem expressado por avaliações reais. No dia do anúncio feito pela empresa, a queda média do valor para o acionista causada pela divulgação foi de US$ 143 milhões. Ao longo de um ano, a perda média foi de mais de US$ 350 milhões. Mas mesmo esses números subestimam a perda total, porque os preços subiam 15% por ano naquela época, ou seja, o impacto real

A perda média de valor é de US$ 350 milhões

pode ser quase o dobro do valor calculado. Entretanto, mesmo com cálculos mais conservadores e considerando apenas a perda de um dia, a conclusão das pesquisas é que os 1.131 problemas em cadeias de suprimentos analisados causaram uma perda de mais de US$ 160 bilhões no valor das ações. Evidentemente, o mercado não reage bem ao fracasso nas cadeias de suprimentos.

Os investidores punem qualquer tipo de falha

O estudo também revelou que os investidores não estão muito preocupados com quem foi o culpado pelo problema. Quando a empresa que fez o anúncio se responsabilizava pelo incidente, suas ações caíam 7,1%. Ao culpar os fornecedores, as ações caíam 8,3%. E culpando os clientes — normalmente por terem modificado suas especificações durante o lead time — a queda das ações era de 10,9%. A mensagem é clara: se a empresa reporta um problema com sua cadeia de suprimentos, ela será massacrada no mercado de ações, independentemente de quem foi o culpado. Apontar o dedo para um parceiro de negócios só aumenta os danos.

Figura 1.3
A reação do mercado aos problemas nas cadeias de suprimentos

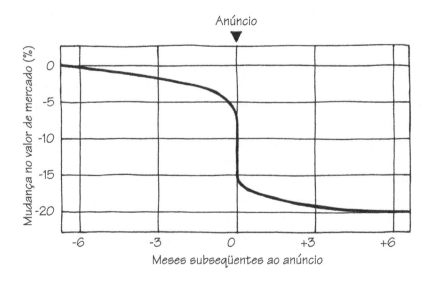

Um Jogo de Alto Risco

Por que acertar os ponteiros da cadeia de suprimentos exerce impacto sobre o sucesso? Porque os riscos são muito altos: manter e transportar mercadorias é um negócio muito caro. Ao todo, as empresas norte-americanas gastam US$ 1 trilhão por ano em suas cadeias de suprimentos, ou 10% do PIB do país. Cerca de um terço desse custo é destinado à manutenção de estoques e o restante é para transporte, sendo pequenas mudanças deixadas para a administração. Por mais impressionantes que esses números pareçam, eles eram muito maiores, totalizando 15% do PIB no início dos anos 80. A desregulamentação do setor de transportes associada às reduções de estoques reduziu o total para 10% no início da década de 90, índice que desde então permaneceu estável.

As cadeias de suprimentos norte-americanas custam o equivalente a 10% do PIB

A mesma porcentagem vale para empresas individuais que gastam uma média de apenas 10% de sua receita bruta nas funções de cadeia de suprimentos. O interessante sobre esses números em empresas individuais é a tremenda vantagem que algumas delas possuem em relação a outras. Uma pesquisa dos custos das cadeias de suprimentos em diversas empresas indicou uma média de 9,8% de receita destinada às cadeias, uma combinação perfeita com o valor total. Mas a pesquisa revelou também que o quartil superior — os 25% melhores desempenhos — tinha um custo médio de 4,2% da receita. Essas empresas gastam menos da metade disso em suas cadeias de suprimentos na concorrência, garantindo cinco pontos de vantagem nos lucros. Pesquisas contínuas indicam que a lacuna não está diminuindo, pelo contrário. A mensagem é óbvia: se sua empresa está no lado errado da lacuna das cadeias de suprimentos, quanto antes der o salto, melhor será.

Algumas empresas conquistam enorme vantagem

Na verdade, a vantagem é mais considerável do que esses números sugerem porque, nos negócios, um centavo economizado não é um centavo ganho. Dependendo das margens de lucro, o ganho se aproxima de cinco ou dez centavos. Suponha que você administre uma empresa com US$ 100 milhões em vendas, 10% de custos na cadeia de suprimentos e lucro bruto de 10%, conforme demonstrado no primeiro bloco da Figura 1.4. O que você faria para elevar seu lucro total em 50%? Uma forma seria aumentar as vendas em 50%, como vemos no bloco do meio da figura. Outra maneira seria

Economize um centavo e ganhe cinco centavos

imitar as melhores empresas do mercado e reduzir os custos de sua cadeia de suprimentos para 5%, como se vê no último bloco da figura. No nível das margens brutas, essa economia de US$ 5 milhões equivale a US$ 50 milhões em vendas adicionais. A intenção não é sugerir que você não preferiria obter lucros de crescimento em vez de redução de custos. Mas o fato de que 5% de redução nos custos pode gerar o mesmo aumento nos lucros de uma elevação de 50% nas vendas é certamente uma observação valiosa.

Pequenas economias podem levar a grandes lucros

Analisemos um exemplo real, embora anônimo, de como a economia na cadeia de suprimentos se transforma em lucros. Uma empresa de grande porte de produtos eletrônicos descobriu que mantinha US$ 500 milhões de estoque em excesso. Seus custos de manutenção de estoque eram 50% do preço de compra, ou seja, ela pagava US$ 250 milhões por ano para manter o material extra. Sabendo que a margem de lucro da empresa era de 10%, seriam necessários US$ 2,5 bilhões de ganhos adicionais para igualar os benefícios de faturamento provenientes da eliminação desse estoque excessivo. No setor varejista, em que margens de lucro de 2% são comuns, o impacto da economia na cadeia de suprimentos pode ser ainda mais impressionante. Com margens assim tão pequenas, a redução nos custos da cadeia de 10% para 8% — ainda bem longe da meta de desempenho das melhores empresas do mercado — pode aumentar os lucros tanto quanto a duplicação no volume de vendas.

Figura 1.4
Custos e lucros da cadeia de suprimentos

	Atual		Aumento nas vendas em 50%		Redução nos custos em 5%	
Receita	100%	$ 100	100%	$ 150	100%	$ 100
Despesas com a cadeia de suprimentos	10%	$ 10	10%	$ 15	5%	$ 5
Outras despesas	80%	$ 80	80%	$ 120	80%	$ 80
Lucro bruto	10%	$ 10	10%	$ 15	15%	$ 15

Considerando os imensos riscos envolvidos, a pressão para diminuir tempo e custo da cadeia de suprimentos está se tornando inexorável, e as demandas apenas aumentarão à medida que todos passarem a jogar melhor. Além dos indicadores financeiros, há diversos outros fatores interligados pressionando as cadeias para haver intervalos menores de ciclo de vida do produto, desenvolvimento mais rápido dos produtos, maior globalização dos canais de venda, crescente demanda por personalização de produtos e iniciativas efetivas em prol da qualidade, como o programa Six Sigma. Com todos os desafios envolvidos no gerenciamento correto das cadeias de suprimentos, você pode não estar muito ansioso para se arriscar a ganhar ou perder. Mas desse jogo ninguém consegue escapar. Toda empresa que estabelece alguma relação com um produto faz parte de uma cadeia de suprimentos, e toda empresa que faz parte de uma cadeia terá de lidar com esses problemas mais cedo ou mais tarde. As únicas opções que restam são combater o problema agora ou ficar esperando que ele o derrote depois.

É impossível não jogar

A Nova Concorrência

Pouquíssimas empresas estão preparadas para lidar com as novas pressões impostas às suas cadeias de suprimentos. Uma pesquisa realizada recentemente com executivos de empresas de manufatura indicou que 91% dos entrevistados qualificaram o gerenciamento da cadeia como 'muito importante' ou 'fundamental' para o sucesso de suas empresas. Mas a maioria reconheceu que enfrenta problemas com suas cadeias de suprimentos e apenas 2% as consideraram excelentes. Perguntados sobre suas estratégias para melhorias em suas cadeias, 59% informaram que suas empresas não possuíam nenhuma estratégia. Reflita sobre isso por um instante: segundo seus próprios relatórios, esses gerentes percebem que o bom gerenciamento da cadeia de suprimentos é fundamental e sabem que ainda não atingiram esse nível, mas a maioria nem sequer traçou uma estratégia para combater o problema.

Poucas empresas sabem como reorganizar suas cadeias

Seria um alívio afirmar que esses resultados são raros, mas o mesmo padrão se repete em infindáveis pesquisas: as empresas percebem que têm problemas com suas cadeias de suprimentos, mas não compreendem a essência desses problemas nem muito menos sa-

Nenhum grupo específico é responsável pelo sucesso

bem como solucioná-los. Por que tanto desamparo? Há várias razões, mas a principal causa parece ser a seguinte: ninguém na empresa fica responsável pelo gerenciamento da cadeia de suprimentos. A engenharia projeta o produto, o marketing define seu preço e efetua as promoções, o departamento de vendas faz acordos com clientes, o de compras negocia com fornecedores, a logística organiza o transporte, a contabilidade controla o fluxo de caixa, e assim por diante. Todas as atividades-chave ocorrem em grupos separados com cronogramas diferentes e objetivos conflitantes. Agravando ainda mais a situação, a maior parte dessas áreas se reporta diretamente à diretoria executiva antes de dialogar com uma gerência comum. Mas o CEO não é a pessoa certa para planejar e operar uma cadeia de suprimentos.

Trabalho em equipe é crucial para manter o controle

Considerando esse nível de desorganização, não causa surpresa o fato de não haver controle sobre a cadeia de suprimentos. O incrível é pensar que essas cadeias nem sequer chegam a funcionar. É óbvio que o primeiro passo no sentido de reconquistar o controle é reunir os principais tomadores de decisão de cada área e fazer com que trabalhem juntos na busca por soluções. Você notou que todos os casos de sucesso em cadeia de suprimentos descritos no início do capítulo começaram com a formação de uma equipe para assumir a responsabilidade pela cadeia? Não foi coincidência: equipes multifuncionais são presença obrigatória em empresas que gerenciam boas cadeias de suprimentos. As empresas mais bem-sucedidas normalmente vão além, nomeando um executivo da alta gerência como responsável pleno pela cadeia.

O problema transcende a batalha entre empresas

Mesmo que a empresa se organize melhor e forme uma equipe estupenda responsável pela cadeia de suprimentos, ainda não será a vencedora do jogo. Hoje, a natureza intrínseca da concorrência está mudando, e não se trata de uma mudança fácil de ser digerida. Desde a Revolução Industrial, as batalhas são travadas entre as empresas, e as armas são as técnicas de produção. Agora, ninguém mais joga dessa forma. Bons projetos, produção eficiente e fabricação de qualidade, ainda que não se apliquem a todos, tornaram-se qualificações básicas para atingir o topo. Para os que jogam para valer, este é o momento em que é a cadeia de suprimentos que define perder ou ganhar.

Acompanhe meu raciocínio. Na perspectiva dos clientes, as cadeias de suprimentos são irrelevantes. Todas as difíceis negociações acerca de preços e condições, toda a cuidadosa sincronização de entregas, todos os atrasos e dificuldades para manter os produtos em movimento na cadeia — nada disso importa aos clientes. A maioria nem sabe o que é uma cadeia de suprimentos e muito menos quer saber quais são os problemas implicados em seu gerenciamento. No curso natural dos acontecimentos, o único integrante da cadeia visto pelo cliente é o varejista, e sua única noção do que está por trás dessa figura se resume à imagem de uma marca. Para os clientes, o importante é saber quem pode vender-lhes o melhor produto pelo menor preço.

Os clientes só se preocupam com os resultados

Na perspectiva de uma empresa individual, isso não parece muito justo. Afinal, o fabricante deve ser punido porque o distribuidor ficou sem estoque? O varejista deve sofrer perdas nas vendas porque o fabricante teve problemas no controle de qualidade? Mas o assunto em questão não é justiça; estamos falando de como ganhar um novo tipo de competição. Quer se queira ou não, os destinos de todos os integrantes da cadeia de suprimentos estão cada vez mais ligados. A nova concorrência deixou de ser entre empresas. Agora a briga é entre cadeias de suprimentos. Se os membros de uma cadeia conseguem trabalhar juntos para levar a melhor qualidade às mãos dos clientes pelo menor preço, eles vencem. Do contrário, perdem. A Figura 1.5 ilustra esse tópico mostrando como uma cadeia de suprimentos que é constantemente lucrativa em toda sua extensão pode superar cadeias superiores a ela em algum elo específico.

Os destinos das empresas agora estão ligados

Nesse cenário, cronogramas conflitantes e rixas políticas entre departamentos parecem problemas menos significativos. O verdadeiro desafio não é fazer seus funcionários trabalhar em equipe, mas fazer com que todas as empresas que integram sua cadeia de suprimentos formem uma equipe maior que possa competir e vencer esse novo jogo. Mas como abordar um problema dessa dimensão? A resposta seria a integração vertical? As técnicas de colaboração na cadeia de suprimentos seriam a solução? A compra de mais software colocaria um ponto final na questão? Este livro foi elaborado para esclarecer essas dúvidas, mas por enquanto vou dar uma dica: provavelmente não, é pouco plausível.

O incentivo ao trabalho em equipe é cada vez mais necessário

Figura 1.5
Cadeias de suprimentos concorrentes

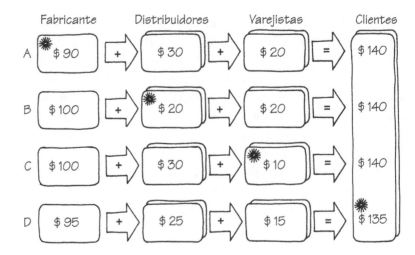

Uma grande mudança nos negócios

A nova concorrência é uma grande revolução que está afetando todos os aspectos ligados à organização e à operação das empresas. A exigência pela mudança dos conceitos é tão forte — e o risco de não fazer a transição é tão sério — que o National Research Council lançou um estudo para articular o problema e ajudar a preparar os fabricantes norte-americanos a superar o desafio. Concluíram que estamos no meio de uma revolução importantíssima na natureza dos negócios que, em suas palavras, "tem o poder de modificar o panorama da manufatura tão drasticamente como o fez a Revolução Industrial". Se quiser aventurar-se nesse novo panorama, é necessário compreender como as cadeias de suprimentos funcionam — e como fazer com que funcionem melhor.

O desafio de controlar sua cadeia de suprimentos pode ser aterrorizante, mas não é insuperável. Dell, Wal-Mart e outras empresas-modelo em cadeia de suprimentos não obtiveram sucesso por terem descoberto uma fórmula mágica ou terem sido gerenciadas por gênios nos negócios. Conseguiram o sucesso porque entenderam os principais problemas que afetavam suas cadeias de suprimentos, comprometeram-se a encontrar soluções de longo prazo em vez de apenas apagar incêndios e tiveram persistência para seguir essas soluções à risca até que surtissem efeito. Não posso ajudá-lo quanto à persistência, mas posso explicar os problemas e mostrar-lhe como encontrar as melhores soluções. O próximo capítulo dá o pontapé

inicial nesse processo explicando como as cadeias de suprimentos funcionam e o que torna seu gerenciamento tão complicado.

Exercícios

1) Quais os aspectos comuns que se consegue identificar nos casos da Siemens, da Gillette e da Amazon relativos à CS (cadeia de suprimentos)?

2) Como a competitividade da Dell pode ser relacionada ao fato de não ter estoques de produtos acabados?

3) Explique as modificações que as cadeias de suprimentos de alta velocidade de resposta exigem das empresas participantes.

4) Discuta a importância dada às CSs em empresas modernas.

5) O que se pode entender por organização de uma CS? Cite algumas implicações possíveis que a falta de organização pode produzir nas empresas participantes.

6) As idéias de CS podem ser aplicadas nos setores agrícola e de cosméticos. Que aspectos peculiares você destacaria no estudo dessas cadeias?

7) Existem razões plausíveis para que as CSs sejam mais estudadas atualmente do que algumas décadas atrás?

8) Considere o exemplo da Figura 1.4 e calcule o acréscimo de vendas (por volume) necessário para garantir um lucro adicional de 20%. Depois, calcule a equivalente redução nos custos da CS para obter o mesmo acréscimo nos lucros.

9) Explique por que geralmente as áreas funcionais da empresa apresentam objetivos conflitantes e o impacto que isso pode causar na CS.

10) Por que se diz que a nova concorrência ocorre entre a CS e não mais entre as empresas individualmente?

2

As Regras do Jogo

O gerenciamento da cadeia de suprimentos não é um jogo fácil. Exige a movimentação de várias peças de maneira muito peculiar. É necessário coordenar esses movimentos para que cada item chegue ao local certo, na hora certa. É também um jogo disputado em grande escala, num campo que abrange o mundo inteiro. Felizmente, as regras do jogo — as descrições das peças e a forma como se movimentam — são simples o suficiente para ser resumidas em algumas páginas. Em poucas palavras, as cadeias de suprimentos consistem em instalações de produção e armazenagem conectadas por rotas de transporte, e existem para suportar o fluxo de demanda, suprimento e caixa. A dificuldade em gerenciar as cadeias de suprimentos origina-se primordialmente da complexidade inerente à sua estrutura e da variabilidade que caracteriza seus fluxos. A complexidade e a variabilidade é que tornam tão difícil vencer um jogo fácil.

Instalações e Links

A cadeia de suprimentos é uma rede de instalações

A **cadeia de suprimentos** é basicamente um conjunto de instalações conectadas por rotas de transporte. A Figura 2.1 ilustra uma parte da cadeia de suprimentos que fez este livro chegar até você. As **instalações**, demonstradas em retângulos na figura, geralmente são classificadas de duas maneiras, dependendo de sua principal função: **instalações de produção** ou **instalações de armazenagem**. As **rotas de transporte**, representadas por flechas, são caracterizadas pelos **meios de transporte** utilizados, os quais incluem estradas, ferrovias, canais, rotas marítimas, via aérea e dutos. Em um contexto mais abrangente, as cadeias de suprimentos englobam desde a atividade inicial de **extração** de matérias-primas, realizada em minas e fazendas, até a chegada dos produtos acabados aos **clientes**, que efetivamente os utilizam para o fim ao qual se destinam.

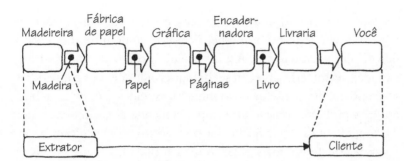

Figura 2.1
Da árvore ao livro

As instalações mantêm quantidades controladas de materiais denominados **estoques** (Figura 2.2). As instalações de produção possuem três tipos de estoques: o **estoque de matérias-primas**, formado por materiais prontos para a utilização na produção; o **estoque em processo** (*work in process* — WIP), que inclui todos os materiais em processamento no momento, e o **estoque de produtos acabados**, que armazena produtos prontos para embarque. Os tipos de instalação para armazenamento também variam: os **depósitos** normalmente contêm apenas um único tipo de estoque, mas os **centros de distribuição**, responsáveis pela montagem final, contêm os três tipos. Os **cross docks** (transferência de mercadorias nas docas do armazém), utilizados apenas para transferir produtos de um caminhão para outro, não possuem nenhum estoque gerenciado separadamente. As lojas varejistas também diferem nesse ponto: lojas que trabalham com artigos sob encomenda mantêm os três tipos de estoque; megalojas do tipo *home center* mantêm apenas um tipo de estoque e lojas de aparelhos domésticos não mantêm estoque nenhum.

As instalações mantêm estoques

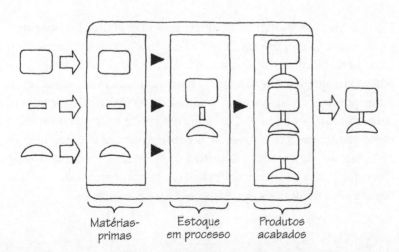

Figura 2.2
Os três tipos de estoque

As rotas são utilizadas por veículos e contêineres	As rotas são usadas para transportar estoques entre as instalações por um meio de transporte específico, utilizando uma combinação de veículos e contêineres. Alguns veículos, como caminhões-trator e modais ferroviários, podem ser desconectados de seus contêineres, ao passo que furgões e navios-tanque possuem o contêiner embutido. É importante considerar essa possibilidade de desconexão, pois ela oferece mais flexibilidade no transporte, na expedição, na armazenagem temporária e em outras atividades relacionadas ao transporte. No caso dos dutos, as funções do veículo e do contêiner se fundem com a própria rota, com bombas propiciando a força motriz e os dutos contendo o estoque em trânsito.
Os meios de transporte permitem trade-offs (compensações ou dilemas)	Cada meio de transporte oferece uma combinação específica de velocidade, custo, disponibilidade e capacidade. Por exemplo, o transporte aéreo é rápido, caro, possível apenas em cidades grandes e limitado a entregas relativamente pequenas e leves. O transporte marítimo, por sua vez, é lento, barato, possível apenas em cidades que possuem porto e totalmente ilimitado quanto a porte e peso da carga. Há também trade-offs entre volumes diferentes em cada meio de transporte. No transporte rodoviário, é muito mais barato enviar **embarques de cargas cheias** (*full truckload shipments* — FTL) que **embarques de cargas menores do que um caminhão** (*less-than-truckload shipments* — LTL) e a opção FTL permite um controle mais rígido da rota e do tempo de entrega. Entretanto, a escolha pelas entregas em FTL implica formação de um estoque maior de produtos acabados e pode causar atrasos nas entregas. Trade-offs similares se aplicam aos outros meios.
É possível utilizar vários meios de transporte para fazer as entregas	Entregas realizadas dentro de uma região geográfica limitada normalmente utilizam um único meio de transporte da origem ao destino. Para distâncias mais longas, no entanto, incluindo a maior parte do comércio internacional, é comum que as entregas sejam feitas por dois ou mais meios, prática conhecida como **transporte intermodal**. Por exemplo, uma entrega pode ir de um trem até o porto mais próximo, atravessar o oceano por navio e percorrer o restante do trajeto em caminhão. As entregas por transporte intermodal são comumente fechadas em contêineres de aço que podem ser transferidos entre vagões, navios e carretos.

Assim como as instalações, as rotas de transporte mantêm estoque. Esse **estoque em trânsito** estreita a conexão entre o estoque de produtos acabados da instalação de embarque e o estoque de matérias-primas da instalação que recebe o embarque (Figura 2.3). O estoque em trânsito difere dos outros tipos de estoques pois não é disponibilizado para o uso, está suscetível a riscos maiores de roubo e acidentes e fica sujeito a atrasos devido a eventuais problemas no veículo ou congestionamentos da rota. Seguindo o estoque de matérias-primas, o estoque em processo e o estoque de produtos acabados, o estoque em trânsito representa o quarto principal tipo.

As rotas mantêm estoques em trânsito

A distinção entre o estoque em trânsito e os outros dois estoques por ele conectados é muitas vezes distorcida na prática. Carretos ou vagões são bastante utilizados para armazenar produtos acabados nas instalações de produção, até que se formem cargas cheias, sendo que os produtos ainda fazem parte do estoque de produtos acabados da fábrica. No entanto, se essa armazenagem é breve e o destino dos produtos é determinado pela escolha dos contêineres, os produtos nos contêineres podem ser definidos como estoque em trânsito assim que são carregados. Questões semelhantes surgem no local de destino, onde contêineres lotados chegam a esperar dias ou semanas em um pátio até que sejam descarregados. Em outro sistema pouco aconselhável, os veículos são literalmente mantidos em movimento, percorrendo os arredores de uma instalação, na expectativa de conseguir uma vaga para estacionar no pátio. Esse é um método extremamente caro de manutenção de estoque.

Os contêineres são muito utilizados para armazenagem

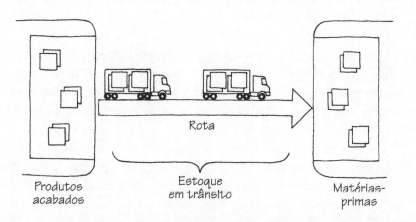

Figura 2.3
Estoque em trânsito

As empresas de serviços de entrega expressa são consideradas um meio de transporte

Embora não utilizem um meio de transporte exclusivo, as **empresas de serviços de entrega expressa**, como UPS e FedEx, são consideradas como mais um meio de transporte na hora de embarcar mercadorias. Na verdade, essas **empresas de entrega expressa** combinam transporte aéreo e rodoviário para efetuar as entregas, valendo-se das próprias frotas de aviões e caminhões. Na prática, porém, não importa como uma entrega é encaminhada, porque essa decisão já não cabe mais a quem contratou o serviço. Dessa forma, as empresas de entrega expressa são vistas como uma alternativa equiparável ao embarque aéreo, terrestre ou hidroviário. Os trade-offs descritos nos outros meios também podem ser feitos para essas empresas: são rápidos, um tanto caros, disponíveis na maioria das localidades e limitados a produtos relativamente pequenos e leves.

Demanda, Suprimento e Caixa

O objetivo básico é manter um fluxo organizado de produtos

O objetivo principal no gerenciamento de uma cadeia de suprimentos é conseguir estabelecer um fluxo organizado de produtos, da extração de matérias-primas até a chegada do produto ao cliente. Logo, era de esperar que as origens mais profundas da organização se encontrassem no gerenciamento do transporte, responsável por movimentar os produtos acabados ao próximo elo na cadeia. Com o passar do tempo, o gerenciamento de transporte se fundiu com uma função semelhante, o gerenciamento de materiais, criando uma disciplina mais abrangente denominada logística. Essa nova área tem a função de controlar o fluxo de materiais completo, partindo dos fornecedores, passando pelos três tipos internos de estoque, até chegar aos clientes.

Os fluxos de demanda e de caixa são igualmente importantes

O que distingue a atual disciplina de **gerenciamento da cadeia de suprimentos** (*supply chain management* — SCM) de suas antecessoras é que nela há uma preocupação de peso igual com outros dois fluxos: o fluxo de demanda e o fluxo de caixa ao longo da cadeia, conforme mostra a Figura 2.4. Sem esses outros dois fluxos, os produtos permaneceriam inertes: é a demanda que impulsiona esse movimento e é o caixa que promove a motivação. A grande descoberta do gerenciamento da cadeia de suprimentos é que a chave para gerenciar o fluxo de produtos está justamente na sincronização dos três fluxos. Essa sincronização se torna difícil principalmente, como vemos nos retângulos sobrepostos na ilustração da Figura 2.4, quando pode haver mais de uma organização em cada elo da cadeia.

A operação básica de uma cadeia de suprimentos não poderia ser mais simples. A demanda flui a montante na cadeia e impulsiona o movimento do suprimento a jusante. À medida que os suprimentos alcançam seu destino, os fluxos de caixa se movem a montante na cadeia e efetuam o pagamento aos fornecedores por seus produtos. Obviamente, o comportamento das cadeias de suprimentos no mundo real nunca é tão simples assim. Mas reconhecer a elegância fundamental da dinâmica das cadeias possibilita o conhecimento mais profundo das complexidades que inevitavelmente irão surgir.

A dinâmica básica dos fluxos é simples

Com raras exceções, como o transporte de petróleo por dutos, os três fluxos da cadeia de suprimentos são descontínuos e não ininterruptos. Isto é, movimentam-se em 'blocos' separados em quantidades e períodos específicos. A demanda normalmente é transmitida pelos pedidos, o suprimento, pelos embarques, e o caixa, pelos pagamentos (Figura 2.5). Uma porção considerável do gerenciamento da cadeia de suprimentos se concentra no equilíbrio de trade-offs entre tamanho e freqüência desses blocos. Por exemplo, a economia de escala tem preferência por pedidos menos freqüentes de grandes quantidades de material, ao passo que a redução dos custos de manutenção de estoque requer entregas mais freqüentes em quantidades menores. Em qualquer taxa de fluxo considerada, quanto menor se tornar o bloco, mais perto a cadeia chega da operação como um fluxo contínuo no lugar de conjuntos de demanda, suprimento e caixa se movimentando isoladamente ao longo da cadeia.

Os fluxos são descontínuos e não ininterruptos

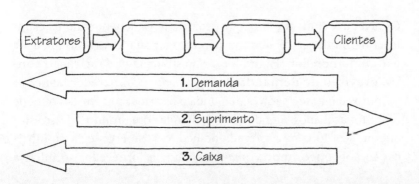

Figura 2.4
Os três fluxos básicos

Figura 2.5
Blocos de demanda, suprimento e caixa

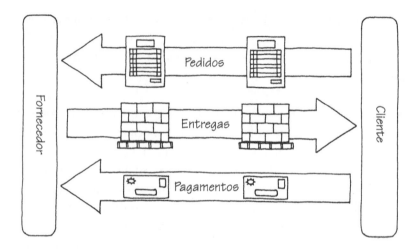

Toda troca pressupõe a existência de um cliente e um fornecedor

Na ilustração da Figura 2.5, vemos que todo intercâmbio entre demanda, suprimento ou caixa ocorre entre um **cliente** e um **fornecedor**. Neste livro, esses termos se referem às partes envolvidas em alguma transação que ocorra em qualquer elo, independentemente de sua localização na cadeia. Em outras palavras, aplico os termos no sentido relativo e não absoluto, como o modo em que os termos *comprador* e *vendedor* são utilizados na discussão sobre uma compra. Essa aplicação é comum, mas não é adotada por todos; muitos autores usam o termo *cliente* para se referir ao último consumidor dos produtos e outros empregam o termo *fornecedor* apenas para os integrantes acima da cadeia responsáveis pelo fornecimento dos materiais básicos ou pela montagem dos produtos. Evitei confusões terminológicas sempre utilizando os termos no sentido relativo, mas fique atento à sua utilização inconsistente em outras ocasiões. Redobre a atenção às diferentes formas de utilização adotadas por muitos escritores dos termos *cliente* e *consumidor:* a confusão entre esse dois conceitos muitas vezes resulta em discussões desnecessárias acerca de quem é o verdadeiro 'cliente'.

A produção pode ser sob encomenda ou contra previsão de demanda

Os pedidos acionam o fluxo de pedidos, mas, dependendo da estratégia de produção, podem ou não acionar sua fabricação imediata por um fornecedor (Figura 2.6). Na estratégia de **fabricação contra previsão de demanda** (*make-to-stock*), o fornecedor fabrica os produtos em antecipação à demanda e os armazena em estoques de produtos acabados, atendendo a demanda com produtos desse estoque de acordo com a chegada de pedidos. Na estratégia de **fabricação sob encomenda** (*make-to-order*), o fornecedor só inicia a produção quando o pedido já chegou às suas mãos. Há também uma estratégia intermediária denominada **montagem conforme pedido** (*assemble-to-order*), em que um produto é parcialmente fabricado em antecipação à demanda, mas a montagem final é adiada até o momento da chegada de um pedido. Algumas empresas adotam uma combinação entre essas três técnicas, escolhendo uma como estratégia principal. Por exemplo, a Sony optou pela fabricação contra previsão de demanda, a Boeing, pela fabricação sob encomenda e a Dell, pela montagem conforme pedido.

A escolha da estratégia de produção exerce um impacto significativo na dinâmica de uma cadeia de suprimentos. Na estratégia convencional de fabricação contra previsão de demanda, o estoque é formado em antecipação e 'empurrado' (pushed) para os clientes no fim da cadeia para que os produtos estejam disponíveis assim que eles decidirem comprá-los. Essa estratégia se baseia em previsões de demanda que definem a quantidade de estoque que precisa ser criada e o local em que se deve armazenar. Na fabricação sob encomenda, o estoque é 'puxado' por pedidos instantâneos. As previsões são menos importantes na fabricação sob encomenda, pois não há o risco de produzir estoque a mais ou a menos, embora as previsões de longo prazo sejam cruciais para determinar os níveis corretos de capacidade de produção.

O tipo de produção determina a estratégia push-pull (empurrados-puxados)

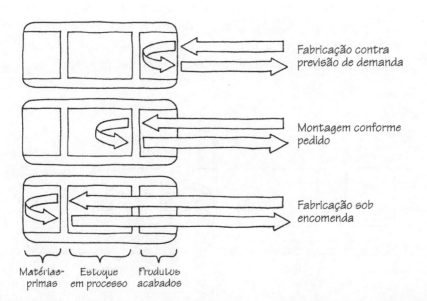

Figura 2.6
As três estratégias de produção

Toda cadeia possui segmentos push e pull

Essas dinâmicas são muito utilizadas para caracterizar as cadeias de suprimentos como do tipo **push** ou **pull**, mas na realidade toda cadeia é formada pelas duas características. Desde que os clientes possam escolher quais produtos desejam comprar e quando irão fazê-lo, o último elo da cadeia sempre será do tipo pull. No outro extremo da cadeia, a extração de matérias-primas da natureza quase sempre ocorre em antecipação à demanda por produtos acabados. Na verdade, os clientes seguem a linha pull e aqueles que extraem a matéria-prima, a linha push. Entre ambas, em determinado ponto, temos a **fronteira push-pull** (Figura 2.7), o ponto em que o fluxo de produtos deixa de ser puxado pelos clientes e passa a ser empurrado pelos extratores de matérias-primas. No caso da estratégia de montagem sob encomenda, por exemplo, a fronteira push-pull se localiza na última fábrica de montagem.

Qualquer elo pode ser push ou pull

Na verdade, a distinção entre os processos push e pull se aplica a todos os elos da cadeia. Então, é possível que qualquer elo siga o processo pull mesmo que esteja acima da cadeia, na região push. A cadeia de suprimentos da Ford segue o processo push até chegar ao showroom da concessionária, mas possui vários elos que seguem puramente o processo pull. Por exemplo, a Johnson Controls fabrica bancos com as matérias-primas e os entrega à Ford a quatro horas do recebimento do pedido, o que permite que a empresa forneça bancos para a Ford com base em pedidos definidos com configurações específicas. No contexto de uma cadeia de suprimentos complexa que envolve dezenas de milhares de empresas com fabricação antecipada à demanda, a Johnson Controls consegue fornecer essa peça específica seguindo o processo pull.

Figura 2.7
A fronteira push-pull

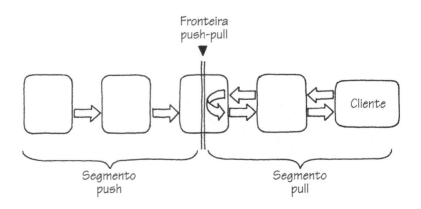

Dos três fluxos principais presentes na cadeia de suprimentos, o fluxo de caixa é o que recebe menos atenção, e isso é compreensível. A cadeia de suprimentos é responsável por levar os produtos até os clientes, sendo que os pedidos são o mecanismo que aciona esse movimento. Mas o fluxo de caixa é o último condutor do processo inteiro; se o retirássemos da equação, todo o negócio seria rapidamente interrompido. Ainda assim, o desempenho do fluxo de caixa é o pior dos três, pois em geral os fabricantes levam meses para pagar seus fornecedores pelos produtos que foram entregues num intervalo de dias a partir do recebimento do pedido. Essa situação está começando a mudar. A tentativa de agilizar o fluxo de caixa começa a ser reconhecida como um fator-chave para conquistar a excelência na cadeia de suprimentos.

O fluxo de caixa é o que recebe menos atenção

Além dos três fluxos anteriormente descritos, há um quarto em trânsito pela cadeia: o fluxo de informações. Com efeito, as informações já estão implícitas nos três fluxos: os pedidos representam informações sobre a demanda imediata, alguns produtos podem ser enviados como informações e até mesmo o intercâmbio de dinheiro pode ser feito em forma de informações. Porém, o tipo mais interessante de informação não faz parte das transações em si, mas é trocado para facilitá-las. Essas informações incluem previsões de demanda, planejamentos de produção, anúncios de promoções e todos os tipos de relatório. Ao contrário dos outros três, o fluxo de informações ocorre ao longo da cadeia de suprimentos em qualquer momento, sem fazer parte de uma transação específica, e não possui limitações quanto a se mover seqüencialmente para cima ou para baixo da cadeia. De fato, pode ser difundido simultaneamente para qualquer subconjunto da cadeia, assegurando que todos estejam operando munidos das mesmas informações ao mesmo tempo (Figura 2.8).

Informações também circulam pela cadeia

Uma das grandes descobertas acerca do comportamento das cadeias de suprimentos é que as informações podem muitas vezes substituir os estoques. Em vez de solicitar que cada membro da cadeia mantenha **estoques de segurança** para amenizar os efeitos da incerteza da demanda, essa incerteza pode ser minimizada mediante o compartilhamento de informações que ajuda os integrantes da cadeia a prever futuras mudanças nos fluxos de demanda, suprimentos e caixa. Informações são em geral muito mais baratas que estoques e possuem a vantagem de estar em muitos lugares ao mesmo

As informações podem substituir o estoque

tempo. Conseqüentemente, a substituição de estoques por informações é uma técnica-chave para a obtenção de melhorias no desempenho da cadeia de suprimentos e será tema recorrente neste livro.

Distribuição e Compras

Padrões tornam mais clara a compreensão sobre a cadeia de suprimentos

Embora os elementos básicos que compõem a cadeia de suprimentos possam ser combinados em uma infinidade de formas, existem dois padrões responsáveis pela maior parte da estrutura. Para visualizar esses padrões, considere a imagem de uma cadeia de suprimentos da perspectiva de apenas uma fábrica. Todas as instalações a jusante dessa fábrica têm a função de encaminhar seus produtos acabados e constituem parte de sua **rede de distribuição**. Todas as instalações a montante da fábrica são fontes de suprimentos e representam parte de sua **rede de compras**. Essas duas redes da cadeia de suprimentos são radicalmente diferentes pela perspectiva da fábrica.

Os destinos são agrupados em camadas de clientes

Algumas fábricas possuem apenas um destino para suas entregas, o que é raro. Segundo o padrão normal, cada fábrica se encarrega de quantos destinos forem necessários para atender a demanda inserida em determinada área geográfica. Esses destinos, por sua vez, podem enviar os produtos adiante para um número ainda maior de destinos, e assim por diante, até os produtos finalmente chegarem a seus clientes finais (Figura 2.9). As camadas sucessivas desse padrão de cadeias de suprimentos são conhecidas como **camadas de clientes**, as quais são hierarquizadas a partir da fábrica, como mostra a Figura 2.9.

Figura 2.8
Informações difundidas ao longo da cadeia de suprimentos

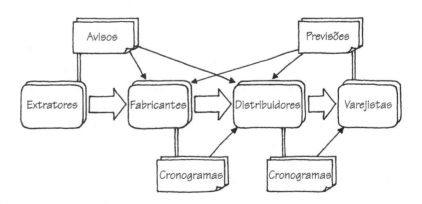

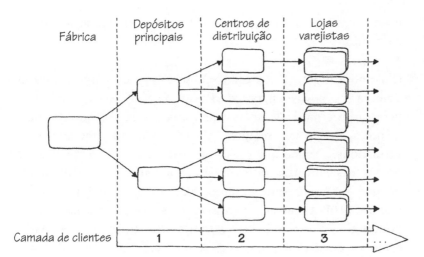

Figura 2.9
Camadas de clientes na distribuição

O problema nos negócios abordado por essa parte de uma cadeia de suprimentos é a distribuição, que se resume basicamente na sincronização do fluxo de produtos acabados da fábrica aos clientes, de forma a satisfazer a demanda de maneira lucrativa. Quando diversos níveis estão subordinados ao controle de uma única empresa, os gerentes de distribuição normalmente tentam manter uma rede de distribuição bem organizada utilizando apenas os elos ilustrados na Figura 2.9. Ou seja, em geral não é permitido que as entregas omitam níveis, e todo destino recebe entregas originadas de apenas uma instalação no nível acima. Apesar de essas limitações simplificarem o gerenciamento de uma rede de distribuição, elas não criam as soluções mais lucrativas. As limitações dos padrões de distribuição estão se tornando mais moderadas à medida que ferramentas mais sofisticadas se tornam disponíveis para o projeto e a operação dos sistemas de distribuição.

Este padrão é uma rede de distribuição

É de supor que quanto mais drástico for o aumento no número de destinos maior será a dificuldade envolvida no gerenciamento da distribuição. Com mais locais a serem atendidos, o estoque disponível deve ser dividido com mais precisão, elevando o risco de não ter à disposição a quantidade exata de produtos necessários em alguma instalação. Além disso, o tempo e as despesas de manuseio de produtos aumentam a cada nível. Por outro lado, os custos de transporte ficam mais baixos com mais níveis, pois os produtos podem percorrer a maior parte da distância em embarques maiores e mais econômicos. Conseguir encontrar o equilíbrio entre essas

Quanto maior for o número de destinos, mais complicada se tornará a distribuição

forças opostas é um dos principais trade-offs no planejamento de distribuição.

Instalações de origem são agrupadas em camadas de fornecedores

Olhando a montante da cadeia, observamos o padrão contrário. Embora seja possível para uma fábrica obter todos os suprimentos necessários a partir de uma origem única, sabemos que isso raramente ocorre. Quase sempre a fábrica recebe suprimentos de diversas fontes, sendo que cada uma delas também recebe seus suprimentos de diversas fontes, e assim por diante, até o ponto inicial em que as matérias-primas são obtidas diretamente dos extratores (Figura 2.10). As camadas sucessivas desse padrão de cadeia de suprimentos são denominadas **camadas de fornecedores**. Assim como as camadas de clientes, as de fornecedores são numeradas a partir da fábrica.

Este padrão é uma rede de compras

A função de negócios sustentada por essa parte de uma cadeia de suprimentos é a de compras, que envolve a sincronização do fluxo de matérias-primas e submontagens de seus fornecedores à fábrica de maneira oportuna e lucrativa. Como vemos pela ilustração, as redes de compras tendem a ser menos organizadas que as redes de distribuição, tendo fontes sobrepostas como regra e não exceção.

Figura 2.10
Camadas de fornecedores no processo de compras

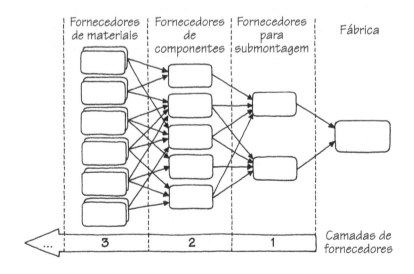

Assim como no caso da distribuição, o gerenciamento de compras também se torna mais complexo quanto maior for o número de fontes. A essência do bom funcionamento das compras é fazer com que os materiais cheguem o mais próximo possível da data de fabricação sem precisar pagar mais para alcançar essa meta. Considerando apenas as leis da probabilidade, quanto mais fornecedores estiverem envolvidos no processo, maiores as chances de pelo menos um deles não cumprir o prazo de entrega e atrasar a execução da produção. Além disso, o custo de efetuar pedidos e pagamentos aumenta de acordo com o número de fornecedores, sem contar as despesas gerais indiretas incorridas no gerenciamento de relacionamentos adicionais. Do mesmo modo que as camadas de clientes no caso da distribuição, a adição de camadas de fornecedores no caso de compras também resulta em aumento de tempo e despesas totais necessários para levar os suprimentos à fábrica.

Quanto maior for o número de fontes, mais complicadas se tornarão as compras

Os padrões básicos de distribuição e compras descritos nesta seção utilizam um amplo leque de configurações. Essencialmente, as próprias origens e destinos também podem ser fábricas, sendo que cada uma delas mantém a própria rede de distribuição e compras. Nos casos em que há muitas camadas de fábricas, os padrões de distribuição e compras se sobrepõem e a distinção entre ambas se torna menos nítida. Examinando apenas uma das fábricas, a imagem é razoavelmente clara, mas, se tomarmos a cadeia de suprimentos como um todo, o quadro fica bem mais complicado.

Os padrões se sobrepõem amplamente

Na análise das cadeias de suprimentos, é importante identificar os limites de propriedade. Uma seqüência de instalações pertencentes à mesma empresa forma sua **cadeia de suprimentos interna** e os elos criados fora do limite de propriedade representam sua **cadeia de suprimentos externa** (Figura 2.11). As cadeias de suprimentos internas geralmente são operadas com mais tranqüilidade que as externas porque podem ser controladas de maneira centralizada e as atividades de compra e venda não são necessárias para a movimentação dos produtos. Uma das grandes vantagens da estratégia clássica de **integração vertical,** em que uma única empresa é proprietária da maior parte da cadeia de suprimentos que puder adquirir, é que ela confronta a cadeia de suprimentos interna com as cadeias de suprimentos externas da concorrência, cujo gerenciamento é muito mais complexo.

Limites de propriedade afetam os fluxos

Figura 2.11
Cadeias de suprimentos internas e externas

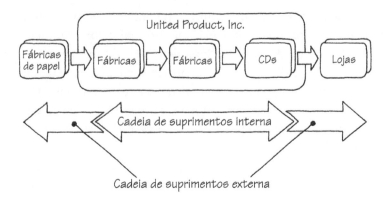

Complexidade e Variabilidade

Complexidade e variabilidade são preocupações-chave

Os elementos básicos das cadeias de suprimentos — as estruturas, as dinâmicas e os padrões descritos anteriormente — são simples. No entanto, conforme demonstraram os exemplos do Capítulo 1, as cadeias de suprimentos do mundo real são notoriamente difíceis de gerenciar e estão sujeitas a fracassos catastróficos. Esse contraste entre teoria e prática gera a seguinte dúvida: de onde surge a dificuldade? Ao que tudo indica, por trás dos diversos sintomas e suas causas imediatas há duas raízes para a dificuldade de gerenciamento das cadeias de suprimentos: complexidade e variabilidade. A última parte deste capítulo analisará ambas.

Os fluxos das cadeias de suprimentos são articulados de maneira complexa

A complexidade começa pela forma como os três fluxos principais se relacionam entre si. Na teoria, é simples: os pedidos desencadeiam as entregas, que por sua vez acionam os pagamentos. Na prática, o relacionamento dos pedidos com as entregas e pagamentos se torna rapidamente confuso (Figura 2.12). Uma única execução de produção gera pedidos para diversos fornecedores, e esses pedidos são normalmente combinados com os de outras execuções de produção para alcançar economia de escala nas compras.

As entregas destinadas a atender esses pedidos podem ainda combinar pedidos para reduzir o custo de transporte, mas pedidos maiores também podem ser divididos em duas ou mais entregas, e itens de pedidos em atraso têm sua entrega muitas vezes postergada ainda mais. Em geral, as faturas dão conta de diversas entregas e os pagamentos, de várias faturas, e assim por diante. As simples conexões estabelecidas entre os três fluxos se tornam obscuras rapidamente devido a esses agrupamentos e reagrupamentos.

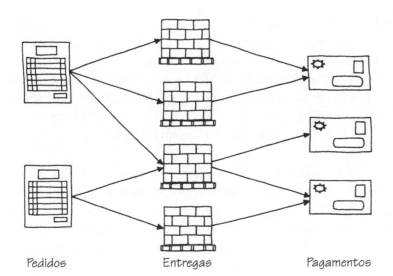

Figura 2.12
Pedidos, entregas e pagamentos

Outro fator complicador é a maneira como as cadeias de suprimentos são gerenciadas, com grupos diferentes controlando cada um dos três fluxos básicos (Figura 2.13). Do lado do cliente em uma transação, os pedidos devem ser feitos por um departamento de compras centralizado, as entregas, recebidas por várias fábricas locais, e os pagamentos, efetuados pelo departamento de contabilidade regional. Do lado do fornecedor, os pedidos devem ser recebidos pela rede de escritórios de vendas, as entregas, realizadas por centros de distribuição regionais, e os pagamentos, recebidos pelo escritório de contabilidade da matriz. Todos esses grupos funcionam de acordo com cronogramas diferentes, e muitas vezes totalmente incompatíveis, e nenhum grupo é responsável pelos resultados da transação como um todo.

Grupos diferentes controlam os três fluxos

A complexidade também advém da proliferação de documentos resultante da emissão de pedidos. Para cada ordem de compra gerada pelo cliente, uma ordem correspondente de venda é preparada pelo fornecedor — embora a maior parte das informações contidas nos dois documentos seja idêntica —, e ambas precisam ser comparadas com os contratos administrativos para assegurar o cumprimento dos prazos nelas estabelecidos. Todas as entregas resultantes dos pedidos necessitam de sua própria documentação, incluindo **romaneios, conhecimentos de embarque, avisos antecipados de embarque** e outros similares, além do ciclo de faturamento e pagamento que produz mais algumas pilhas de pa-

Todo fluxo implica vasta documentação

pel. Todos esses documentos servem como referência para o controle dos pedidos de compra e venda e os dados dos documentos devem (ou deveriam) ser cuidadosamente organizados para que ambas as empresas se certifiquem de que aquilo que se pediu foi entregue e o que se entregou foi pago. Isso contando apenas os documentos trocados entre as empresas, lembrando que a papelada produzida dentro de cada empresa pode ser muito maior ainda.

É comum encontrar cadeias de suprimentos com problemas estruturais

Outro fator que age como causador da complexidade é a própria estrutura da cadeia. A cadeia de suprimentos ideal é organizada de maneira clara em níveis e camadas, conforme descrito na seção anterior, e todas as transações seguem um organizado subconjunto de elos. Na prática, esses padrões em camadas são geralmente ofuscados por um emaranhado de elos e seqüências criados sem planejamento prévio, os quais são fundamentais para a operação da cadeia, mas acabam prejudicando sua compreensão e, mais ainda, seu gerenciamento. Isso raramente é culpa de um projeto, porque, na verdade, a maioria das cadeias de suprimentos nunca é planejada. O que ocorre de fato é que elas se expandem ao longo do tempo mediante uma série de decisões independentes — vamos abrir uma fábrica aqui, acrescentar mais quatro fornecedores de uma determinada peça ali, fechar este depósito em vez de reformá-lo etc. —, sendo poucas as que consideram o 'panorama geral'.

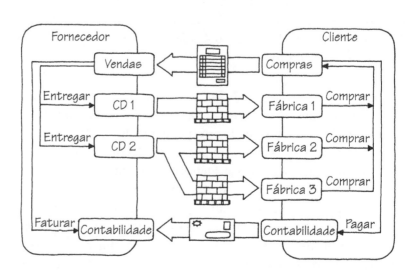

Figura 2.13
Grupos distintos controlando os fluxos

O segundo principal desafio das cadeias de suprimentos é lidar com a variabilidade. Ainda que sejam muito bem gerenciadas, todas as atividades comerciais apresentam uma variabilidade natural em termos de duração, qualidade e outros atributos. Vendas diárias, tempo de entrega, margens de produção, índice de defeitos, horas de manutenção e milhares de outros aspectos das cadeias de suprimentos sofrem alguma média de variações. Para alguns objetivos, conhecer essa média e planejar a partir desse conhecimento é suficiente. Mas as cadeias de suprimentos do mundo real nunca 'enxergam' valores médios; elas na verdade lidam diariamente com os valores reais que produzem essas médias. Quanto maior a variabilidade desses valores, mais caro e difícil se torna o gerenciamento da cadeia.

A variabilidade influencia todos os processos de negócios

Uma porção considerável do gerenciamento da cadeia de suprimentos é dedicada à tentativa de lidar com essa variabilidade. Os estoques de produtos acabados funcionam, em parte, como atenuadores dos efeitos da variabilidade da demanda e os estoques de matérias-primas proporcionam uma prevenção semelhante contra a variabilidade no suprimento. Análise de caso: uma auditoria de um grande varejista descobriu que seriam necessários US$ 200 milhões em estoque de segurança apenas para cobrir a variabilidade nas entregas de seu fornecedor — uma forma um tanto cara de compensar a falta de confiança. Manter recursos parecidos, tais como fornecedores substitutos e opções de transporte, oferece ainda mais proteção contra a variação na disponibilidade de materiais e serviços. A lista é longa: programas de garantia da qualidade tentam reduzir a variabilidade na qualidade dos produtos, as previsões tentam prever a variação na demanda, e assim por diante. Todas essas tentativas têm alguma importância no esforço para lidar com a variabilidade, mas cada uma origina os próprios custos.

O estoque é utilizado para amenizar os efeitos da variabilidade

As cadeias de suprimentos são especificamente vulneráveis aos efeitos da variabilidade porque envolvem seqüências longas de atividades interdependentes. Um atraso relativamente pequeno em um processo a montante, por exemplo, pode desestruturar a cadeia inteira, condenando cronogramas de produção e interrompendo entregas. Da mesma forma, a variação no nível de suprimentos para componentes a montante na cadeia em relação à demanda a jusante pode causar danos, como mostra claramente o mercado de eletrônicos e sua esporádica escassez de chips.

A variabilidade no suprimento aumenta a jusante na cadeia

Figura 2.14
Amplificação
da demanda

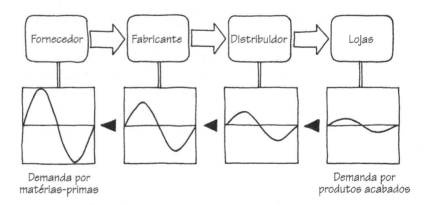

| A variabilidade na demanda aumenta a montante na cadeia | Assim como a variabilidade nos suprimentos pode aumentar a jusante na cadeia, a variabilidade na demanda pode aumentar no sentido contrário (Figura 2.14). O exemplo clássico dessa **amplificação da demanda** é um estudo realizado pela Procter & Gamble no início da década de 90 para investigar as flutuações características na demanda de matérias-primas utilizadas para fabricar as fraldas da marca Pampers. Essas flutuações intrigavam os gerentes da empresa, uma vez que os bebês geralmente precisam de fraldas numa freqüência relativamente constante. Isso se comprovou por uma verificação no consumo que demonstrou apenas variações aleatórias e insignificantes nas vendas da Pampers no varejo. Na realidade, essas pequenas variações estavam sendo amplificadas a montante na cadeia, provocando bruscas oscilações das matérias-primas. As causas desse efeito — apelidado pela P&G de **efeito chicote** — agora são bem compreendidas e facilmente combatidas (Capítulo 13), mas a amplificação da demanda continua sendo um sério problema em muitas cadeias. |
| A escala aumenta o impacto de ambos os problemas | Os problemas relacionados à complexidade e à variabilidade são ressaltados pela escala. No início da industrialização, as cadeias de suprimentos consistiam primordialmente de empresas locais trabalhando em conjunto para levar produtos ao mercado, e conexões complexas entre os três fluxos não representavam sérios impedimentos ao comércio. Hoje, com cadeias de suprimentos envolvendo milhares de empresas espalhadas por todo o mundo, a complexidade e a variabilidade exercem efeitos devastadores na eficácia e na eficiência do processo de suprimento. Os motivos são óbvios: é uma mera questão de mecânica. À medida que o número de empresas concentradas nos produtos acabados aumenta, é inevitável |

que a chance de haver erros e atrasos também aumente e as conseqüentes interrupções se tornem cada vez mais graves a cada novo elo adicionado à cadeia.

É pouco provável que as cadeias de suprimentos se tornem menores futuramente, mas tanto a complexidade quanto a variabilidade podem ser significativamente reduzidas. A complexidade das cadeias de suprimentos modernas é, enfim, uma ferida profunda, resultado de práticas comerciais que remontam à época da Revolução Industrial. Apesar de a variabilidade ser inerente à vida, há um arsenal pronto para impedi-la de atacar as cadeias de suprimentos. O verdadeiro desafio nos negócios não está exatamente na complexidade e na variabilidade por si próprias, mas na incapacidade em reconhecer os danos por elas causados e fazer as correções necessárias. Se você compreender a importância de combater esses problemas e souber escolher as armas, poderá vencer a batalha.

Complexidade e variabilidade podem ser reduzidas

Apesar de rápido, esse *tour* pelas cadeias de suprimentos permitiu-lhe um primeiro contato com os principais tópicos e o situou nesse território. Assim, será mais fácil você se localizar futuramente, no momento de explorar ainda mais essa área. O mais importante é que agora você compreende os problemas mais essenciais relacionados às cadeias de suprimentos e está preparado para entender como solucioná-los. É disso que trataremos no terceiro e último capítulo da Parte I.

Exercícios

1) Quais tipos de instalação podem constituir a CS?

2) Destaque as formas de movimentação dos estoques de produtos entre as instalações da CS.

3) Exemplifique alguns trade-offs possíveis pelo uso dos diversos modais de transporte na movimentação de mercadorias entre os elos participantes da CS.

4) Que implicações podem ser esperadas na empresa fornecedora que utiliza estratégias de fabricação contra previsão da demanda ou fabricação sob encomenda? Tente lembrar de alguns casos examinados no Capítulo 1.

5) Qual a importância de distinguir a fronteira push-pull na CS? Usando alguns exemplos, mostre seu reflexo nos estoques ao longo da CS.

6) Explique a importância da velocidade das informações nas CS em empresas modernas.

7) Por que, a seu ver, se costuma dizer que as informações na CS substituem os estoques?

8) Esquematize uma possível rede de suprimentos ou de compras e a correspondente rede de distribuição de uma empresa de computadores pessoais e de uma empresa de cosméticos. Identifique as principais diferenças de objetivos e de recursos.

9) A decisão estratégica do nível de integração vertical de uma empresa na CS é de grande importância. Discuta suas vantagens e desvantagens.

10) Tendo em vista os três tipos de fluxo da Figura 2.13, analise as dificuldades de controle dentro de uma mesma empresa.

11) Procure exemplos em sua experiência pessoal nos quais a variabilidade operacional influi na CS. Discuta até que ponto a variabilidade de seus exemplos é de natureza estrutural ou poderia ser melhorada.

12) Analisando a Figura 2.14, explique como a variabilidade da demanda no varejo pode ampliar-se ao longo da CS traduzindo o que se convencionou chamar de 'efeito chicote'.

3

Vencendo como um Time

Se complexidade e variabilidade são os fatores que tornam o gerenciamento da cadeia de suprimentos um jogo complicado, então as melhores táticas são as que priorizam simplicidade e estabilidade. De fato, a maioria das inovações no gerenciamento da cadeia de suprimentos realizadas nos últimos 20 anos buscaram simplificar e estabilizar o fluxo de demanda, suprimento e caixa. Essas inovações incluem a expansão das técnicas de manufatura just-in-time ao longo da cadeia de suprimentos, além de diversos programas especializados para o gerenciamento da reposição de estoques no varejo. Infelizmente, os ganhos proporcionados por esses programas foram muitas vezes obtidos à custa de outros elos da cadeia, o que não melhorou a competitividade da cadeia como um todo. Uma breve análise da teoria dos jogos revela os motivos pelos quais esses programas são insatisfatórios e aponta o caminho para alcançar a estratégia de sucesso: integrar os membros da cadeia de suprimentos formando uma equipe que trabalhe em harmonia, garantindo que os ganhos de cada membro da cadeia contribuam para o sucesso dos demais.

Programas de Suprimento JIT

De todos os diversos esforços no sentido de melhorar o fluxo de matérias-primas para as fábricas, a maior parte se concentrou em estender o alcance do método de **manufatura just-in-time (JIT)** a montante, com vistas aos fornecedores. Uma das principais características da técnica JIT é a eliminação de estoque em excesso do processo de produção, coordenando o movimento de materiais de cada estação de trabalho para que cheguem no momento exato em que são necessários para o início da operação seguinte. Esse sistema reduz os estoques em todo o processo de produção, ajudando os fabricantes a diminuir os custos de manutenção e a obsolescência e aumentar o lucro sobre os seus ativos. Benefícios como esses resultaram na adoção generalizada do JIT em vários mercados que utilizam técnicas repetitivas de produção.

O modelo JIT transformou a manufatura

Embarques freqüentes reduzem o estoque total

Dos três tipos de estoques mantidos nas instalações de produção, o estoque em processo (WIP) é o mais facilmente reduzido pelo método JIT. No entanto, o WIP normalmente é o menor e mais barato de todos, e o manuseio dos outros dois exige mudanças na forma como os fornecedores entregam as matérias-primas e como os clientes recebem os produtos acabados. Para que seja possível reduzir o estoque de matérias-primas, os fabricantes adeptos do método JIT trabalham com seus fornecedores para transformar radicalmente grandes embarques de materiais enviados para instalações centrais de recebimento em embarques menores e freqüentes, enviados diretamente dos caminhões à fábrica (Figura 3.1). A modificação é drástica, e as empresas, em geral, transformaram pedidos e entregas mensais em várias entregas no mesmo dia com chegadas precisamente programadas. A maioria das fábricas JIT possui um sistema semelhante nos fluxos para as empresas, utilizando entregas pequenas e freqüentes a fim de reduzir os estoques de produtos acabados.

O método JIT pressupõe relacionamentos mais próximos com fornecedores

A partir do momento em que os fabricantes começam a fazer esses tipos de modificação, o modelo JIT rapidamente se expande da produção para um sistema muito mais abrangente que requer transformações sistemáticas no gerenciamento da cadeia de suprimentos. A Toyota, pioneira do modelo JIT na década de 70, não tardou a se conscientizar dessa característica de seu método e logo se aproximou de seus fornecedores para que suas operações também aderissem ao JIT, coordenando com precisão o fluxo de produtos desde os fornecedores até as fábricas. Para fundamentar o estreito relacionamento exigido por esse novo tipo de produção, a Toyota utilizou uma forma exclusivamente japonesa de associação em parceria com seus principais fornecedores denominada **keiretsu**. No caso da Toyota, o keiretsu significou a obtenção de 20% a 50% de participação de cada fornecedor e a substituição de 20% de seus principais executivos pelo pessoal da Toyota.

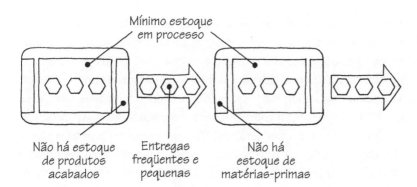

Figura 3.1
Fornecimento no esquema just-in-time

O método JIT facilita a compreensão de maneiras de aprimorar as cadeias de suprimentos. Embora o enfoque mais evidente do JIT seja a redução de estoques, a essência desse método diz respeito à busca sistemática pela qualidade, estando implícita nessa meta a eliminação de qualquer complexidade desnecessária. No caso das transações de cadeias de suprimentos, essa filosofia exigiu uma otimização muito maior do ciclo pedidos-entregas-pagamentos. Em vez de acumular pedidos enormes mesclando diversos tipos de materiais, os fabricantes passaram a fazer mais pedidos para cada tipo de material, geralmente pagando por esses materiais no momento da entrega em lugar de efetuar os pagamentos de uma só vez. Além disso, uma porção considerável de documentação foi descartada. Por exemplo, pedidos convencionais são quase sempre eliminados, favorecendo cronogramas de entrega continuamente atualizados, e os documentos de faturamento podem ser totalmente desconsiderados. Uma das grandes contribuições do JIT ao gerenciamento das cadeias de suprimentos é que esse modelo demonstra claramente como os fluxos básicos podem ser simplificados.

Pedidos mais simples reduzem a complexidade

Além de defender a redução da complexidade, a filosofia de qualidade do JIT também procura diminuir a variabilidade de todas as etapas de fabricação. Para alcançar esse objetivo, todas as operações são analisadas, aperfeiçoadas e testadas até o momento em que possam ser concluídas com rapidez e uniformidade. No caso das cadeias de suprimentos, esse grau de rigorosidade não só agiliza o movimento dos produtos como permite entregas com um nível de precisão sem precedentes. Tal precisão possibilita que os estoques de matérias-primas sejam reduzidos a uma fração de seus níveis normais sem causar interrupções no funcionamento da linha.

Desempenho estável reduz a variabilidade

O JIT pode tornar as cadeias de suprimentos frágeis

É claro que nem toda variabilidade pode ser evitada, e é justamente aí que se encontra o ponto negativo do JIT: o método é capaz de tornar as cadeias de suprimentos tão frágeis que qualquer interrupção no fluxo de suprimentos pode suspender as atividades da cadeia inteira. A Toyota vivenciou essa experiência em 1997, quando um incêndio nas instalações de um de seus fornecedores interrompeu as linhas de produção da Toyota durante uma semana. No ano seguinte, greves em duas fábricas de peças da GM provocaram interrupções em quase todas as fábricas da empresa durante dias. Um ano mais tarde, sete fábricas da DaimlerChrysler e três da GM foram forçadas a operar em meio turno quando uma enchente na fábrica de um dos fornecedores resultou na escassez de uma única peça. Após os ataques terroristas de 11 setembro de 2001, diversas fábricas nos Estados Unidos foram obrigadas a fechar as portas em decorrência das falhas no sistema de transporte. A Ford, por exemplo, fechou cinco fábricas norte-americanas por causa da escassez de peças, muitas vezes causada por atrasos na chegada de caminhões da fronteira com o Canadá.

Os fabricantes estão cautelosos com relação ao JIT

Interrupções como essas podem rapidamente liquidar toda a economia gerada graças à redução nos níveis de estoques. No caso de grandes fabricantes, uma fábrica inativa pode chegar a custar US$ 10 mil por minuto. Considerando esse tipo de impacto financeiro, muitas empresas que adotaram o sistema JIT com extrema convicção passaram a reavaliar seu ponto de vista e a adotar uma estratégia mais conservadora. A Honda, por exemplo, agora possui uma política de manutenção de duplos fornecedores para todas as suas matérias-primas. A Ford, enquanto reafirma o compromisso com seu programa JIT após os ataques terroristas, iniciou imediatamente o desenvolvimento de planos de armazenamento de motores e outras peças fundamentais em algumas fábricas dos Estados Unidos.

Simplicidade e uniformidade continuam sendo objetivos-chave

Ainda que tenha o devido gerenciamento de riscos, o JIT não é um método indicado para todas as cadeias de suprimentos. Não funciona em produções sob encomenda, as quais não utilizam linhas de produção, e não é relevante na manufatura para indústrias de processo. Mesmo em seu território natural, ou seja, a produção repetitiva, não é uma boa escolha para produtos fabricados em volumes pequenos ou produtos com demanda incerta. Porém, essas são apenas limitações, não defeitos; no tipo certo de ambiente de produção, o JIT pode resultar em melhorias significativas. Mais importante, no entanto, é a forma como o sistema JIT ilustra quanto pode ser feito para reduzir a complexidade e a variabilidade nas cadeias de suprimentos. A ênfase do JIT na simplicidade e na uniformidade pode criar vantagens em todos os elos da cadeia, independentemente de outros aspectos da técnica serem ou não aplicados.

Programas de Reposição no Varejo

A segunda principal classe de programas de cadeias de suprimentos lida com a distribuição e sua preocupação é reabastecer estoques no varejo. Historicamente, o elo entre lojas varejistas e seus fornecedores imediatos é uma conexão complicada na cadeia de suprimentos. Antigamente, os estoques dos varejistas eram gerenciados por proprietários independentes de lojas, que em geral não possuíam ferramentas sofisticadas para previsão da demanda e planejamento do reabastecimento. E esse é exatamente o ponto de gerenciamento mais difícil na cadeia, porque é o primeiro a sentir o impacto da mudança na preferência dos clientes. É ainda o ponto em que a cadeia se faz visível ao consumidor, o que torna seu bom gerenciamento extremamente importante. Se o produto desejado não está nas prateleiras quando um consumidor o procura nas lojas, mesmo a mais perfeita seqüência de operações de suprimento se transforma num fracasso.

A reposição no varejo é um problema complicado

A primeira geração de programas de reposição no varejo se baseou na transformação do controle de estoques (Figura 3.2). No esquema convencional, os varejistas gerenciam seus próprios estoques e os reabastecem conforme acham necessário. O problema desse esquema é que os fabricantes quase sempre estão mais bem posicionados que os varejistas para rastrear padrões emergentes na demanda. Além disso, os fabricantes conseguem eliminar custos e a incerteza desse elo da cadeia centralizando o controle do processo de reposição. Uma maneira de alavancar essas vantagens é a **consignação**, em que os fabricantes mantêm a posse e o controle do estoque de seus produtos no ambiente do varejista. Já foi comprovado que a consignação é uma ferramenta eficaz para a venda de produtos que os varejistas talvez não estivessem dispostos a manter em sistemas convencionais, mas não é a melhor escolha para os fabricantes, pois estes precisam esperar mais tempo para receber o pagamento por seus produtos.

Tentativas anteriores transformaram o controle de estoques

Figura 3.2
Relacionamentos de gerenciamento de estoques

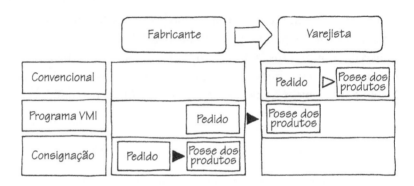

O VMI transfere a posse, mas não o controle

Uma criação mais recente, o **estoque gerenciado pelo fornecedor** (*vendor-managed inventory* — VMI), está ilustrada na fileira do meio da Figura 3.2. A inovação trazida pelo VMI é a forma como distingue controle de posse, os quais normalmente são transferidos ao mesmo tempo. De acordo com o VMI, o fabricante recebe atualizações constantes sobre o nível de estoque do varejista e o reabastece conforme necessário, sendo que o varejista mantém a posse dos produtos a serem entregues. Isso permite mais visibilidade aos fabricantes sobre a venda de seus produtos, ajudando-os a antecipar a demanda e a planejar melhor o suprimento. Os varejistas se beneficiam com o sistema VMI porque não precisam mais controlar níveis de estoque nem efetuar pedidos de produtos. Além do mais economizam, pois normalmente precisam de menos estoque, às vezes apenas metade do que manteriam em outro sistema.

Resposta rápida aplica o JIT ao elo com varejistas

Além do VMI, existem vários outros programas desenvolvidos para harmonizar o fluxo de produtos até as lojas varejistas. Um dos que surgiram primeiro foi o programa de **resposta rápida** (*quick response* — QR), uma iniciativa do mercado de vestuário na década de 80 para combinar algumas técnicas do JIT com as tecnologias de monitoramento dos níveis de estoque em tempo real. Como vemos na Figura 3.3, os sistemas de **pontos-de-venda** eletrônico (*point of sale* — POS) capturam dados automaticamente da venda de roupas e, em seguida, os enviam aos fabricantes utilizando as conexões do **intercâmbio eletrônico de dados** (*electronic data interchange* — EDI). Os fabricantes respondem com entregas diárias de itens previamente etiquetados que podem seguir diretamente de seus caminhões para a loja.

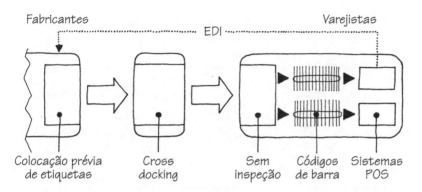

Figura 3.3
Programa de resposta rápida

No final da década de 80, o mercado de vestuário lançou a extensão do programa QR conhecida como **reposição contínua** (*continuous replenishment* — CR). Pela ilustração da Figura 3.4, vemos que esse programa incorporou o VMI visando a um melhor controle de estoques e introduziu a previsão conjunta para que fabricantes e varejistas pudessem associar sua compreensão sobre a demanda do cliente para prever melhor as vendas futuras. Outro aspecto importante do programa é que o contrato de reposição funcionava como um compromisso permanente de compra. Isso permitiu que integrantes do programa eliminassem completamente as ordens de compra individuais, agilizando ainda mais o processo de reposição.

A reposição contínua incorporou o VMI

Em 1993, o mercado de gêneros alimentícios lançou a própria versão de reposição contínua, denominando-a **resposta eficiente ao consumidor** (*efficient consumer response* — ECR). A principal contribuição do ECR foi a incorporação do **gerenciamento por categorias**, que organiza as atividades de promoção e reabastecimento por grupos de produtos vistos pelos consumidores como mais ou menos equivalentes na satisfação de suas necessidades. Essa incorporação ajuda as mercearias a determinar a melhor combinação de produtos que devem colocar em suas prateleiras para garantir que as necessidades de seus clientes sejam atendidas mesmo que ocorra eventual falta de algum item. Esse programa também incentiva a utilização do custeio baseado em atividades (descrito no Capítulo 9) para determinar a lucratividade de cada categoria de produto.

O ECR incorporou o gerenciamento por categorias

Figura 3.4
Programas de reposição no varejo

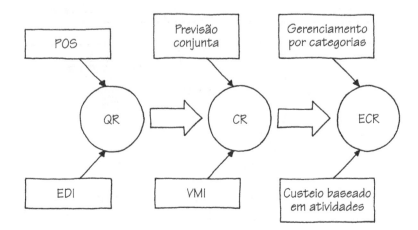

Os programas combatem a complexidade e a variabilidade

Assim como os programas JIT descritos anteriormente, os programas de reposição no varejo refletem o esforço contínuo no sentido de simplificar e estabilizar os fluxos na cadeia de suprimentos. Por exemplo, a eliminação de pedidos em reposições contínuas excluiu a principal origem de custos e tempo que não agregavam nenhum valor ao consumidor final. Esses programas também foram pioneiros em importantes técnicas utilizadas para lidar com a variabilidade, incluindo algumas que não são aplicadas no método JIT. O mais incrível é que o uso de dados em tempo real nas vendas faz com que os varejistas respondam rapidamente às variações nos padrões de compra do consumidor, ao passo que a incorporação da previsão conjunta permite que os varejistas se preparem para essas transformações antes de atingir as lojas.

O CPFR ainda é o programa mais ambicioso

O programa de reposição mais ambicioso lançado até hoje é o **planejamento, previsão e reposição colaborativos** (*collaborative planning, forecasting, and replenishment* — CPFR), uma iniciativa formalizada em 1998 que envolveu vários setores do mercado (Figura 3.5). Embora o CPFR não seja uma extensão direta de nenhum dos programas vistos anteriormente, foi elaborado graças à experiência adquirida com os outros três. Sendo o primeiro projeto inovador desde a comercialização pela internet, o CPFR abandona o EDI e as redes privadas e opta pela comunicação via internet. Além do intercâmbio direto de dados em tempo real, parceiros comerciais podem utilizar servidores centralizados de informações permitindo a visualização e a atualização de planejamentos e previsões compartilhados.

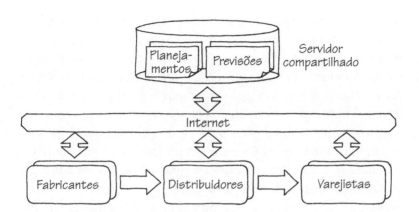

Figura 3.5
O programa CPFR

Resumidamente, o programa CPFR conta com ferramentas avançadas e baseadas na internet para combinar informações sobre demanda e suprimento, possibilitando que parceiros comerciais coordenem suas decisões sobre estoque e harmonizem o fluxo de produtos ao longo da cadeia. A utilização dessas ferramentas oferece importantes vantagens, mas também exige altos investimentos em novas tecnologias por parte das empresas. Outro empecilho é de caráter cultural: o CPFR necessita que as empresas compartilhem informações extremamente detalhadas sobre suas operações, e muitas resistem a essa idéia. O CPFR está começando a conquistar adeptos, mas ainda é cedo demais para afirmar a amplitude de sua aceitação.

A adoção do CPFR está apenas começando

O Problema dos Programas

Todos os programas descritos neste capítulo foram apresentados com grande entusiasmo e existem estatísticas inquestionáveis demonstrando que todos tiveram êxito na redução de estoques e na agilização do fluxo de produtos pela cadeia. Esses fatos animadores são sustentados por freqüentes relatórios divulgados pelas empresas sobre a economia extraordinária gerada nos últimos 20 anos mediante a redução rigorosa dos estoques. Há apenas um problema nesses resultados dignos de nota: eles podem não ser verdadeiros. Há dois anos, uma equipe de pesquisadores da Ohio State University fez uma análise abrangente dos níveis de estoque relatados por empresas norte-americanas nas duas últimas décadas e chegaram a uma conclusão desconcertante: a Grande Redução de Estoques do final do século XX nunca aconteceu.

Todos os programas possuem vitórias em seu histórico

Os programas não estão reduzindo estoques

O estudo revelou que, de fato, houve uma queda moderada nos estoques totais a partir de 1980, mas a maior parte dessa redução se deveu ao pequeno número de setores que fizeram mudanças estruturais em suas cadeias de suprimentos. Por exemplo, a eliminação de distribuidores e varejistas no modelo de vendas diretas aperfeiçoado pela Dell, juntamente com outras técnicas avançadas de gerenciamento da cadeia de suprimentos, permitiu que o mercado de computadores cortasse seus estoques totais pela metade nesses 20 anos. Isso representa ganhos realmente impressionantes que contribuíram para reduções surpreendentes nos preços desse setor. Mas em outros mercados, incluindo os dois que se dedicaram mais intensamente aos programas de reposição no varejo — vestuário e gêneros alimentícios —, os níveis de estoques permaneceram absolutamente estacionados no período de vigência desses programas.

Estão simplesmente mudando os estoques de lugar

Mas o que está acontecendo? Esses programas são uma fraude? Não. O problema é mais sutil. Os níveis de estoque das empresas que participaram desses programas de fato sofreram queda, mas agora tudo indica que a maior parte dessas reduções foi conquistada mudando-se o estoque de lugar na cadeia em vez de realmente eliminá-lo. Isso pode ser bom para as empresas que obtiveram êxito, mas para os outros integrantes das cadeias é um problema que não contribui de nenhuma forma para tornar essas cadeias mais eficientes e competitivas. Esses programas podem visar a criação de um novo nível de cooperação na cadeia de suprimentos, aproximando as empresas como verdadeiros parceiros comerciais, mas, como é comum no mundo dos negócios, os benefícios dessa cooperação se concentram na parte dominante.

Os varejistas cortaram seus estoques

O sucesso consagrado do Wal-Mart no controle de sua cadeia de suprimentos serve como ótimo exemplo. Através de uma variação da estratégia clássica de integração vertical, o Wal-Mart eliminou em grande parte distribuidores, transportadores e outros intermediários que costumavam intervir entre fabricantes e lojas varejistas (Figura 3.6). A escala desse resultado é impressionante: os caminhões do Wal-Mart carregam 50 milhões de paletes de produtos toda semana para 45 milhões de metros quadrados de espaço de loja para atender 15 milhões de clientes por dia. Com economia de escala dessa dimensão, o Wal-Mart conseguiu eliminar uma parte significativa de custos excessivos em sua cadeia de suprimentos. Essas conquistas se refletem nos dados nacionais: o varejo é um dos poucos setores que conseguiram um progresso espetacular na redução de seu estoque total, igualando-se à ascensão de megavarejistas como o Wal-Mart.

Essa escala impressionante também permite que o Wal-Mart determine prazos aos fabricantes, revertendo a dominação histórica destes nas cadeias de suprimentos de produtos acabados. Por exemplo, as empresas que desejam ter acesso ao vasto canal de varejo do Wal-Mart precisam entregar enormes volumes de produtos para diversas localidades diferentes, garantir pleno cumprimento de rígidos cronogramas de entrega e responder imediatamente às mudanças nos níveis de demanda pelo império Wal-Mart. Essas exigências se traduzem diretamente em maiores estoques de produtos acabados, e é exatamente isso que os dados mostram. Nos setores que servem megavarejistas como o Wal-Mart, os estoques de produtos acabados não permaneceram apenas estacionados, mas na verdade registraram elevação nos últimos 20 anos.

Os fabricantes agora mantêm mais produtos acabados

Obviamente, os fabricantes podem compensar essa pressão até certo ponto simplificando suas operações internas e pressionando os próprios fornecedores por desempenhos melhores, redução de seus estoques de matérias-primas e estoques em processo. E é exatamente isso que os dados indicam; foram as reduções nos estoques de matérias-primas e WIP que evitaram que o total de estoques aumentasse. É claro que mais pressão sobre os fornecedores para que mantenham estoques até o último minuto e respondam rapidamente aos sinais de demanda exige que conservem mais produtos acabados em suas mãos, e assim sucessivamente, a montante na cadeia. Em suma, as drásticas reduções em estoque conquistadas no nível do varejo ocorreram, na maior parte, porque o estoque foi empurrado a montante na cadeia, e não porque foi eliminado da cadeia.

Os fabricantes empurram o problema a montante na cadeia

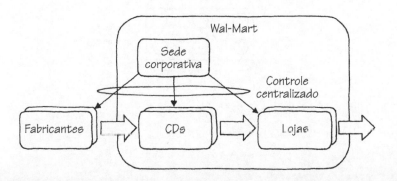

Figura 3.6
O modelo Wal-Mart

O JIT também empurra o estoque a montante na cadeia

Esse padrão de empurrar o estoque a montante na cadeia também é encontrado no método JIT. Novamente, a exigência imposta aos fornecedores para que efetuem entregas programadas com exatidão e respondam rapidamente às modificações no consumo leva à diminuição do estoque de matérias-primas do fabricante à custa de exigir que os fornecedores mantenham mais produtos acabados para se prevenir contra a variabilidade na demanda. A solução mais comum para esse problema é fazer com que os fornecedores também adotem o sistema JIT, mas isso só funciona quando clientes e fornecedores conseguem sincronizar suas operações perfeitamente. Quando as empresas norte-americanas experimentaram o modelo JIT na década de 80, houve casos em que acharam que os custos totais de estoques aumentaram em vez de diminuir. O problema não estava dentro dos limites da empresa: clientes e fornecedores administravam modelos JIT de maneira exemplar, cada um mantendo estoques locais em níveis mínimos. O problema estava no elo entre ambos. A fim de lidar com problemas de coordenação, as empresas quase sempre mantinham estoques em depósitos terceirizados para formar estoques reguladores (Figura 3.7). No fim das contas, o estoque não havia sido eliminado; simplesmente fora transferido para instalações mais caras.

Figura 3.7
Estoque escondido no JIT

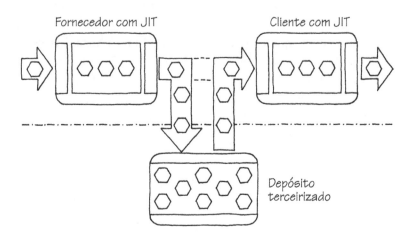

Uma diferença fundamental entre os programas em funcionamento no nível do fabricante e no nível do varejo é que os fabricantes estão no meio da cadeia e não no final, então têm a opção de empurrar o estoque a jusante ou a montante na cadeia (Figura 3.8). Como era de supor, é exatamente isso que acontece. O melhor exemplo está no setor automobilístico; após a organização da maioria dos aspectos do JIT, as fábricas de automóveis norte-americanas funcionam hoje com nada mais que três horas de estoques. Mas o estoque de carros e caminhões nas concessionárias chega a durar três meses. O modelo JIT pode ser um sucesso para os fabricantes de carros, mas não está tornando suas cadeias de suprimentos mais eficientes. De todos os modos utilizados pelo setor para a manutenção de estoques, o de produtos acabados é de longe o mais caro.

O JIT também empurra o estoque à jusante na cadeia

Considerando o panorama mais abrangente das relações comerciais, esse costume de empurrar o fardo acima ou abaixo na cadeia em vez de eliminá-lo totalmente não surpreende. Embora integrantes próximos em uma cadeia de suprimentos sejam muitas vezes chamados de parceiros comerciais, mais do que nunca essa denominação é um eufemismo para disfarçar um relacionamento que permanece entre adversários do ponto de vista econômico. Independentemente de quanto desejam cooperar, o fato é que os membros de uma cadeia de suprimentos competem entre si para aumentar sua participação sobre os lucros gerados pelo consumidor. Quando a competição *entre* as cadeias reduz preços, a competição *dentro* das cadeias se torna mais acirrada, pois cada membro da cadeia tenta manter suas margens de lucro. Se houver algum desequilíbrio de poder dentro da cadeia — fato muito comum —, os lucros, no fim, tendem a ir para os integrantes mais poderosos, e os menos poderosos ficam com o que conseguirem pegar.

Parceiros comerciais ainda agem como concorrentes

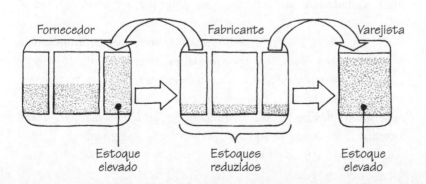

Figura 3.8
Fabricante deslocando o estoque

Parcerias comerciais verdadeiras são possibilidades reais

Os relacionamentos nas cadeias de suprimentos não precisam ser necessariamente assim. Quando as empresas agem como parceiros comerciais verdadeiros, trabalhando em conjunto para eliminar tempo e custos da cadeia, conseguem criar uma situação em que todos lucram. O programa Score da Chrysler — pelo menos no início de seu funcionamento — é um excelente exemplo de quanto pode ser conquistado dessa forma. As economias da empresa, que somaram US$ 1,7 bilhão, não foram provenientes de omissões de seus fornecedores; estes economizaram junto com a Chrysler. As economias se originaram da descoberta de maneiras melhores de fabricar carros. O diferencial desse programa é que o Score incentivou uma verdadeira inovação em vez de apenas pressionar a concorrência por uma quantia fixa de dinheiro. Os pesquisadores da Ohio State University citados no início desta seção chegaram à mesma conclusão, baseados em seu estudo dos dados nacionais. De acordo com eles: "as tentativas de aumentar a eficiência pelo exercício de poder apenas transfere o local da ineficiência". A única forma de obter melhorias reais é redesenhando a cadeia de suprimentos para aumentar sua eficiência como um todo.

É difícil criar relacionamentos ganha-ganha

A idéia de substituir a competição entre os parceiros comerciais pela cooperação, criando relacionamentos ganha-ganha, é tão óbvia e comentada com tanta freqüência que já não tem mais tanta aceitação. Tentativas de criar esse tipo de relacionamento podem ser, e de fato são, bem-sucedidas, mas o resultado mais comum é o fracasso. Os gerentes de hoje têm razão em desconfiar de parceiros comerciais que mencionam o estabelecimento de relacionamentos ganha-ganha sem expor com clareza de onde os ganhos adicionais irão se originar. Eles sabem que por mais cordial que se torne a relação sempre haverá uma compensação olho-por-olho entre seus lucros e os de seus 'parceiros', ou seja, a cooperação nunca substituirá verdadeiramente a competição natural entre esses dois lados.

A teoria dos jogos trouxe descobertas vitais

O dilema, então, é o seguinte: integrantes próximos em uma cadeia de suprimentos podem ter oportunidades efetivas de aumentar seus lucros compartilhados, mas a tensão básica em relação ao modo como os lucros são divididos pode evitar que essas oportunidades sejam experimentadas na prática. E, ainda que realmente encontrem uma forma de elevar seu lucro total, podem fazê-lo empurrando o estoque ou outros custos para os demais membros da cadeia. Essa situação faz com que qualquer tentativa de melhorar o desempenho da cadeia como um todo se torne uma proposta no mínimo complicada. A única solução para esse dilema é, de alguma forma, separar os efeitos da cooperação dos efeitos da competição, reconhecendo que ambos existem, e imaginar uma maneira de distribuir os lucros da cooperação de modo a beneficiar todas as partes. Mesmo no melhor dos cenários, trata-se de uma árdua tarefa, mas as técnicas da teoria dos jogos podem torná-la um pouco mais palpável.

Insights da Teoria dos Jogos

Quando parceiros comerciais competem entre si por uma determinada quantia de dinheiro, estão participando de um jogo denominado pelos teóricos **jogo de soma zero**. Nos jogos de soma zero, há uma quantia fixa de dinheiro em risco e os jogadores competem para ver quem consegue ganhar a maior parte. Na Figura 3.9, os jogadores A e B competem por quantias de US$ 100. A amplitude de possíveis resultados, que vai de A ganhando tudo a B ganhando tudo, forma uma linha diagonal chamada de linha *ganha-perde* no diagrama. O resultado do jogo é um ponto único nessa linha. Para ficar mais claro — não são termos-padrão —, chamarei a linha que descreve os possíveis resultados de *curva de trade-off* e o ponto que representa o resultado de *ponto de trade-off*. No caso de um jogo de soma zero, a curva de trade-off é igual à linha ganha-perde e o movimento do ponto de trade-off na extensão dessa linha significa a competição em sua forma mais pura. A maioria das transações em cadeias de suprimentos se dá em jogos de soma zero, em que as duas partes competem entre si para empurrar o resultado em sua direção pela linha ganha-perde.

As transações são efetuadas como jogos de soma zero

Se existem formas em que as partes envolvidas em uma transação podem influenciar os ganhos totais, além de determinar como a divisão desses ganhos é feita, a transação se transforma em um jogo de soma não zero. Um jogo de soma não zero pode funcionar de ambas as formas, dependendo do relacionamento entre as duas partes. Se esse relacionamento for cooperativo, as partes podem elevar a curva de trade-off para a região ganha-ganha, como vemos no quadro esquerdo da Figura 3.10. Se o relacionamento for de oposição, elas podem causar mais desvantagens do que vanta-

Poucas transações são realmente de soma zero

gens, movendo a curva de trade-off para baixo, na região perde-perde. A principal contribuição da teoria dos jogos para a economia é a descoberta de que poucas transações comerciais se restringem à competição pura. Uma parte significativa do que consideramos transações ganha-perde é, na verdade, muito mais elaborada.

Relacionamentos perde-perde são comuns

O foco da discussão a seguir é a movimentação das relações comerciais para cima, rumo ao campo ganha-ganha, mas isso não deve omitir o fato de que os relacionamentos quase sempre são distorcidos em empreendimentos perde-perde. É fácil demais, do ponto de vista da rivalidade na competição, dominar um relacionamento, até o ponto em que prejudicar a outra parte se torne mais importante do que vencer o jogo. Trata-se de um fato recorrente na competição entre as cadeias de suprimentos, na qual guerras de preços e outras formas 'cruéis' de competir podem mergulhar as empresas na região perde-perde. Mas isso também ocorre *dentro* das cadeias de suprimentos, como comprovam o estoque camuflado no método JIT da Figura 3.7 e a elevação nos custos de manutenção de estoques nas concessionárias de automóveis e não nas fábricas. Um dos riscos de pensar nas relações comerciais como jogos de soma zero é que isso favorece que esforços na linha ganha-perde se desviem da linha para a região perde-perde.

Figura 3.9
Jogo de soma zero

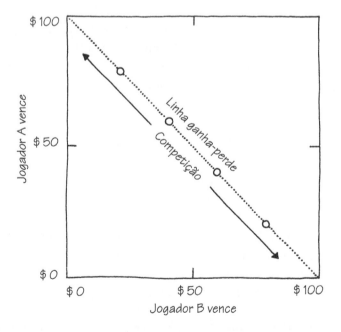

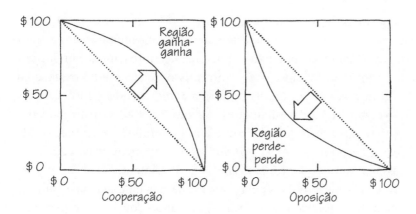

Figura 3.10
Jogos de soma não zero

Em uma análise mais otimista, os parceiros comerciais que desejam melhorar seus lucros conjuntos em vez de apenas brigar por uma quantia fixa de dinheiro podem procurar maneiras de transformar seu relacionamento em um jogo de soma positiva. Isso não significa que possam eliminar totalmente o aspecto competitivo; independentemente de quanto conseguirem empurrar a curva de trade-off para a região ganha-ganha, ainda assim podem existir conflitos sobre quem fica com a maior parte dos ganhos. A diferença é mais uma questão de ênfase que de gênero. Em um jogo cooperativo, os jogadores se concentram em como aumentar seus ganhos totais e relegam a divisão desses ganhos a segundo plano. Em um jogo competitivo, os ganhos são considerados fixos e a divisão é tudo.

A cooperação pode aumentar os ganhos totais

É por isso que o programa Score da Chrysler foi tão bem-sucedido. O programa remodelou completamente o relacionamento para que este passasse a focar a cooperação e ofereceu um conjunto de mecanismos para solucionar o aspecto da competitividade. Os preços em vigor foram bem fundamentados e as reduções nesses preços se limitaram às economias reais resultantes de técnicas aprimoradas. Isso limitou o princípio da competitividade ao total das economias, e o programa funcionou com bastante flexibilidade dentro dessa limitação. Inicialmente, a Chrysler aceitava quaisquer economias que o fornecedor desejasse repassar, sem questionar o valor real. Certamente alguns fornecedores ficavam com mais da metade das economias, mas outros repassavam a maior parte, ou até mesmo todas as economias, na tentativa de conquistar mais mercado. Como a essa altura todos estavam ganhando, ninguém se preocupava muito com a pontuação.

O Score posicionou a cooperação à frente da competição

A cooperação exige mudanças no relacionamento

A primeira lição extraída da teoria dos jogos é que os parceiros comerciais devem ter como principal meta a maximização dos ganhos totais. Quanto maior o êxito obtido nesse esforço, menos importante se torna a divisão desses ganhos. Isso normalmente exige uma transformação mais ampla na forma como clientes e fornecedores enxergam seu relacionamento. Na prática, essa transformação é muitas vezes mais complexa que a descoberta de oportunidades de realizar economias. Aliás, estudos sobre os motivos de parcerias fracassadas tão freqüentes em cadeias de suprimentos revelam que os erros são causados mais pela postura adotada do que pela economia em si. É necessário que haja um empenho a longo prazo para que se possa criar um relacionamento de soma positiva, mas pelo menos nos principais elos da cadeia o retorno desse investimento em tempo e energia pode estar entre os melhores do mercado.

A competição nunca é totalmente eliminada

É claro que a dúvida sobre o melhor posicionamento do ponto de trade-off em qualquer transação nunca é sanada e mesmo o melhor dos relacionamentos pode se tornar tenso quando há dinheiro na jogada. Há várias formas de solucionar esse problema, mas a melhor opção deve ser sempre pelo ponto que maximize os ganhos totais, compensando qualquer injustiça feita em outra transação. Não se trata apenas do melhor resultado 'médio' obtido pelas duas empresas, mas é também uma maneira de maximizar a competitividade de sua cadeia de suprimentos.

Trade-offs nem sempre são simétricos

Essa idéia fica mais clara se analisarmos um exemplo. Suponha que um cliente e um fornecedor gastem, cada um, US$ 5 por unidade para avaliar a qualidade de determinada peça. A Figura 3.11 ilustra como essa situação pode ser representada como um jogo de soma zero. Nesse caso, a zona cooperativa fica abaixo à esquerda e não acima à direita porque as empresas se beneficiam da redução de custos, ao passo que no exemplo anterior beneficiavam-se do aumento dos lucros. A curva de trade-off no gráfico representa os resultados de um estudo conjunto demonstrando que um programa de inspeção cooperativo poderia eliminar diversas operações redundantes, diminuindo as despesas totais com controle de qualidade. De acordo com o estudo, a curva de trade-off é assimétrica; as maiores economias serão efetivadas se o fornecedor ficar mais com a responsabilidade pela garantia de qualidade, porque isso exclui a despesa adicional de entrega e devolução de peças com defeito.

Supondo que as empresas concordassem em aceitar esse programa, como deveriam dividir suas economias?

Em uma situação real, o resultado mais provável seria o cliente se sentir injustiçado por ter de gastar tanto para compensar a falta de qualidade e exigiria mais empenho por parte do fornecedor para que corrigisse os defeitos. Mas vamos considerar a hipótese de que, consumidos pelo espírito de cooperação, ambos concordassem em repartir as economias igualmente, escolhendo o ponto de trade-off denominado *economias iguais*. Não seria má escolha; as duas empresas gastariam menos com controle de qualidade e os custos totais por peça cairiam US$ 2, permitindo que a cadeia de suprimentos ampliasse suas margens. Mas a melhor escolha ainda seria o ponto que maximizasse as economias totais. Nesse caso, as empresas conseguiriam cortar mais US$ 1 por peça de suas despesas conjuntas se o fornecedor realmente aumentasse seus custos totais. Essa alternativa pode não ser muito justa para o fornecedor, mas essa injustiça pode ser facilmente reparada fazendo com que o fabricante compense o fornecedor de outras formas. A solução mais simples seria o fabricante pagar mais pelos componentes enviados sob o novo programa de qualidade.

A melhor política é maximizar os ganhos totais

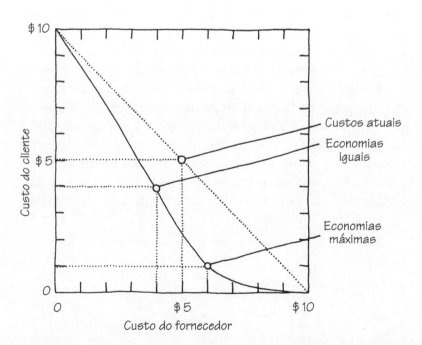

Figura 3.11
Repartindo as economias

Os relacionamentos englobam várias transações

Essa última observação — de que o cliente pode compensar o fornecedor por sua despesa adicional mediante pagamentos compensatórios ou qualquer outra troca — ressalta outra importante contribuição da teoria dos jogos. Embora pareça razoável para algumas empresas enxergar compras rápidas e outras transações isoladas como jogos de soma zero, essa postura fracassa quando se trata de relacionamentos de longo prazo que envolvem muitas transações e trade-offs. Mesmo que insista em adotar a lógica da soma zero em um relacionamento completo, a empresa ainda será mais bem-sucedida se escolher pontos favoráveis para transações individuais e compensar a diferença em outro local. Mas o melhor relacionamento é conquistado deixando o aspecto da competitividade de lado pelo tempo suficiente para que os benefícios totais resultantes da cooperação possam ser aproveitados. Há sempre uma maneira de equilibrar a contabilidade posteriormente caso uma das partes não receba o lucro total dos benefícios em determinada transação.

A criação de um modelo revela os verdadeiros trade-offs

Outra descoberta fundamental da aplicação da teoria dos jogos é que decisões como essas não podem ser tomadas de maneira intuitiva: são complexas demais para isso. Mesmo um exemplo trivial como o mostrado na Figura 3.11 ultrapassa nossa capacidade de descobrir qual é a melhor solução em termos de quem 'tem a obrigação' de arcar com o custo ou qual seria a divisão mais justa das economias. A chave para excluir os relacionamentos ganha-ganha do campo das relações amigáveis e torná-los uma realidade exeqüível é a utilização de modelos formais para encontrar valores ideais. Para algumas decisões, bastaria uma simples planilha demonstrando os trade-offs de custos; para outras, pode ser necessário modelar toda a cadeia de suprimentos. O Capítulo 5 oferece uma visão geral dos diversos tipos de modelos e suas respectivas aplicações; por enquanto, o importante é simplesmente saber que a criação de um modelo é uma ferramenta indispensável para a tomada de decisões complexas necessárias para o gerenciamento da cadeia de suprimentos.

Vencendo pela Colaboração

Embora o gerenciamento da cadeia de suprimentos se tenha desenvolvido significativamente desde sua origem no gerenciamento de transporte, ainda há uma tendência da área em reproduzir seu enfoque inicial no gerenciamento do fluxo de produtos por um único elo na cadeia. Como mostram os exemplos deste capítulo, é muito fácil, com soluções isoladas, simplesmente empurrar os problemas para cima ou para baixo na cadeia em vez de efetivamente solucioná-los. Mesmo nos casos em que dois ou mais parceiros comerciais cooperam entre si para melhorar seu posicionamento geral, quase sempre o fazem à custa de outros membros da cadeia. Pela terminologia da teoria dos jogos, eles estão criando um jogo localizado de soma positiva, mas seu relacionamento cooperativo pode, na verdade, conduzir suas interações com outros membros da cadeia para a região perde-perde.

As tentativas, em grande parte, foram soluções isoladas

Não é assim que se cria uma cadeia bem-sucedida. A nova concorrência entre as cadeias de suprimentos não se baseia na eficiência de elos individuais, e sim na capacidade da cadeia como um todo de levar produtos melhores ao mercado com mais rapidez e menos gastos do que outras cadeias. O segredo para transformar isso em realidade está na aplicação da lógica da teoria dos jogos na cadeia toda, empurrando-a o máximo possível para a região ganha-ganha. Tal feito é possível se todos os membros da cadeia estiverem dispostos a jogar como um time, otimizando os trade-offs em todos os elos a fim de eliminar o excesso de tempo e custos da cadeia.

A competitividade exige trabalho em equipe

O fato é que os integrantes dessa equipe precisam planejar e agir com uniformidade, como se fossem uma empresa só, trabalhando em conjunto para simplificar e estabilizar o fluxo de demanda, suprimento e caixa na cadeia. Essa combinação de interesses e essa sinergia entre planejamento e execução constituem a essência da integração da cadeia de suprimentos. Resumidamente, a integração da cadeia significa que seus integrantes se aproximaram para formar um grupo maior, em que as partes são cuidadosamente alinhadas e sincronizadas; assim o comportamento da cadeia se dá em um sistema único e coordenado.

O objetivo é integrar planos e ações

A integração vertical foi a escolha clássica

A integração da cadeia de suprimentos não é um conceito do tipo tudo-ou-nada: varia em forma e grau, como vemos na Figura 3.12. A forma clássica, ilustrada no lado esquerdo da figura, é a integração vertical, em que todos os membros da cadeia são propriedade da mesma empresa. A integração vertical ainda é utilizada em alguns segmentos da cadeia, como é o caso da propriedade do Wal-Mart do canal de distribuição, mas atualmente é difícil se estender por toda a cadeia, porque muitas empresas passaram a integrar as cadeias. Henry Ford foi um grande seguidor do modelo de integração vertical, e fez questão que sua empresa fosse proprietária de tudo, de seringueiras a pátios de vendas. Hoje, a cadeia de suprimentos da Ford é formada por mais de cem mil empresas. Mesmo que fosse possível a Ford ser proprietária de todas elas, a presença inevitável da burocracia e de despesas administrativas anularia a maior parte das vantagens da propriedade total.

As empresas hoje focam a competência central

Hoje, é muito mais comum vermos empresas focadas em sua competência central, cooperando com outras empresas para a formação de cadeias de suprimentos completas. Mas essa cooperação ocorre de formas bem diferentes, como ilustra a Figura 3.12. O método keiretsu é moldado a partir do estabelecimento da propriedade sobreposta e do gerenciamento associado entre antigos parceiros comerciais independentes, conforme descrito anteriormente neste capítulo. Em geral, alcança níveis de integração quase tão significativos como os da integração vertical, mas talvez isso se deva tanto à cultura japonesa quanto à estrutura dos negócios. Em posição diametralmente oposta à integração vertical, temos a cadeia de suprimentos *ad hoc*, demonstrada na parte inferior à direita da Figura 3.12, um grupo de empresas gerenciadas independentemente ligadas apenas pela necessidade e pelos mecanismos do mercado. Esse tipo de cadeia requer o mínimo de controle e é o mais flexível, pois seu modo de associação pode mudar a cada transação. Mas seria difícil imaginar uma solução menos integrada para os problemas de coordenação de uma cadeia de suprimentos.

A integração virtual passou a ser a alternativa favorita

Os esforços para alcançar um grau mais elevado de integração sem comprometer as lideranças independentes — técnica denominada **integração virtual** — estão demonstrados no lado superior direito da Figura 3.12. Acordos entre parceiros estabelecidos por membros próximos na cadeia são quase sempre o primeiro passo em direção à integração vertical, mas na melhor das hipóteses representam uma solução parcial, pois englobam um único elo. A verdadeira integração pressupõe que os membros da cadeia de suprimentos coordenem o fluxo de demanda, suprimento e caixa pela cadeia como um todo, e não em apenas um elo específico.

Como indica a Figura 3.12, o atual estímulo à colaboração na cadeia de suprimentos representa a convergência natural das duas principais tendências no gerenciamento da cadeia. Uma se distancia da posse total e se aproxima do conceito de empresas independentes. A outra se distancia de transações *ad hoc* e se aproxima da idéia de uma integração mais estreita. O local em que essas duas tendências se encontram — o ponto marcado como alvo — é a meta da colaboração na cadeia de suprimentos: uma equipe formada por empresas atingindo um alto nível de integração na cadeia, mantendo, ao mesmo tempo, controle e gestão independentes.

Duas tendências trilham o caminho para a colaboração

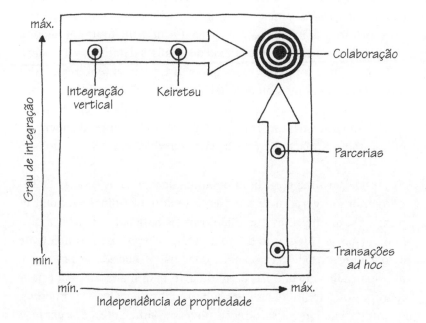

Figura 3.12
Estratégias para integração

A colaboração não é uma idéia original

A colaboração nas cadeias de suprimentos não é novidade: JIT, resposta rápida, resposta eficiente ao consumidor e outros programas expostos neste capítulo são exemplos das primeiras formas de colaboração, mas limitam-se a um pequeno subconjunto pertencente a um contexto mais abrangente da cadeia de suprimentos. No futuro, a colaboração precisará conectar um número de elos suficiente para efetivamente eliminar da cadeia o excesso de tempo e custos, e não simplesmente deslocá-los.

Alcançar a colaboração será difícil

A conquista desse nível de colaboração exigirá que os gerentes se esforcem mais para reconhecer a amplitude da cadeia de suprimentos do que fazem hoje, pensando em sua empresa como peça de uma engrenagem maior, e não como o centro do universo corporativo. Essa tarefa não será fácil. Uma pesquisa realizada recentemente revelou que 80% de todas as atividades de cadeias de suprimentos são totalmente restritas a somente uma empresa — e a maior parte do restante negocia apenas com seus parceiros comerciais imediatos. Outra pesquisa, divulgada pela revista *Supply Chain Management Review* (consulte as 'Observações sobre as fontes'), confirma a informação e chega a uma conclusão desoladora: "Não foi encontrado nenhum caso de análises detalhadas da cadeia de suprimentos como um todo, que visassem ao entendimento dos inter-relacionamentos ou ao estabelecimento de objetivos". E continua: ..."nenhuma empresa possui um modelo de cadeia de suprimentos em que possam ser testados modelos diferentes de operação ou mesmo o impacto de estratégias diferentes".

Não é necessário fazer tudo de uma só vez

Essa pode ser uma conclusão desanimadora para as cadeias de suprimentos em geral, mas representa uma oportunidade extraordinária para as empresas que estão prontas para avançar para a próxima etapa. A integração de uma cadeia de suprimentos mediante a colaboração pode não ser fácil, mas não é necessário fazer com que sua cadeia chegue tão perto do alvo para marcar a maior pontuação. Considerando a atual situação das cadeias de suprimentos, o simples avanço nessa direção pode ser suficiente para garantir uma sólida vantagem competitiva. Imagine uma cadeia perfeitamente integrada como um maratonista campeão, em um percurso constante, mantendo sincronia perfeita em cada movimento. Outra analogia para uma cadeia convencional seria o monstro do Dr. Frankenstein em guinada ladeira abaixo, esforçando-se para fazer com que uma montagem *ad hoc* de seus músculos impulsione seu corpo para a frente. Nessa competição, você não precisa ser um atleta olímpico para chegar em primeiro lugar. Se conseguir caminhar, conseguirá vencer.

A mensagem central da Parte I é: as cadeias de suprimentos são o novo campo da competição corporativa; o principal problema do gerenciamento das cadeias é lidar com a complexidade e a variabilidade; e a colaboração entre parceiros comercias é essencial para combater esses problemas. A missão é: se você decidir aceitar o desafio, precisará de ferramentas especializadas que o ajudem a obter o sucesso. A Parte II apresentará essas ferramentas (1) explicando como observar as cadeias de suprimentos do ponto de vista de sistemas, (2) mostrando três formas diferentes de modelar as cadeias e (3) apresentando resumidamente as opções de software de cadeias de suprimentos. Equipado com essas ferramentas, você estará apto para gerenciar sua própria cadeia de suprimentos.

Exercícios

1) Caracterize o sistema JIT de manufatura e analise as principais diferenças em relação ao sistema tradicional.

2) O sistema original JIT é historicamente o primeiro exemplo de CS organizada, porém caracterizou-se inicialmente por uma baixa utilização de sistemas informatizados. Como explicar seu sucesso?

3) Por meio de situações e exemplos, demonstre a importância do relacionamento cliente-fornecedor no sistema JIT de produção.

4) Quais as vantagens trazidas pelo controle de estoques feito pelo fornecedor (VMI)? De que forma o EDI funciona nesses casos?

5) Entre os diversos programas de aperfeiçoamento das cadeias de suprimentos destaca-se o ECR. Qual a proposta desse programa?

6) De que forma o CPFR pode melhorar a eficiência na CS?

7) Existem distorções importantes relativas aos estoques nas CS atuais, pelo menos no mundo ocidental, onde os estoques mudam de possuidor em função do uso do poder na CS. Explique seu entendimento em relação a esse problema.

8) A falta de cooperação e de uma relação ganha-ganha no relacionamento comercial penaliza um dos participantes do jogo empresarial. Considere o que ocorre com os custos que deixaram de ser economizados.

9) Identifique exemplos em que a relação ganha-ganha poderia trazer economia para sua empresa.

10) Na visão do autor, quais são as principais causas de dificuldade na implementação de relacionamentos cooperativos nas CS atuais?

PARTE

II

Soluções

PARTE I: Desafios	1	A Nova Concorrência	2	As Regras do Jogo	3	Vencendo como um Time
PARTE II: Soluções	4	Cadeias de Suprimentos como Sistemas	5	Modelando a Cadeia de Suprimentos	6	Softwares de Cadeia de Suprimentos
		Demanda		Suprimento		Desempenho
PARTE III: Operações	7	Atendendo à Demanda	8	Mantendo o Suprimento	9	Avaliando o Desempenho
PARTE IV: Planejamento	10	Prevendo a Demanda	11	Programando o Suprimento	12	Melhorando o Desempenho
PARTE V: Projeto	13	Controlando a Demanda	14	Projetando a Cadeia	15	Maximizando o Desempenho

4

Cadeias de Suprimentos como Sistemas

A integração de uma cadeia de suprimentos requer a formação de um conjunto *ad hoc* de instalações em um sistema coerente que funcione com um objetivo único. Para ser vitorioso nesse esforço, é preciso conhecer um pouco sobre sistemas — como são projetados, como funcionam e como são controlados. Em suma, é necessário aprender um pouco sobre teoria de sistemas. Isso talvez pareça um assunto abstrato com pouca utilidade para suprir suas necessidades, mas é na verdade exatamente o contrário. A função de gerente exige que você trabalhe diariamente com alguns dos sistemas mais complexos que já foram criados, e sua experiência já permitiu que você adquirisse um conhecimento básico sobre o funcionamento desses sistemas. O problema desse conhecimento é que foi obtido quase totalmente de forma intuitiva, o que torna difícil utilizar esses sistemas para a solução de novos problemas. Este capítulo o ajudará a transformar essa intuição em poderosas ferramentas de negócios.

A Cibernética dos Negócios

O estudo formal dos sistemas teve início na década de 40, com o surgimento da cibernética, que aproveitou as descobertas obtidas com a invenção dos computadores e as aplicou a outras áreas. Na cibernética, um sistema é visto como uma montagem de componentes que interagem para produzir um comportamento coletivo. Os computadores são sistemas, é claro, assim como as plantas, os animais, a ecologia, os países, as empresas, as fábricas e, não esqueçamos, as cadeias de suprimentos. O grande ensinamento da cibernética é que existem princípios comuns a todos esses tipos diferentes de sistemas, os quais ajudam a explicar seu comportamento individual. Conhecer um pouco sobre os sistemas em geral pode realmente ajudar a compreender os sistemas de negócios em particular.

Sistemas são combinações de componentes

Os sistemas transformam inputs em outputs

Uma das principais contribuições da cibernética foi a descoberta de que todos os sistemas podem ser vistos como conversores de inputs (entradas) em outputs (saídas). Como os sistemas são criados por pessoas, assim como as cadeias de suprimentos, eles geralmente são projetados para produzir outputs com valor imediato maior que o dos inputs. Por exemplo, os computadores absorvem um volume enorme de dados e os destilam, transformando-os em informações úteis; as fábricas consomem matérias-primas e produzem bens acabados; os seres humanos ingerem alimentos e os transformam em... bem, algumas melhorias são menos óbvias que outras. Neste caso, o produto importante é a energia extraída dos alimentos, que por sua vez se transforma em movimentos físicos e outras formas de trabalho.

Os sistemas precisam de controles e monitores

Sistemas naturais, como a ecologia, em geral são auto-reguladores, e as tentativas de controlá-los na maioria das vezes causam mais prejuízos que benefícios. Os sistemas criados pelos homens, por outro lado, foram desenvolvidos para ser controlados e monitorados para que seu desempenho pudesse ser aperfeiçoado ao longo do tempo. O controle é alcançado pelo equilíbrio do fluxo de inputs e o monitoramento envolve a medida dos outputs resultantes. Na realidade, podemos dizer que esses sistemas possuem o equivalente a botões em seus inputs e aferidores em seus outputs; modificações nas definições dos botões alteram as leituras dos aferidores (Figura 4.1). Dentro do sistema, vários componentes — que também podem ser sistemas independentes — interagem para transformar inputs em outputs. Se a organização dos componentes da ilustração lhe fez lembrar uma estrutura de cadeia de suprimentos, isso provavelmente não é coincidência.

Nem todos os inputs estão sujeitos a controle

Observe na Figura 4.1 que todos os inputs possuem botões, mas nem todos os outputs possuem aferidores. Mesmo nos sistemas mais bem projetados, há normalmente alguns inputs que não podem ser controlados pelos operadores do sistema. No caso das cadeias de suprimentos, os ciclos econômicos e as catástrofes naturais podem exercer um impacto fortíssimo sobre o desempenho, mas ultrapassam os limites de controle. Os economistas chamam esses inputs de **fatores externos** porque, ao contrário dos **fatores internos**, a capacidade de produção da fábrica e alocações orçamentárias tem sua origem fora das fronteiras do sistema.

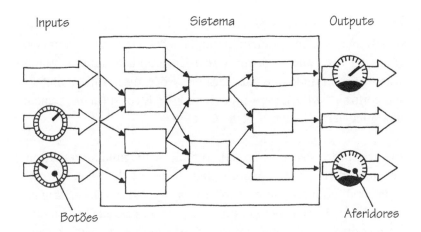

Figura 4.1
Um sistema

Da mesma forma, pode ser impossível medir todos os outputs de um sistema. Por exemplo, medir a contribuição ao valor agregado do consumidor em cada etapa do processo de produção é altamente desejável, mas nitidamente complicado na maioria dos mercados. Ainda que *fosse* possível medir todos os outputs, haveria tantos para considerar que a operação não seria lucrativa. A abordagem mais adequada, nesse caso, é medir um conjunto de outputs que ofereça a maior contribuição ao monitoramento e controle do sistema. O problema de escolher o melhor conjunto de outputs para medir se torna particularmente complicado no caso das cadeias de suprimentos (Capítulo 9).

O monitoramento de outputs é uma questão de seleção

Com esses poucos conceitos, já é possível perceber por que a compreensão dos sistemas é útil para o gerenciamento das cadeias de suprimentos. Essencialmente, cada gerente na cadeia de suprimentos é responsável por um grupo de botões e cada um deve fazer a leitura de um conjunto de aferidores. O objetivo é que todos organizem seu conjunto de botões da melhor forma, a fim de maximizar os outputs da cadeia. Isso só é possível se houver um entendimento comum de como as definições afetam a operação da cadeia, juntamente com alguma coordenação das mudanças para que se obtenha o melhor desempenho total.

O objetivo número um é compreender um sistema

A Figura 4.2 ilustra como se dá esse funcionamento, demonstrando o relacionamento entre os três processos-chave envolvidos no gerenciamento dos sistemas: compreensão, previsão e controle. A compreensão oferece os esclarecimentos necessários para que você possa prever como um sistema se comportará em relação às altera-

O entendimento possibilita previsões e controle

ções em seus inputs. A previsão, por sua vez, possibilita o controle do sistema mediante a melhor combinação de ajustes. A comparação entre resultados previstos e reais aprofunda a compreensão do sistema, permitindo que você faça previsões mais exatas e melhore seu controle. Juntos, esses processos centrais constituem a alma de qualquer gerenciamento bem-sucedido.

A compreensão é normalmente negligenciada

Dos três processos, a compreensão é indiscutivelmente o mais importante, porém o mais negligenciado. Na verdade, a ênfase é colocada na direção contrária: o controle é a preocupação principal; a previsão é utilizada apenas de acordo com a necessidade de melhorar o controle; e a compreensão é vista como um derivado circunstancial, não como o acionador de toda a seqüência. Essa inversão de prioridades pode até ser necessária a curto prazo, mas se torna autodestrutiva a longo prazo. Imagine-se dirigindo um caminhão biarticulado virado ao contrário em uma estrada e você precisando fazer ajustes descontrolados no volante para compensar os desvios de percurso do veículo na direção contrária. Este livro — para não dizer toda a minha carreira — dedica-se a posicionar a compreensão além de todas as outras coisas.

Alguns sistemas não precisam ser compreendidos

Sejamos justos. Alguns sistemas são tão bem desenvolvidos que pouca compreensão já é suficiente para controlá-los. Os carros modernos são o protótipo desses sistemas, pelo menos no que diz respeito aos controles básicos. Quanto mais forte você pisar no acelerador, mais rápido o carro andará. Os mecanismos e o software que fazem a mediação entre esse input e seu respectivo output se tornaram extremamente sofisticados com o passar dos anos, mas o mapeamento entre ambos é tão direto que os operadores não precisam entender nada dos meandros do sistema. Na linguagem da informática, esse tipo de sistema é conhecido como amigável, característica que se mantém quase inatingível aos próprios computadores.

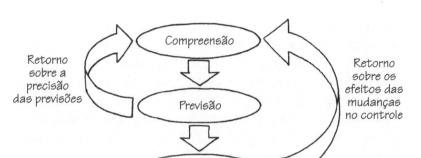

Figura 4.2
Compreensão, previsão e controle

As cadeias de suprimentos são tudo, *menos* amigáveis. Os mecanismos básicos descritos no Capítulo 2 são bastante simples, mas o funcionamento da cadeia como um todo pode se tornar difícil de entender e mais ainda de prever e controlar. Uma das idéias recorrentes neste livro é que mesmo as tentativas mais benéficas de controlar as cadeias de suprimentos, como a oferta de descontos por quantidade incentivando compras mais volumosas, ou a realização de promoções para impulsionar as vendas, podem ter efeitos totalmente imprevistos e muitas vezes catastróficos no desempenho. Em se tratando de sistemas com esse nível de complexidade, compreensão não é luxo. É necessidade.

A compreensão é indispensável para as cadeias de suprimentos

Conjunto de Relações Não Amigáveis

Uma das características mais básicas dos sistemas é o modo como mapeiam os valores nos inputs para os valores nos outputs. Esse mapeamento, ou **relação,** pode ocorrer das mais diversas formas, que vão da objetividade à pura transgressão. Esta seção apresentará, no âmbito do conjunto de relações não amigáveis, os vários tipos de relações com os quais você poderá deparar.

As relações conectam os inputs aos outputs

Para visualizar o motivo pelo qual é preciso compreender as relações, imagine-se controlando o sistema representado na Figura 4.3. É o tipo mais simples possível de sistema, com apenas um componente, um input e um output. Os valores do input e do output variam de zero a cem. O input possui um botão e o output, um aferidor, assim você obtém controle total do input no sistema e conhecimento completo de seu output. O componente em si poderia ter qualquer nível de complexidade interna, mas nos referiremos a

O mapeamento pode ser visto como um gráfico

ele como 'caixa-preta' — o que realmente importa em nossa análise é a relação entre input e output. Uma relação possível está ilustrada graficamente na parte inferior da figura. Ao girar o botão de zero a cem, o output varia de 20 a 80. Com um pouco de prática, você se adaptaria rapidamente a esse controle e produziria qualquer output disponível de acordo com a demanda. Passado algum tempo, o processo iria se tornar tão automático quanto utilizar o acelerador de seu carro.

As relações aparecem em várias formas

É fácil compreender esse sistema e operá-lo, porque a relação entre input e outputs é extremamente simples. Infelizmente, as relações raramente são simples assim na prática. Para ter uma idéia de outras relações que podem estar ocultas nesse sistema, observe as ilustrações na Figura 4.4. Cada quadro demonstra um tipo específico de relação, com sua respectiva denominação mais usual. Todas essas relações são encontradas em sistemas de cadeias de suprimentos, e saber com qual desses tipos você está lidando ao transformar o input é crucial para estabelecer um bom controle. Da esquerda para a direita, as relações se tornam cada vez mais difíceis de compreender e controlar, e é por isso que as chamo de não amigáveis. Uma breve explicação sobre cada efeito maléfico o ajudará a reconhecer essas relações e administrá-las com êxito.

Figura 4.3
O mais simples dos sistemas

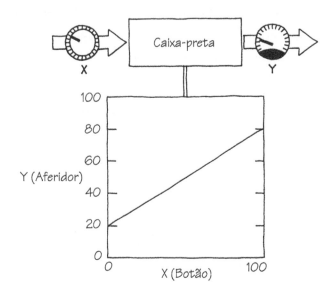

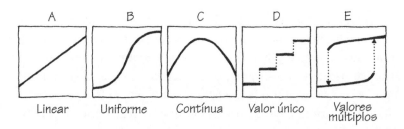

Figura 4.4
Conjunto de relações não amigáveis

A relação ilustrada no quadro A do conjunto é denominada relação linear porque o trajeto dos inputs aos outputs é descrito por uma linha reta. É a relação mostrada na Figura 4.3, e certamente não é não amigável; possui todas as qualidades desejáveis e trata-se de uma relação com um comportamento que superaria qualquer expectativa. As relações lineares são fáceis de entender, fáceis de prever e — melhor ainda — fáceis de controlar, já que o aumento do input em quantias constantes sempre produz o mesmo aumento constante no output. O mundo seria um lugar muito mais organizado se todas as relações fossem assim claras e lineares. É uma pena que as relações lineares sejam apenas uma exceção. Todas as outras relações do conjunto são evidentemente não lineares.

As relações lineares são linhas retas

A relação uniforme do quadro B do conjunto não se comporta tão bem assim. A única restrição sobre essa relação é que o aumento do input nunca reduz o output. Além disso, não há garantias no que se refere ao formato da curva. Poderia subir vagarosamente, ficar estacionada por um período, em seguida traçar uma subida íngreme, e assim por diante. Isso torna muito mais difícil utilizar o botão para controlar o output, porque um pequeno ajuste no botão poderia causar uma transformação acentuada no output em uma parte do intervalo e uma mudança pequena ou nenhuma mudança em outro trecho. O exemplo de curva do quadro B ilustra um sistema muito mais sensível no meio desse intervalo do que próximo às extremidades. O efeito da repetição para o reconhecimento da marca muitas vezes exibe esse tipo de relação, apresentando pouco ou nenhum aumento até que determinado limite seja alcançado, e depois subindo rapidamente até o ponto de saturação.

As relações uniformes sempre apontam para cima

A relação contínua ilustrada no quadro C tem um comportamento ainda pior; a única garantia nessa relação é que o output sofrerá uma sutil elevação ou queda resultante de alterações no input, sem mudanças repentinas. Mas o trajeto real pode tomar qualquer

As relações contínuas apresentam mudanças sutis

forma. As relações contínuas tornam o controle ainda mais difícil porque o aumento do input pode fazer com que o output aumente, diminua ou permaneça inalterado. A menos que você entenda bem o funcionamento do sistema, o melhor que tem a fazer com esse tipo de relação é girar o botão para a frente e para trás e observar o aferidor, buscando descobrir o ponto que oferece o melhor output. Muitas empresas já se viram nessa situação ao tentar gerenciar a relação entre preço e lucro, que geralmente segue uma curva como a do quadro C. Até certo ponto, a elevação de preços aumenta a receita e os lucros sobem. Além desse ponto, aumentos ainda maiores resultam em perda nas vendas e conseqüente queda nos lucros. Descobrir o preço que gera os maiores lucros raramente é um processo fácil.

As relações de valor único apresentam mudanças bruscas

A relação de valor único ilustrada no quadro D é ainda mais complexa para ser administrada porque mesmo as mudanças menos significativas no input podem resultar em um tremendo salto no output, sem transições amenas entre os sucessivos níveis. A única certeza dessa relação é que sempre produzirá o mesmo output para qualquer input. Afora isso, tudo é possível. Essa relação não amigável é bastante comum nas cadeias de suprimentos, e na maioria das vezes é um monstro de nossa própria criação. Por exemplo, os descontos por quantidade introduzem interrupções na relação entre preço e quantidade, de forma que o aumento de apenas um item na quantidade pode resultar em mudança radical no preço de todos os itens em um pedido, possivelmente chegando a reduzir o custo total em vez de aumentá-lo como se esperava. Esse tipo de comportamento pode não parecer tão grave simplesmente porque já se tornou comum, mas os descontos por quantidade estão entre as práticas que dificultam a previsão e o controle das cadeias de suprimentos.

Nas relações de valores múltiplos, nada é impossível

A relação de valores múltiplos demonstrada no quadro E é a pior de todas, pois nem sequer garante que o mesmo output será produzido para determinado input. Nessa relação, uma pequena mudança no input pode não só gerar um salto repentino como transformar totalmente a relação em outra curva; assim, inverter a mudança não colocaria as coisas de volta à forma como estavam antes. Esse tipo de relação é tão maléfico que jamais deveria ser permitido nas cadeias de suprimentos, mas, quer se queira ou não, já fazem parte do processo. Na verdade, o exemplo de curva exibido no quadro E é um padrão que ocorre naturalmente na demanda por produtos vinculados às estações do ano, conforme descrito no Capítulo 10.

Pesquisas sobre nossa maneira de pensar e o processo de tomada de decisões revelam que enfrentamos muitos problemas com as relações não amigáveis descritas anteriormente. Em poucas palavras, temos a tendência natural de supor que todos os sistemas são lineares por natureza e também a dificuldade em detectar e compreender qualquer outro tipo de relação. As relações não lineares são bastante comuns em cadeias de suprimentos, o que significa que você precisará superar suas inclinações naturais se quiser controlar o gerenciamento da cadeia. Ajudarei você nesse sentido no decorrer do livro destacando os relacionamentos não lineares à medida que aparecerem e mostrando algumas formas em que a suposição sobre a linearidade é infiltrada em nossa maneira de analisar as cadeias de suprimentos.

Estamos inclinados na direção das relações lineares

A Dinâmica do Atraso

As variações de comportamento que podem ser observadas com apenas um componente mal chegam a indicar o que pode acontecer quando dois ou mais componentes são combinados. Mesmo as combinações mais simples podem desenvolver comportamentos inesperados e, a título de compreensão das cadeias de suprimentos, muito reveladores. A Figura 4.5 mostra três componentes interligados para a formação de uma cadeia, com o output de cada um se tornando o input do próximo. Os componentes na verdade não fazem nada; conforme indicam as relações abaixo de cada componente, eles apenas transferem seus inputs para os outputs, sem alterá-los. Esse sistema se comporta exatamente como o sistema de componente único detalhado na seção anterior (Figura 4.3); a seqüência de valores acionada pelo botão — geralmente conhecida como sinal — é imediatamente colocada no último output, assim como no sistema mais simples.

Combinações criam novos tipos de comportamento

Figura 4.5
Componentes combinados

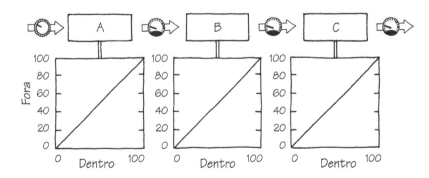

Atrasos provocam falta de sincronia entre os componentes

Basta uma modificação minúscula para fazer com que esse sistema se comporte de maneira diferente do sistema mais simples: por exemplo, um pequeno atraso entre o tempo em que um componente recebe uma alteração em seu input e o tempo em que a alteração é refletida em seu output. A Figura 4.6 ilustra o impacto desse atraso esboçando os inputs aos três componentes ao longo do tempo. O sinal original, a letra A na figura, é fielmente reproduzido pelos outros dois componentes, mas os níveis nos três componentes deixam de ser os mesmos em outras marcações de tempo. Em termos técnicos, os componentes passam a ficar fora de sincronia. Todos os sistemas envolvem alguns atrasos, o que faz com que a falta de sincronia entre os componentes seja normal. No caso das cadeias de suprimentos, os atrasos ocorrem nos três fluxos — demanda, suprimento e caixa — e podem variar de minutos a meses.

Figura 4.6
Efeitos do atraso

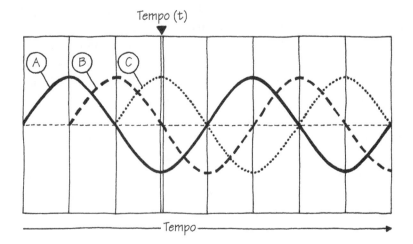

Para entender que tipo de confusão essa falta de sincronia pode causar em uma cadeia de suprimentos, imagine que os componentes A, B e C são um varejista, um fabricante e um fornecedor, respectivamente, e que o sinal em questão é o nível de demanda vivenciado pela cadeia. No tempo denominado *t* na Figura 4.6, a demanda no nível do fabricante está exatamente no valor médio, mas a demanda no nível do varejista está abaixo da média e o fornecedor está enfrentando uma demanda excepcionalmente alta. Com base nos dados mais atualizados, cada empresa pode chegar a conclusões completamente diferentes sobre o modo como a cadeia deve responder à demanda daquele momento. Se alguma dessas empresas tentar efetuar correções por conta própria, é praticamente certo que irá desequilibrar as outras duas.

Falta de sincronia causa destruição nas cadeias de suprimentos

Se toda falta de sincronia fosse sempre assim óbvia como mostrado na Figura 4.6, poderia ser detectada e controlada com facilidade. Mas não é bem assim que as coisas funcionam nas cadeias de suprimentos reais. Ainda que o sinal original seja transmitido fielmente por todo o caminho acima da cadeia, a quantidade de atraso introduzida por cada componente varia dentro de cada componente e entre os componentes. Basta uma pequena variação desse tipo para transformar as nítidas curvas da Figura 4.6 em oscilações descontroladas e imprevisíveis. Complicando ainda mais, o sinal original de demanda nunca sofre variações na maneira harmônica e cíclica mostrada na figura; o mais comum é delinear um padrão recortado que possui muito pouca ou nenhuma regularidade (Capítulo 10). Conseqüentemente, mesmo no melhor dos cenários, a falta de sincronia raramente é perceptível. A única informação que os integrantes da cadeia possuem é que estão enfrentando níveis diferentes de demanda e pode não haver uma forma de saber se se trata apenas de conseqüência dos atrasos ou se a causa de preocupação é resultante de desentendimentos reais.

A falta de sincronia é geralmente imperceptível

Não bastasse toda a desorientação resultante dos atrasos, mais confusão ainda é gerada em casos em que há distorções no sinal transmitido de um componente a outro. É muito comum que sistemas em situações reais registrem um padrão de aumento na distorção dos sinais à medida que se movem a montante na cadeia, causando problemas entre os componentes acima da cadeia. Você já parou

Distorções originam mais complicações

para pensar por que nas estradas com tráfego intenso o movimento dos carros ocorre em ondas de aceleração e frenagem, e não em um fluxo contínuo, único e vagaroso? Estudos sobre o tráfego revelaram que essas ondas podem ser provocadas por apenas dois ou três motoristas reagindo excessivamente ao movimento dos carros à sua frente, impulsionando uma onda de respostas exageradas que se refletem a quilômetros de distância.

Economias de escala distorcem os sinais

As distorções dos sinais de entrada podem se originar de várias fontes e ser inseridas acidental ou intencionalmente. Nas cadeias de suprimentos, a tão conhecida economia de escala representa uma fonte comum de distorção: os clientes pedem mais do que precisam para conseguir descontos por quantidade, os fabricantes produzem lotes maiores que o necessário para reduzir os custos por unidade, e assim por diante. Essas decisões podem gerar economia em operações imediatas, mas as distorções que causam nos sinais de demanda, suprimento e caixa custam muito mais caro do que as empresas imaginam.

A ampliação da demanda é uma das conseqüências

Vamos analisar um exemplo na prática. Imagine que cada componente da cadeia demonstrada na Figura 4.5 amplie o sinal recebido em 50%. A conseqüência seriam oscilações cada vez maiores do sinal a montante na cadeia, como vemos na Figura 4.7. É exatamente isso o que acontece no fenômeno de ampliação da demanda descrito no Capítulo 2. O efeito chicote que causava oscilações descontroladas na cadeia de suprimentos das fraldas Pampers não era um acontecimento anormal nessa cadeia específica, mas um resultado natural das práticas convencionais encontradas em todas as cadeias de suprimentos. Em outras palavras, a ampliação da demanda é um problema fruto de nossa própria criação, algo que incluímos nas tramas dos tecidos que envolvem todas as atividades das cadeias de suprimentos. A única forma garantida de se livrar do problema é eliminar as práticas que o causam (Capítulo 13).

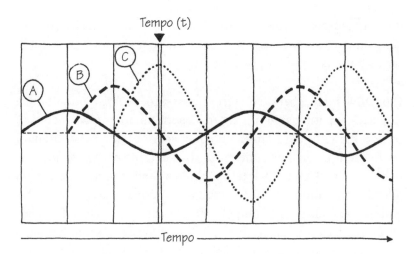

Figura 4.7
Combinação entre atraso e ampliação

Feedback e Estabilidade

Nos sistemas discutidos até agora neste capítulo, todos os sinais se encaminham para a mesma direção, dos inputs para os outputs. Embora esses sistemas realmente existam, são raros; na prática, a maior parte dos sistemas percorre outros trajetos que levam os sinais a montante também, dos outputs de volta aos inputs de componentes prévios (Figura 4.8). Esses sinais são denominados **feedback** (retorno), pois alimentam informações sobre o output de volta para o input, criando um círculo no sistema que, do contrário, não existiria. Considerando que os sistemas sem feedback já são difíceis de entender, a adição de um círculo como esses pode parecer pouco razoável, mas a verdade é que o uso correto do feedback é fundamental para o desenvolvimento de sistemas úteis e eficazes.

Os outputs podem retornar aos inputs

O feedback pode ser feito de várias formas. O tipo mais básico de feedback simplesmente toma uma parte do output e o combina com o sinal de chegada, como vemos na conexão superior da Figura 4.8. O tipo mais comum de feedback em cadeias de suprimentos, representado na conexão inferior, utiliza um sinal separado que transmite informações sobre o output atual a um componente a montante em vez de redirecionar parte do sinal original. O feedback pode ser totalmente automático ou precisar de intervenção humana, assim como nos casos em que um operador supervisiona um aferidor e ajusta um botão de input para alcançar o output deseja-

O feedback pode ser feito de várias formas

do. Nas cadeias de suprimentos, a utilização de feedback envolve efetivamente muitas pessoas trabalhando em conjunto para analisar os outputs e modificar os inputs.

O feedback positivo amplia os sinais de chegada

O objetivo do feedback é oferecer informações sobre o output atual às partes superiores de um sistema, permitindo que adaptem seu comportamento para ajustar melhor esse output. Para entender como isso funciona, imagine que o sinal externo chegando ao componente A na Figura 4.8 esteja subindo a uma taxa constante. Sem o feedback, o output também subirá na mesma taxa constante. No entanto, se o output do componente B incluir um sinal de feedback em A que faça com que este amplie sua resposta ao sinal de chegada, então o output de A subirá a uma taxa permanentemente crescente. Esse tipo de feedback é chamado de **feedback positivo**, porque aumenta o poder do sinal de chegada. O resultado do feedback positivo é um aumento em aceleração constante no nível do output, como vemos no desenho esquerdo da Figura 4.9. Se você já foi a alguma apresentação em que alguém aumentasse demais o volume do amplificador do microfone, sabe exatamente o que acontece com o feedback positivo — o sinal fica cada vez mais forte até sobrecarregar o sistema.

O feedback negativo abafa os sinais

Agora imagine uma alteração no mecanismo de feedback de modo que o output de B seja usado para diminuir a resposta de A ao sinal de chegada em vez de aumentá-lo. Esse esquema é denominado **feedback negativo**, pois abafa os sinais de chegada. Com o feedback negativo, cada aumento no sinal original exerce um efeito menor sobre o output, conforme demonstrado no quadro à direita da Figura 4.9. Esse tipo de feedback tende a manter um sistema dentro de limites determinados em vez de empurrá-lo em direção a valores extremos.

Figura 4.8
Introdução do feedback

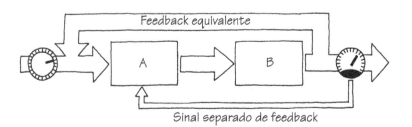

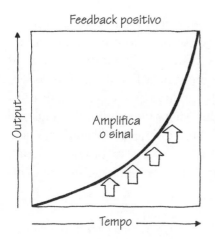 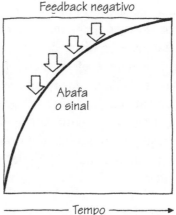

Figura 4.9
Dois tipos de feedback

Como sugere o exemplo, os dois tipos de feedback exercem efeitos radicalmente distintos sobre um sistema. O feedback positivo incentiva o movimento em uma direção particular e funciona para promover o crescimento ilimitado. Por exemplo, os juros compostos em uma conta bancária alimentam os juros de volta ao principal, levando-o a gerar mais juros durante o período subseqüente, e assim por diante. O mesmo princípio explica o crescimento exponencial de mercados, populações, empresas no início das operações, entre outros; basta um pouco de feedback positivo para transformar uma taxa de crescimento modesta em uma explosão exponencial.

O feedback positivo estimula o crescimento

Por outro lado, o feedback negativo limita o movimento em uma direção particular e é usado com mais freqüência para incentivar a estabilidade em um sistema. Um sistema fiscal regressivo é um exemplo de feedback negativo, pois breca o aumento da renda líquida à medida que a renda bruta sobe. O feedback negativo nos sistemas econômicos é muitas vezes expresso como a lei de redução dos retornos, em que cada dólar adicional investido em uma atividade produz um retorno menor que o anterior. Dos dois tipos de feedback, o negativo é utilizado muito mais amplamente no desenvolvimento dos sistemas graças à sua capacidade de manter um sistema dentro de limites operacionais razoáveis.

O feedback negativo incentiva a estabilidade

O feedback é o coração das cadeias de suprimentos e muitas das iniciativas envolvidas nas cadeias descritas no Capítulo 3 são projetadas para aprimorar o fluxo do feedback a montante na ca-

O feedback é vital para as cadeias de suprimentos

deia. Uma das vantagens do estoque gerenciado pelo fornecedor, por exemplo, é que possibilita que os fornecedores monitorem diretamente os níveis de estoque nos centros de distribuição e nas lojas varejistas, oferecendo-lhes um feedback muito mais antecipado sobre o fluxo de produtos e permitindo que se adaptem de acordo com sua produção. O uso de sistemas de pontos-de-venda no programa de resposta rápida melhora esse feedback empurrando o aferidor de fluxo por todo o caminho até a caixa registradora e detectando o movimento de produtos no momento de sua ocorrência.

Os três fluxos se beneficiam com o feedback

Além de facilitar o fluxo de produtos a jusante na cadeia, o feedback facilita o fluxo de demanda e de caixa de volta a montante na cadeia. De fato, os sinais que formam os círculos de feedback das cadeias de suprimentos podem se tornar tão incorporados que não mais faria sentido tentar desconectá-los. Os dados sobre vendas se movimentando a montante dos varejistas estão oferecendo feedback sobre o fluxo de produtos ou estão, na verdade, oferecendo informações antecipadas (em alguns casos denominadas *feed forward*) sobre a demanda que em breve seguirá a montante na cadeia? Não vale a pena discutir essa diferença; o importante é que o livre intercâmbio de informações nas cadeias de suprimentos proporciona o feedback necessário para controlar os três fluxos da cadeia.

As informações estão substituindo o estoque

O grande poder do feedback nas cadeias de suprimentos se explica por sua capacidade de reduzir a incerteza oferecendo às empresas informações antecipadas sobre variações futuras na demanda e no suprimento, permitindo que lidem melhor com essas variações. Sem esse aviso antecipado, a única defesa contra a variabilidade no suprimento e na demanda é manter estoque suficiente para se prevenir contra o maior nível de demanda e o menor nível de suprimento que podem acontecer, lembrando que o estoque é um tipo de garantia extremamente caro. A descoberta de que as informações são capazes de reduzir a necessidade de manutenção de estoques fez com que surgissem tentativas sistemáticas em diversos mercados para, sempre que possível, substituir os estoques por informações. Aliás, essa substituição é um dos aspectos mais fundamentais do gerenciamento das cadeias de suprimentos, e as técnicas para alcançar essa meta serão ensinadas ao longo deste livro.

Este capítulo ofereceu apenas uma pincelada sobre um assunto extremamente profundo, mas forneceu dados suficientes para ajudá-lo a gerenciar as cadeias de suprimentos com mais eficiência. O ponto mais importante é o relacionamento entre compreensão, previsão e controle: é preciso compreender sua cadeia para que seja possível prever seu comportamento, e é essa previsibilidade que permite o controle. Em cada um desses processos centrais — compreensão, previsão e controle — você pode comandar os inputs e monitorar os outputs para ver o que acontece, e seu sucesso depende largamente de como você seleciona os inputs e os outputs com que deseja trabalhar. Outra chave para o sucesso é se preparar para lidar com as relações entre input e output no lugar da relação linear de comportamento constante que todos tendemos a achar que predomina em nosso trabalho. Não se esqueça também da importância do feedback nas cadeias de suprimentos, o qual garante o fluxo de informações suficientes pela cadeia, contribuindo para responder às mudanças de maneira rápida e eficiente.

Exercícios

1) Se a CS pode ser entendida como um sistema, quais são suas entradas (inputs) e saídas (outputs) e qual é o valor agregado que o sistema oferece?

2) O interesse em estudar sistemas reside no fato de se poder prever e controlar suas reações. Traduza essas funções para a CS.

3) As relações entre inputs e outputs dos sistemas nem sempre são de fácil interpretação. Que conseqüências esse fato acarreta no entendimento, planejamento e controle desses sistemas?

4) No exemplo da Figura 4.6, imaginando que os componentes A, B e C sejam respectivamente elos da cadeia como varejistas, fabricantes e fornecedor, exemplifique atrasos nas informações e as possíveis conseqüências na cadeia.

5) Explique de que forma a busca de economia de escala pode ser perniciosa para a estabilidade de uma CS.

6) Relacione os efeitos de distorções em um sistema e o efeito chicote na CS.

7) Relacione a eficiência das informações de feedback do sistema com as estratégias e as fronteiras push-pull da demanda em CS.

8) De que forma as informações de feedback podem reduzir os estoques na CS?

5

Modelando a Cadeia de Suprimentos

Os exemplos apresentados no Capítulo 4 mostram que mesmo os sistemas mais simples podem desenvolver comportamentos surpreendentemente complexos. Dessa forma, como os gerentes conseguirão compreender esses complicados sistemas de negócios como cadeias de suprimentos e gerenciá-los com eficiência? A resposta, em uma palavra, é modelagem. A única forma de entender sistemas complexos é criando modelos simplificados desses sistemas, testando-os para ver como funcionam e então aplicando o que foi aprendido nos sistemas reais. Talvez você não tenha pensado nisso dessa forma, mas já faz esse exercício o tempo todo com modelos conceituais, mesmo que os modelos fiquem apenas em sua imaginação. Este capítulo lhe mostrará como utilizar esses modelos imaginários com mais eficiência e apresentará mais dois poderosos modelos — o modelo matemático e o modelo de simulação — que podem ser utilizados como ferramentas precisas de previsão e controle. Não é necessário saber como desenvolver esses sistemas mais avançados, mas saber o que são e quando utilizá-los é vital para um gerenciamento eficaz da cadeia de suprimentos.

Exemplos de Modelos

Os modelos são representações simplificadas

Um modelo nada mais é do que uma representação simplificada de um sistema funcionando na prática. Essa representação pode ser feita das mais variadas formas, incluindo explicações verbais, gráficos, equações matemáticas, estruturas físicas e programas de computador. Todos esses modelos contribuem para o mesmo objetivo: fazer com que um sistema de difícil compreensão e de manipulação arriscada seja colocado em um formato de compreensão mais fácil e que ofereça menos riscos na hora de testá-los.

Os modelos auxiliam os três processos principais de negócios descritos no Capítulo 4: compreensão, previsão e controle (Figura 5.1). A modelagem de um sistema exige que você o analise para identificar seus componentes-chave e descubra como esses componentes funcionam para, em seguida, poder reorganizá-los de forma a reproduzir a essência de seu comportamento. Essa seqüência básica de análise e síntese é a maneira mais segura de compreender sistemas complexos. É também o método intrínseco à maioria das descobertas científicas, soluções de engenharia e inovações comerciais.

Os modelos auxiliam os três processos principais

Uma vez organizado o modelo, podemos utilizá-lo como base para testes a fim de gerar previsões sobre o modo como o sistema por ele representado se comportaria diante de determinadas condições. Será que a construção de um novo armazém em Omaha atenderia nossa expectativa de redução nos custos de transporte? A cadeia de suprimentos atual suportaria um aumento de 15% na demanda? Qual seria o impacto no fluxo de caixa se aumentássemos as condições de crédito para os principais clientes? É possível responder a dúvidas 'hipotéticas' como essas alterando o sistema na prática, mas os modelos revelam as respostas com mais rapidez, menos gastos e de maneira muito menos arriscada para a empresa. As previsões criadas pelos modelos de negócios, por sua vez, melhoram nossa compreensão sobre o sistema na prática, e podemos utilizar esses esclarecimentos adicionais para aperfeiçoar ainda mais a qualidade dos modelos e suas previsões.

Os modelos possibilitam previsões valiosas

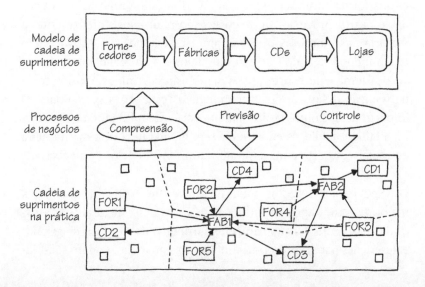

Figura 5.1
Modelando as cadeias de suprimentos

Bons modelos resultam em boas decisões

Para entender quão importantes são as previsões no aprimoramento de sua cadeia de suprimentos, vamos recordar o exemplo do Capítulo 3, em que um cliente e um fornecedor tinham a intenção de criar ganhos compartilhados mediante a redução de seus custos totais de controle de qualidade. A curva de trade-off demonstrada na Figura 3.11 revelou que a melhor saída seria o fornecedor gastar US$ 1 a mais no controle, permitindo que o cliente gastasse US$ 4 a menos. De onde surgiu essa curva de trade-off? Poderia apenas ser resultado de um modelo que levasse em consideração as operações necessárias para a garantia da qualidade, o custo dessas operações e seus efeitos reais na qualidade. Na prática, tendo o modelo em mãos, uma empresa não chegaria a desenhar esse diagrama de trade-off; simplesmente usaria o modelo para encontrar a solução mais barata. O único motivo para desenhar o diagrama seria ajudar as pessoas a compreender por que o novo esquema de verificação seria benéfico para ambas as empresas.

Os modelos também são utilizados para controle

Os modelos também servem para controlar sistemas na prática, como vemos no lado direito da Figura 5.1. Essa aplicação dos modelos é menos óbvia que as outras duas porque os modelos utilizados para controle são normalmente implícitos — ou seja, estão incorporados ao projeto dos sistemas de negócios, mas nunca são comunicados às pessoas que possuem ou operam esses sistemas. Esse problema se agrava principalmente no caso dos softwares. Todos os tipos diferentes de software para cadeias de suprimentos descritos no próximo capítulo se baseiam em modelos extremamente específicos da forma como a produção, a distribuição, a reposição, as vendas e outros processos de negócios são realizados. Infelizmente, a maioria das empresas que compram esses tipos de software não tem a menor idéia do que esses modelos são na realidade até instalar o sistema e descobrir que os modelos predefinidos não são compatíveis com seu modo de conduzir as operações comerciais. O impacto dessa combinação malfeita varia de um pequeno transtorno à falha total do sistema, que é sem dúvida uma péssima maneira de tomar conhecimento da importância dos modelos de negócios.

Existem três tipos básicos de modelos

Os modelos de negócios podem aparecer de várias formas, mas a maioria se enquadra em uma das três grandes categorias demonstradas na Figura 5.2. Os **modelos conceituais** utilizam diagramas e descrições para representar um sistema comercial. Podem ser criados em lousas, telas de computador ou blocos de notas e oferecem estruturas simples e conhecidas para a compreensão do negócio. Os **modelos matemáticos** representam os negócios em termos de fórmulas e procedimentos de acordo com um determinado conjunto de suposições. Os **modelos de simulação** utilizam objetos de software para representar os componentes dos negócios e são solucionados mediante a 'execução' do modelo para testar o que acontece quando os objetos interagem entre si. Os modelos matemáticos e de simulação são comumente denominados **modelos formais** porque possuem formas rígidas e geram previsões numéricas, ao contrário dos modelos conceituais, caracterizados pela informalidade.

As diferenças entre esses três tipos de modelos não os tornam heterogêneos — o mais comum é o uso de formas mistas. No entanto, os três tipos de fato representam três abordagens fundamentalmente distintas na criação dos modelos e cada um possui um conjunto especial de capacidades e limitações. Como os modelos conceituais são os mais fáceis de criar e entender, são a melhor opção para alcançar a compreensão coletiva da cadeia de suprimentos, principalmente quando os gerentes estão envolvidos no processo de modelagem. Os modelos matemáticos são os mais poderosos e mais indicados para prever e otimizar o desempenho da cadeia. Os modelos de simulação são os mais flexíveis e devem ser usados para o estudo do comportamento de um modelo em cenários comerciais mais realistas.

Cada tipo oferece vantagens exclusivas

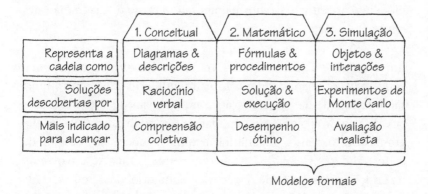

Figura 5.2
Três tipos de modelos

A escolha do tipo é uma decisão de gerenciamento

Na função de gerente, você não precisa saber como usar os modelos matemáticos e de simulação; esses modelos formais são normalmente implementados em software e exigem conhecimentos técnicos para sua instalação e execução. O que você realmente precisa saber é como usar os modelos conceituais, porque já os aplica, de maneira correta ou não, e precisa saber qual deve ser sua expectativa em relação aos outros dois tipos e quando deve confiar em seu output. As próximas três seções apresentam brevemente os três tipos de modelo, ao passo que a última seção oferece algumas instruções de como utilizá-los para solucionar os problemas da cadeia de suprimentos.

Modelos Conceituais

Os modelos conceituais são os mais simples

O modelo conceitual é de longe o mais simples dos três tipos. É basicamente uma descrição de um sistema de negócios e é quase sempre expresso em um tipo de combinação de diagramas e explicações. Em grande parte, o formato depende da experiência dos criadores dos modelos — os mais treinados em modelagem muitas vezes confiam em diagramas detalhados com anotações formais para reduzir a ambigüidade. Por outro lado, os que receberam pouco ou nenhum treinamento costumam expressar seus modelos como descrições verbais mescladas com histórias sobre o funcionamento dos negócios — histórias que, em geral, são estruturadas como cenários. Embora tendam a ser menos precisos que os diagramas, os cenários e descrições muitas vezes capturam a natureza dos negócios de uma maneira que os diagramas formais não conseguiriam. Os melhores modelos conceituais são normalmente um misto de diagramas, descrições e cenários.

O objetivo é facilitar a comunicação

Independentemente da forma como você expressa um modelo conceitual, o essencial é encontrar o equilíbrio exato entre precisão e facilidade de comunicação. Para analistas de sistemas treinados no uso do diagrama de entidade relacionamento (ER), os diagramas ER formais e os cenários detalhados podem ser justamente as ferramentas corretas. Para gerentes que nunca se envolveram na criação de modelos de negócios, o equilíbrio ideal pode ser uma combinação de diagramas simples e explicações informais. Mas mesmo no caso dos gerentes algumas convenções são necessárias para que os diagramas e as explicações façam sentido. Do contrário, o output do processo pode ser mais um mito que um modelo.

Os diagramas usados neste livro, em geral, seguem as convenções da engenharia convergente, uma técnica de desenvolvimento de modelos que criei especialmente para ajudar os gerentes a formular modelos de negócios úteis. Nesta abordagem, um sistema de negócios consiste em três tipos básicos de objetos: organizações, processos e recursos. Como vemos na Figura 5.3, cada um desses objetos exerce uma função diferente no modelo e os três se relacionam entre si de modo que limitam o modelo e o tornam mais compreensível no nível de negócios. Resumidamente, as organizações possuem recursos e executam processos; os processos consomem um conjunto de recursos e geram outro conjunto; e os recursos são a fonte de todos os custos e retorno no sistema. É claro que há muito mais detalhes sobre essa abordagem do que consta nessa breve explicação, mas esse resumo em um parágrafo ilustra o que considero um nível adequado de formalismo para os gerentes, além de também tornar as ilustrações mais relevantes para você.

Este livro utiliza a engenharia convergente

Os modelos conceituais podem ser desenvolvidos individualmente, mas para sistemas que atravessam todas as fronteiras organizacionais, como é inevitavelmente o caso das cadeias de suprimentos, a melhor estratégia é formar uma equipe de representantes de todos os grupos envolvidos e desenhar o modelo juntos. Muitas ferramentas de software foram desenvolvidas para suportar esse processo de trabalho em grupo, mas as ferramentas de tecnologia menos avançada são quase sempre mais eficazes. Pessoalmente, sempre obtive os melhores resultados com uma combinação de diagramas em lousas e fichas de arquivo 5x7. Cada ficha representa uma das organizações, processos ou recursos necessários para o modelo, e os participantes se revezam fazendo o papel desses objetos à medida que interagem na operação comercial. O processo resultante é altamente envolvente, muitas vezes controverso e sempre elucidativo, pois os participantes descobrem que cada um tem uma visão radicalmente distinta de como os negócios realmente funcionam. Ao chegar a um modelo consensual, após a exposição de várias perspectivas conflitantes, o grupo obtém uma base sólida sobre a qual poderão desenvolver um sistema melhor.

A modelagem em grupo é a mais eficaz

Figura 5.3
Organizações, processos e recursos

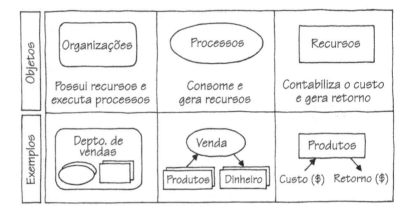

Os modelos conceituais são deficientes em matéria de previsão

Embora os modelos conceituais formem a base de conhecimento dos sistemas, deixam a desejar no que se refere à previsão e ao controle. No capítulo anterior, vimos claramente que até os modelos mais simples podem gerar interações imprevistas a partir do momento em que dois ou mais componentes são conectados, e nossa mente é simplesmente incapaz de adivinhar os efeitos dessas interações. Quando vai fundo na tentativa de desvendar o comportamento de um sistema, a maioria supõe tacitamente que todas as relações envolvidas são lineares. Por razões que ainda serão descobertas pelos psicólogos, é extremamente difícil admitirmos o comportamento não linear das relações, e então temos a tendência natural de trabalhar dentro de nossas limitações e simplificar excessivamente as relações concretas. Para avançar além dessas limitações, é necessário recorrer a tipos de modelos mais poderosos.

Modelos Matemáticos

Você já utiliza modelos matemáticos

Lembra-se daqueles probleminhas de raciocínio que você odiava quando criança? Eram mais ou menos assim: se um barco subindo a correnteza de um rio a 3,2 km por hora leva quatro horas para percorrer 4,8 km, quantas pessoas havia no barco? Esses exercícios eram elaborados para ensiná-lo a gerar e aplicar modelos matemáticos. E apesar de seu descontentamento com esse treinamento precoce o fato é que hoje você realmente utiliza modelos matemáticos. Só não o faz formalmente.

Por exemplo, vamos supor que seu chefe lhe pergunte quanto custaria a produção de lotes de mil, dois mil ou três mil CDs de áudio. Você sabe que sai US$ 1 mil para preparar a produção e US$ 1 para fabricar cada CD assim que a produção começa, ou seja, o custo total seria US$ 1 mil mais US$ 1 multiplicado pelo número de CDs, resultando em US$ 2 mil, US$ 3 mil e US$ 4 mil para as três quantidades. Para chegar a esses números, você utilizou um dos modelos matemáticos mais comuns em todos os negócios — o modelo linear. De fato, seu modelo prevê uma relação linear entre custo e número de CDs produzidos, como mostra a Figura 5.4.

A definição de custos de produção utiliza um modelo linear

Como sugere o exemplo, os modelos matemáticos são na verdade um tipo especial de sistema, em que as relações são especificadas por equações. O exemplo anterior utilizou a relação linear, a mais bem-comportada do conjunto de relações descritas no Capítulo 4 (Figura 4.4). Mas, nesse caso, a relação não é apenas um gráfico dos valores observados — é uma equação matemática que especifica um procedimento para a geração desses valores, como mostra a Figura 5.5. A equação é, na realidade, uma receita para a realização do cálculo: primeiro multiplique dois números juntos e depois adicione um terceiro número ao resultado obtido.

Os modelos matemáticos na verdade são sistemas

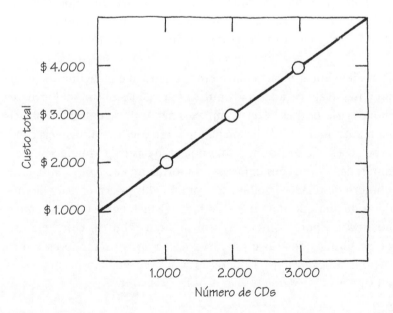

Figura 5.4
Custo da produção por volume

Os modelos possuem inputs e outputs

Assim como todos os sistemas, os modelos matemáticos possuem inputs e outputs. No modelo linear, mostrado na Figura 5.5, o input é representado pela letra x e o output pela letra y. Girando o botão para alterar o valor de x, a marcação de y sobe no gráfico em linha reta. As outras duas quantidades, indicadas como a e b, são denominadas **parâmetros** e usadas para ajustar o modelo em um conjunto específico de circunstâncias. No modelo linear, a altera o ângulo da linha e b muda sua altura. Na Figura 5.5, a e b são definidos como 1. Na Figura 5.4, a é US$ 1, o custo unitário, e b é US$ 1 mil, o custo de preparação.

Os parâmetros podem ser inputs ou outputs

De onde se originam os valores dos parâmetros? Nesse ponto, os parâmetros são muito interessantes: podem funcionar como inputs ou outputs, dependendo de como se deseja utilizar o modelo. Se você já conhece esses parâmetros, como no exemplo do custo de produção, pode inserir esses valores como inputs de instalação antes de executar o modelo e depois incluir valores de x para ver que tipo de gráfico produzem. Se você não sabe quais são seus valores, mas já possui alguns dados mapeados, pode fazer a operação da forma inversa — forneça os dados ao modelo e procure os valores de parâmetro que produzem o melhor ajuste para os dados. Por exemplo, se você não soubesse quais eram os custos de instalação e produção unitária, mas soubesse os custos totais para dois mil, três mil e quatro mil CDs, poderia desenhar o gráfico mostrado na Figura 5.4 e então ler os valores dos parâmetros a partir do gráfico.

Todos os modelos matemáticos seguem esse padrão

O modelo linear é particularmente simples, o que facilita sua compreensão e aplicação. As fórmulas empregadas nos modelos matemáticos são muitas vezes complexas e difíceis de entender, principalmente quando se utilizam algumas relações não amigáveis como as relações não uniformes. Mas o padrão básico permanece o mesmo: todas as relações expressas na forma de equações e qualquer número de relações podem ser combinados para a criação de modelos de qualquer tamanho. Podem existir longas séries de etapas necessárias para solucionar um modelo robusto, com técnicas especializadas de ajuste de curva (*curve fitting*) quando esse processo é aplicado, mas a operação básica do modelo permanece a mesma.

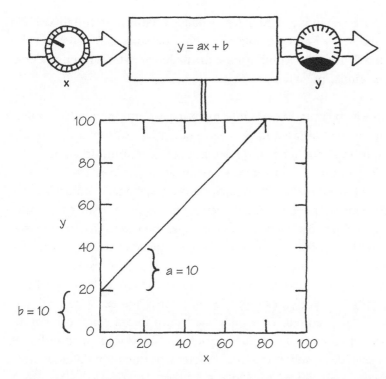

Figura 5.5
Modelo linear

O cálculo de soluções numéricas para tudo, com exceção do mais simples dos modelos, pode rapidamente se tornar cansativo, mas esse trabalho braçal é na maioria das vezes realizado por computadores. A ferramenta mais comum para os modelos matemáticos é o programa Excel, da Microsoft, para elaboração de planilhas. Inicialmente, as planilhas serviam como ferramentas para contadores, mas sua principal aplicação hoje é na modelagem de negócios. Esses modelos geralmente lidam com fluxos financeiros, mas os números podem expressar com a mesma facilidade o fluxo de suprimento e demanda. Por exemplo, as planilhas são com freqüência usadas para criar previsões de demanda, conforme descrito no Capítulo 10. É claro que as planilhas não são as únicas ferramentas para implementação de modelos matemáticos — muitos dos aplicativos da cadeia de suprimentos descritos no próximo capítulo utilizam modelos matemáticos especializados para realizar seus cálculos.

As planilhas executam modelos matemáticos

Considerando a dificuldade de criar e utilizar os modelos matemáticos, deve haver uma ótima razão para a insistência em utilizá-los. Vejamos qual é. Ao contrário dos modelos conceituais, em que o comportamento do modelo pode gerar muita discussão, os modelos matemáticos não apresentam ambigüidade — basta inserir os nú-

Os modelos matemáticos geram respostas quantitativas

meros como inputs para obter resultados claros e quantitativos. Essa é uma interessante vantagem na hora de lidar com sistemas complexos em que o comportamento pode ser difícil de entender e, mais ainda, prever.

Alguns modelos podem encontrar soluções ótimas

Há, porém, uma razão ainda melhor para utilizar modelos matemáticos: em várias situações eles podem não só lhe dizer qual é o output esperado a partir de determinado conjunto de inputs como podem informar quais inputs devem ser inseridos para produzir o *melhor* output *possível*. Essa capacidade excepcional, conhecida como **otimização**, pode ser uma ferramenta importantíssima para a tomada de decisões sobre o modo de operar a cadeia de suprimentos. A otimização faz algo muito parecido com o ajuste de curva, mas, em vez de procurar valores de parâmetros que correspondam a um certo conjunto de outputs, busca valores que produzam os melhores outputs — e você mesmo pode informar o que exatamente é 'melhor'. Por exemplo, você pode modelar a forma como o lucro depende do preço e das vendas, incluindo a interação entre ambos, e, em seguida, resolver o modelo matematicamente para descobrir o preço que maximiza seus lucros.

A programação linear é um poderoso otimizador

No gerenciamento da cadeia de suprimentos, a técnica de otimização mais comum é a programação linear (*linear programming* — LP). É uma ferramenta de gerenciamento extremamente poderosa, que chega mais próximo da mágica que qualquer outra ferramenta de negócios. A programação linear pode ser realizada no Excel, por meio de seu **otimizador** predefinido, mas os verdadeiros otimizadores poderosos de LP são encontrados no projeto e nas ferramentas de planejamento da cadeia de suprimentos descritos no próximo capítulo. Os modeladores especializados usam esses sistemas para criar modelos que incluam milhares de parâmetros, representando esses elementos como níveis históricos de demanda, capacidade de fábrica e armazém, custos de material e mão-de-obra, taxas de transporte e níveis de serviço exigidos. A seguir, executam os modelos para descobrir qual é a melhor combinação de produtos a ser fabricada em cada instalação de produção, as fontes mais lucrativas em cada concentração de clientes e outros valores ótimos.

Há um preço a ser pago por tanta eficiência: a programação linear faz algumas suposições simplificadoras um tanto quanto inflexíveis sobre o sistema na prática. Como o próprio nome *programação linear* sugere, uma das suposições é a de que todas as relações se dão de forma linear em comportamento ideal, ou seja, todas as relações não amigáveis do conjunto são banidas. Mas nas situações em que as suposições chegam razoavelmente perto da realidade a otimização proporcionada pela programação linear pode ser extremamente valiosa. Existem também variáveis da programação linear que aliviam algumas dessas restrições. Essas alternativas geralmente demoram mais tempo para chegar a soluções, mas ainda oferecem a garantia de produzir soluções ótimas.

Há restrições importantes na LP

Modelos de Simulação

Como indicou o parágrafo anterior, grande parte da força dos modelos matemáticos se origina da transformação de relações complexas em formas matemáticas relativamente simples. Em sistemas com relacionamentos conhecidos que podem ser captados em equações, os modelos matemáticos normalmente são a melhor escolha. Mas às vezes as relações entre os componentes não se adaptam a equações simples. Existe a possibilidade de se ajustarem bem a uma equação, mas não há como saber qual seria essa equação. Nesses casos, os modelos de simulação em geral representam uma estratégia melhor. Assim como o modelo matemático, o de simulação é um tipo específico de sistema, com inputs, outputs e parâmetros. A diferença é que as simulações são um pouco mais literais do que os modelos matemáticos. Os modelos de simulação tentam imitar o comportamento dos componentes de um sistema em vez de transformar esse comportamento em equações.

Os modelos matemáticos não funcionam para todos os sistemas

Essencialmente, a criação de uma simulação consiste na programação de vários objetos em software para que funcionem como objetos reais para, em seguida, executar o sistema e ver como esses objetos interagem entre si sob circunstâncias comerciais reais. Os objetos representam clientes e fornecedores, pedidos e entregas, materiais e produtos, veículos e contêineres, e todos os outros elementos das cadeias de suprimentos mencionados neste livro. No programa, esses objetos exercem influência entre si assim como

As simulações modelam objetos reais

acontece na prática: objetos de clientes criam objetos de pedidos e os enviam para os objetos de fornecedores, que enviam objetos de produtos através de objetos de veículos e contêineres, e assim por diante. Em uma boa simulação, esses objetos são modelados com um alto nível de detalhamento. Quanto mais detalhada e exata for a simulação, mais precisas e confiáveis serão as previsões sobre o desempenho da cadeia de suprimentos.

Os simuladores dedicados de cadeia de suprimentos são os melhores

Assim como no caso dos modelos matemáticos, as simulações podem ser criadas por uma série de ferramentas. Uma simulação realmente simples pode ser realizada com tecnologia menos avançada, como fichas: as pessoas seguram seus cartões e representam diversos objetos. As simulações também podem ser expressas em software através de linguagens de programação convencionais. No entanto, o método mais lucrativo é geralmente a utilização de um sistema de simulação comercial. Esses sistemas incluem ferramentas gráficas para a criação dos modelos, rotinas automatizadas para testá-los em diferentes situações e ferramentas de geração de relatórios para a análise dos resultados. Embora os simuladores para finalidades gerais estejam disponíveis e possam ser usados, a melhor opção é uma ferramenta especializada criada apenas para a simulação das cadeias de suprimentos. Esses simuladores dedicados incluem objetos predefinidos para todos os elementos comuns na cadeia de suprimentos, permitindo que simulações eficazes sejam desenvolvidas e testadas com o mínimo de esforço.

Testes consistem em executar o modelo

Uma vez criado o modelo de simulação, você pode testá-lo executando-o, como vemos na Figura 5.6. Em primeiro lugar, você insere os objetos no sistema, definindo seus parâmetros para que reflitam as reais capacidades de produção, tempos de entrega, custos de material e mão-de-obra, preços no varejo e outros dados. Feito isso, você inicializa o simulador e o alimenta com uma seqüência de inputs como ocorreria em tempo real, incluindo mudanças nos níveis de demanda, variações sazonais em preços etc. À medida que o modelo é executado, ele gera outputs que indicam a velocidade com que a demanda é atendida, a quantidade de estoque mantida em cada instalação, o custo total de operação do sistema e outras medidas de desempenho da cadeia de suprimentos.

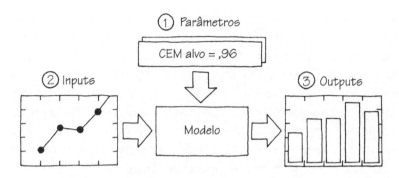

Figura 5.6
Executando uma simulação

Nesse aspecto, a execução de um modelo de simulação é bastante parecida com a do modelo matemático: você define os parâmetros, insere os inputs e obtém dados na forma de outputs. Mas as simulações avançam mais do que a maioria dos modelos matemáticos, porque permitem que os parâmetros e inputs variem em torno de um valor médio em vez de serem aprisionados em um valor fixo. É possível incorporar esse tipo de variabilidade aos modelos matemáticos, mas em sistemas de dimensões tão grandes como os das cadeias de suprimentos os recursos de informática necessários são, em geral, muito altos para que essas técnicas valham a pena. Os simuladores, por outro lado, incorporam a variabilidade com bastante naturalidade — vantagem importante, visto que vendas, entregas, preços e outros inúmeros aspectos das cadeias de suprimentos variam um bocado em cadeias reais, e essa variabilidade exerce uma forte influência no desempenho das cadeias. Não se trata apenas de gerar variabilidade nos outputs, embora esse seja certamente um resultado esperado. O aspecto mais importante a ser considerado na questão da variabilidade é o modo como ela afeta sua maneira de gerenciar a cadeia.

As simulações incorporam a variabilidade

Como exemplo, considere um tipo de variabilidade particularmente problemático para as cadeias de suprimentos: a variabilidade na demanda. Imagine que você tem um produto — um modelo específico de sofá, digamos — cujas vendas semanais somam uma média de cem unidades. Você pode simplesmente usar esse valor como um parâmetro do modelo, mas essa simplificação encobre uma realidade extremamente importante: em algumas semanas você vende mais de cem unidades, em outras vende menos. Durante todo o tempo, você precisa estar pronto para lidar com as vendas reais de uma semana específica, não apenas a média das vendas, o que sig-

A variabilidade na demanda é especialmente importante

nifica que você deve manter estoque adicional para se prevenir contra a variabilidade da demanda. Que quantidade de estoque? Depende da variabilidade. Se suas vendas semanais variam bastante, como as mostradas na situação A da Figura 5.7, você precisa suprir 150 sofás por semana para evitar a escassez. Se tiver apenas metade dessa variabilidade, como ilustra a situação B, então provavelmente bastariam 125 sofás. Em ambos os casos, manter exatamente o número médio de cem sofás é garantia de que você ficará sem estoque por pelo menos metade do tempo. Um modelo baseado apenas na demanda média não produziria um resultado comercialmente viável.

Distribuições descrevem a variabilidade

Os modelos lidam com esse tipo de variabilidade utilizando distribuições. Se você reunir vários pontos de dados do tipo mostrado na Figura 5.7 e colocar num gráfico o número total de vezes em que ocorrem vendas de cada número de sofás, o resultado indicará distribuições de valores como as demonstradas na Figura 5.8. Essa distribuição específica da ilustração segue uma forma bastante comum, denominada distribuição normal, que possui uma fórmula matemática com apenas dois parâmetros: a média, que é o nome formal para média numérica; e o desvio-padrão, que é uma medida de variabilidade. Na Figura 5.8, ambas as distribuições têm média de cem, mas o desenho de cima apresenta um desvio-padrão de 15, o dobro do mostrado no desenho de baixo. Então, para captar a variabilidade na demanda semanal, você solicita que o modelo utilize a distribuição normal e insere dois parâmetros — a média e o desvio-padrão — em vez de apenas a média. A partir desse input mais elaborado, o modelo é capaz de variar aleatoriamente o nível de demanda para refletir sua variação real, resultando em uma simulação muito mais exata.

O método de Monte Carlo utiliza várias execuções

Adicionar a variabilidade a uma simulação a torna mais exata mas também complica o processo, porque os resultados da execução do modelo passam a ter um elemento aleatório. Se o output pode variar todas as vezes que você executa um modelo, você não pode executá-lo apenas uma vez e considerar os resultados como definitivos. Ao contrário, precisa executá-lo diversas vezes e tirar a média dos resultados para entender qual é a tendência de comportamento do modelo em uma mudança concreta nas condições. Essa técnica em que um modelo é executado diversas vezes com valores aleatórios é chamada de **método de Monte Carlo,** identificando o papel exercido pela probabilidade nos resultados. Pode parecer cansativo ter de realizar tantas execuções e combinar os resultados, mas as ferramentas de simulação fazem esse trabalho automaticamente. O único custo real das múltiplas execuções é o tempo gasto na espera por resultados.

A série de Monte Carlo proporciona uma análise detalhada de qual será o desempenho de um projeto de cadeia de suprimentos de acordo com um conjunto único de condições reais de negócios. Isso pode ser suficiente para validar os resultados dos modelos matemáticos, mas não contribui em nada para a melhoria desses resultados. A forma de efetuar isso é variar o projeto de uma maneira sistemática, executando uma série de Monte Carlo em cada variação e comparando os resultados. Por exemplo, você poderia procurar o nível ótimo de estoque de segurança em diversas situações de demanda simulando cada nível e comparando os resultados. Outra forma seria comparar o custo e os benefícios variando o número de depósitos em determinado intervalo.

As melhorias são provenientes da comparação dos modelos

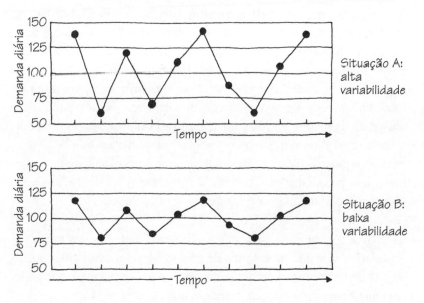

Figura 5.7
A variabilidade na demanda semanal

Figura 5.8
Distribuições da demanda semanal

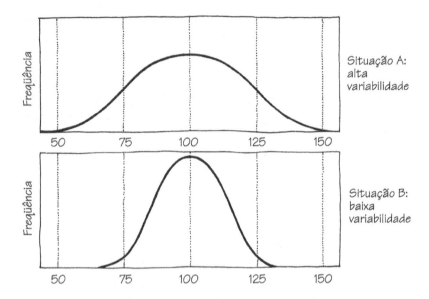

As simulações não são compatíveis com a otimização

Embora as simulações sejam melhores que os modelos matemáticos quanto ao teste dos efeitos da variabilidade, não são tão indicadas para encontrar soluções ótimas. O melhor a fazer com os simuladores é variar o valor de um ou mais parâmetros em uma forma sistemática e procurar aquele que oferece o melhor ajuste. Essa tarefa pode ser cansativa, mas a maioria dos simuladores suportam uma técnica denominada **hill-climbing** (subida da montanha) para acelerar o processo. Em vez de experimentar todos os valores possíveis de um parâmetro, o simulador inicia com um valor fornecido como input, executa o modelo para determinar seu nível de desempenho com esse valor e, então, sonda valores próximos para testar se pode haver melhoria nesse desempenho. Por exemplo, se o parâmetro ilustrado na Figura 5.9 fosse inicializado ao valor de 30, o simulador experimentaria valores exatamente acima e abaixo de 30, descobrindo rapidamente que um simples aumento no valor melhorou o desempenho. Mediante uma série desses testes, poderíamos gradualmente chegar ao valor de 50, que é o melhor de todos.

O hill-climbing é eficiente mas não garantido

O *hill-climbing* propicia uma ótima economia de tempo na tarefa de simulação, mas não há garantia de que atingirá o melhor valor possível. O problema mais comum, como vemos na Figura 5.9, é que pode convergir para uma solução melhor dentro de uma região, mas é incapaz de encontrar uma solução melhor que se estenda a outras regiões. No exemplo, os valores iniciais abaixo de 80 tenderão a se mover na direção de 50 como a melhor escolha, ainda que um resultado melhor possa ser obtido com um valor de 110. Existem variações de *hill-climbing* que aumentam as chances de encontrar o melhor valor, mas o fato é que, ao contrário dos otimizadores, os simuladores não asseguram a descoberta da melhor solução possível.

Combinando os Modelos

O fato de termos acesso a três tipos muito diferentes de modelos de negócios nos faz questionar qual deles é o melhor. A resposta a essa pergunta depende de duas coisas: a natureza do problema que você está tentando solucionar e o tipo de respostas que está procurando. Esta última seção do capítulo oferece algumas sugestões sobre quando e como utilizar cada um dos três tipos de modelos.

Não existe o 'melhor' tipo de modelo

A sugestão mais importante é aplicar um tipo de modelo aos problemas que ele é mais capaz de resolver. Se o objetivo é compreender como a cadeia de suprimentos atual funciona e testar formas de melhorá-la, a melhor opção pode ser um modelo conceitual bem fundamentado. Na verdade, a introdução da matemática ou das simulações pode, em muitos casos, prejudicar mais do que beneficiar, camuflando questões essenciais com detalhes irrelevantes. Se, por outro lado, o problema for escolher entre várias alternativas bem definidas qual comportamento pode ser expresso na forma de equações, nada se compara à eficiência do modelo matemático. Se o comportamento da cadeia não pode ser representado por equações comuns ou se o problema em questão se relaciona aos efeitos da variabilidade no desempenho, a simulação é normalmente a melhor escolha.

Escolha o modelo mais conveniente para o problema

Se pelo problema específico não ficar claro que tipo de modelo formal deve ser usado, considere a utilização de ambos (Figura 5.10). Uma opção é empregar um modelo matemático para encontrar uma solução ótima, em seguida utilizar uma simulação para ter certeza de que os resultados são sólidos para vários tipos de variabilidade que podem afetar o desempenho do sistema. Outra opção é usar um simulador para ter uma idéia melhor do funcionamento da cadeia de suprimentos e então aproveitar os resultados para formular um modelo matemático adequado para a otimização. O ideal é utilizar os três, passando de um modelo para outro e usando cada um para obter esclarecimentos sobre os outros até que a melhor solução seja encontrada.

O ideal é utilizar os três juntos

Figura 5.9
Hill-climbing para descobrir o melhor valor

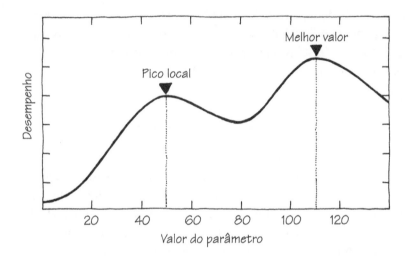

A combinação dos tipos aumenta a força

Como os três tipos de modelos possuem capacidades complementares, muitos problemas são mais bem combatidos pela combinação de dois ou mais modelos. Os modelos conceituais são, muitas vezes, o melhor ponto de partida, pois exigem o mínimo de treinamento para ser usados e podem ser indispensáveis no desenvolvimento de um entendimento comum sobre o problema e suas possíveis soluções. O melhor ponto de partida é o modelo conceitual, porque possibilita uma maneira rápida de identificar informações-chave necessárias para a criação de um modelo formal. Uma vez explorado o modelo formal, os resultados podem ser mapeados de volta para o modelo conceitual, com as devidas modificações, para divulgar as principais descobertas aos outros gerentes.

Figura 5.10
Combinação dos tipos

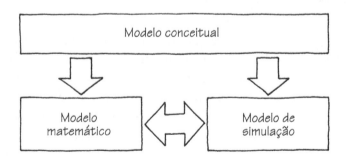

Os três tipos de modelos — incluindo os conceituais — exigem treinamento especial para que possam ser usados com eficiência. Infelizmente, o treinamento na utilização dos modelos quase sempre se concentra em apenas um tipo, rejeitando os outros, ou ainda em somente um método dentro de um tipo. É comum que os analistas de sistemas sejam treinados na aplicação de modelos conceituais estruturados como o diagrama de entidade relacionamento, os analistas financeiros e os analistas operacionais no uso de modelos matemáticos, e assim por diante. Ao buscar especialistas para ajudá-lo em sua modelagem, é importante encontrar pessoas que conheçam bem os três tipos. Parafraseando um velho ditado, se você contratar um sujeito com um martelo, todo problema parecerá um prego.

Contrate modeladores que conheçam os três modelos

Independentemente de quem construa seus modelos formais, tome cuidado ao delegar a criação de modelos conceituais. A essa altura, os principais modeladores da empresa são você e seus colegas gerentes. São vocês que conhecem em primeira mão como a cadeia de suprimentos é formada, vivenciam a experiência concreta sobre seu desempenho e possuem a responsabilidade de melhorá-la. O melhor modo de iniciar qualquer tentativa de modelar a cadeia de suprimentos é reunindo os gerentes que fazem a cadeia funcionar, incluindo um mediador e criando um modelo conceitual. Tendo esse modelo pronto, daí, sim, você pode contratar especialistas para transformá-lo em um modelo formal e analisá-lo mais detalhadamente.

A modelagem mais importante deve ficar por sua conta

Muitos gerentes resistem à idéia de recorrer à força da modelagem de negócios, com freqüência acreditando erroneamente que são incapazes de realizar essa tarefa. Após mais de 15 anos como mediador em reuniões de projetos de negócios, posso afirmar com segurança que os gerentes operacionais não só têm competência para levar esse trabalho adiante como são os únicos que compreendem o negócio suficientemente bem para fazê-lo. Depois de iniciarem o trabalho, os gerentes, em sua maioria, descobrem que, apesar do árduo trabalho e das controvérsias envolvidas na modelagem, adoram esse processo porque aproveitam suas habilidades naturais de organização de recursos e de solução de problemas. Por isso, não recuse a idéia da modelagem apenas por ser estranha a você; à primeira vista é estranha para a maioria

dos gerentes. E lembre-se de que a única forma de obter vantagem competitiva é fazendo as coisas que o concorrente não pode ou não quer fazer. Alavancar a força dos modelos de negócios é uma das maneiras mais objetivas e lucrativas de melhorar sua capacidade de vencer a nova competição entre cadeias de suprimentos.

Exercícios

1) O que vem a ser modelo simplificado de um sistema complexo?

2) Qual o interesse de trabalhar com modelos para o entendimento e controle de CS?

3) Explique os três tipos básicos de modelos.

4) Enumere algumas vantagens dos modelos de simulação em relação aos modelos de otimização matemáticos.

5) Em geral, os modelos matemáticos utilizam a metodologia de programação linear. Explique em linhas gerais de que se trata.

6) Nos modelos de simulação pelo método de Monte Carlo inclui-se a variabilidade dos parâmetros. Que vantagens oferece esse procedimento?

7) O *hill-climbing* poderá ser eficiente na procura de um valor melhor como solução na simulação. Explique como.

8) Quais as condições que devem ser levadas em consideração na escolha de um modelo para um problema na CS?

9) No caso de utilização dos modelos de forma complementar, como seriam a seqüência e a forma de aplicação de cada um dos modelos básicos?

10) A não preparação de modelos conceituais prévios poderia apresentar alguns problemas na busca de soluções via modelos matemáticos ou de simulação? Por quê?

11) Como você percebe a utilização de modelos na prática empresarial?

6

Softwares de Cadeia de Suprimentos

Há 50 anos, as cadeias de suprimentos eram projetadas e gerenciadas através das consagradas ferramentas papel e lápis, com uma pequena ajuda de calculadoras. Hoje, seria quase inadmissível operar uma cadeia de suprimentos enorme sem o suporte contínuo dos softwares. Mas existe uma variedade estonteante de opções de software, e a escolha do pacote errado pode levar sua cadeia de suprimentos à inércia. Este capítulo fará um tour pelos tipos de software de cadeia de suprimentos, começando pelos sistemas clássicos de manufatura e expandindo para aplicativos especializados desenvolvidos para problemas específicos de cadeia de suprimentos. O tour acaba com uma análise de como a internet está mudando a forma com a qual os parceiros comerciais coordenam o fluxo de demanda, suprimento e caixa ao longo da cadeia de suprimentos.

A Plataforma de Manufatura

A maneira mais simples de entender os diferentes formatos de software de cadeia de suprimentos é enxergá-los no contexto dos processos de negócios que suportam. A matriz da Figura 6.1 classifica esses processos de modo a refletir a estrutura deste livro. As linhas da matriz correspondem aos níveis de operação, planejamento e projeto do gerenciamento, e as colunas mostram os processos relacionados a suprimento, produção e demanda. Todos os processos demonstrados na matriz são descritos nos devidos capítulos nas Partes III a V. Neste capítulo, vamos supor que esses processos já tenham sido vistos e procuraremos nos concentrar no software.

Uma matriz de gerenciamento define o contexto

Como a preocupação das cadeias de suprimentos é movimentar produtos acabados, as funções do software de cadeia de suprimentos são uma extensão natural dos sistemas de manufatura anteriores. Hoje, o software mais utilizado em empresas de manufatura é o sistema de **planejamento de recursos do negócio** (*enterprise*

O ERP é o sistema dominante para manufatura

resource planning — ERP). Embora a ênfase do ERP esteja nas operações internas de empresas de manufatura — nas atividades que ocorrem 'entre quatro paredes' —, muitos dos aplicativos incluídos nos pacotes de ERP são diretamente relevantes para as atividades de cadeia de suprimentos.

O coração do ERP é o planejamento da produção

Os sistemas ERP podem ser difíceis de entender porque se tornaram extremamente amplos e complexos ao longo dos anos, incorporando uma imensidão de funções e envolvendo quase todos os setores das empresas de manufatura. Entretanto, a essência do ERP pode ser compreendida colocando-se uma porção de módulos-chave no contexto da matriz de gerenciamento, como vemos na Figura 6.2. O coração do sistema ERP é um conjunto de módulos de planejamento que transforma a demanda antecipada em planejamentos de gerenciamento do suprimento, produção e distribuição. Os outros módulos ajudam as empresas a implementar esses planejamentos, fornecendo suporte computadorizado para compras, recebimento, vendas e outras operações.

Figura 6.1
Matriz de gerenciamento da cadeia de suprimentos

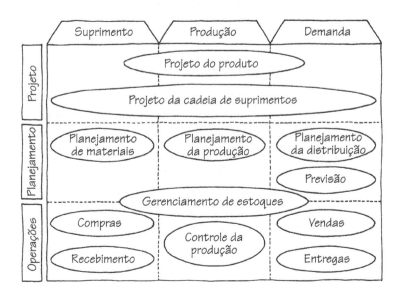

O fluxo básico do planejamento baseado em sistemas ERP é ilustrado pela Figura 6.2. Utilizando como input os dados históricos e previstos de vendas, o módulo de planejamento das necessidades de distribuição (*distribution requirements planning* — DRP) cria um planejamento de distribuição que indica quantos produtos de cada tipo precisam estar em cada localidade a cada período. O planejamento final é transmitido como input para o módulo de planejamento mestre da produção (*master production scheduling* — MPS), que calcula quando a produção deverá ocorrer para que o cronograma de distribuição seja cumprido. O módulo MPS, em seguida, solicita os serviços de dois outros módulos para validar seu cronograma: o módulo de planejamento de necessidades de materiais (*material requirements planning* — MRP) garante que todos os materiais e componentes necessários possam ser adquiridos em tempo; e o módulo de planejamento de capacidade de curto prazo (*capacity requirements planning* — CRP) verifica se as instalações de produção disponíveis serão capazes de realizar o trabalho.

O planejamento funciona no sentido contrário da distribuição

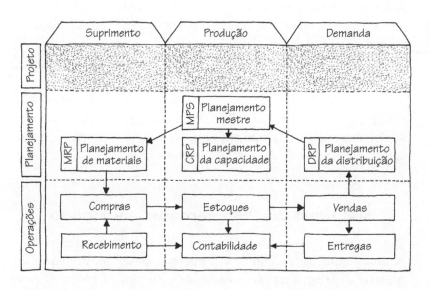

Figura 6.2
Módulos de um sistema ERP

O ERP suporta vários aspectos das cadeias de suprimentos

Embora o foco do ERP esteja no planejamento da produção, muitos dos módulos incluem ferramentas para o gerenciamento da cadeia de suprimentos. O planejamento de necessidades de materiais gerado pelo módulo MRP pode ser alimentado diretamente no sistema de compras como um cronograma de intenção de compras, e o planejamento de distribuição gerado pelo módulo DRP é usado para sincronizar entregas de produtos acabados por meio de um nível do sistema de distribuição. Além disso, os módulos de recebimento e entrega controlam o fluxo de materiais para dentro e para fora da empresa, e o módulo de controle de estoque monitora os estoques disponíveis de matérias-primas, estoque em processo e o estoque de produtos acabados.

O ERP é mais indicado para fábricas individuais

Apesar de muitas empresas utilizarem os sistemas ERP para gerenciar suas cadeias de suprimentos, o ERP em si não costuma ser a melhor opção. O ERP foi criado para o gerenciamento de atividades que ocorrem dentro de uma única fábrica e não é capaz de se expandir para atividades de planejamento que englobam muitas instalações. A maior parte dos pacotes ERP, na verdade, pode ser usada para mais de uma fábrica, mas eles realizam o planejamento das atividades de cada fábrica individualmente em vez de desenvolver um planejamento integrado que tira o máximo proveito de todas as fábricas. Outra preocupação é que, conforme descrito no Capítulo 11, a técnica de programação aplicada pelo ERP foi desenvolvida para o ambiente controlado de uma fábrica e não dispõe da flexibilidade necessária para enfrentar as exigências de maior agilidade por parte das cadeias de suprimentos.

Sistemas de Planejamento Avançado

O APS foca projeto e planejamento

O aplicativo mais importante dirigido especificamente para o gerenciamento das cadeias de suprimentos é o sistema de **planejamento e programação avançados** (*advanced planning and scheduling* — APS). Assim como nos sistemas ERP, os sistemas APS incluem um grande número de módulos que podem ser combinados de diversas formas, lembrando que fornecedores diferentes podem oferecer conjuntos de módulos diferentes. No entanto, os módulos ilustrados na Figura 6.3 são comuns para a maioria dos sistemas APS e oferecem uma representação justa dos recursos do

APS. Uma comparação entre essa figura e a Figura 6.2 rapidamente revela a diferença mais importante entre o ERP e o APS: enquanto o ERP suporta as duas camadas mais baixas da matriz de processos, ou seja, planejamento e operações, o APS se concentra nas duas camadas superiores, combinando planejamento e projeto.

Ao contrário do ERP, que se dedica primordialmente às fábricas, o APS assinala uma rede de instalações de cadeia de suprimentos como seu ponto de partida. A configuração de um sistema APS envolve a utilização do módulo de projeto de rede para inserir uma descrição detalhada da cadeia, incluindo suas instalações, elos de transporte e outras características. Depois de inseridas as informações, o processo de planejamento segue as setas indicadas na Figura 6.3. Primeiramente, o módulo de planejamento da demanda prevê a demanda de cada produto em cada região. O módulo de planejamento mestre, em seguida, combina essa previsão com os recursos da cadeia, conforme descrito no módulo de projeto de rede, criando um planejamento geral de movimentação de suprimentos pela cadeia. Para desenvolver esse planejamento, são solicitados os serviços de três módulos especializados para analisar o impacto do planejamento mestre nos materiais, capacidade de produção e necessidades de distribuição.

O APS é capaz de planejar uma cadeia de suprimentos inteira

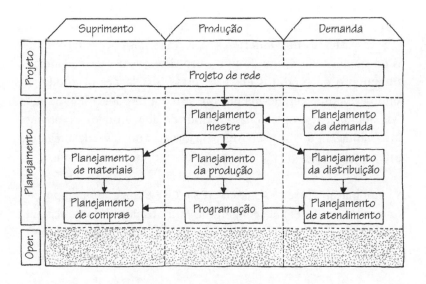

Figura 6.3
Módulos em um sistema APS

Figura 6.4
APS integrando múltiplos sistemas ERP

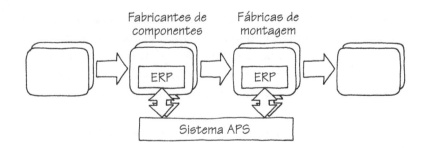

O APS se baseia em modelos de otimização

O APS apresenta uma série de vantagens em relação ao ERP, inclusive um sistema de programação mais flexível capaz de enfrentar as necessidades mais diversificadas do gerenciamento da cadeia de suprimentos. A maior vantagem dos sistemas APS, no entanto, é que eles se baseiam em modelos matemáticos que suportam a otimização, entre eles o método de programação linear descrito no Capítulo 5. Esses modelos são usados para projeto e planejamento, isto é, o sistema APS oferece a oportunidade de otimizar não só a programação de operações como a própria estrutura de sua cadeia de suprimentos. A otimização é feita em relação a quaisquer medidas de desempenho que você deseja especificar, incluindo custos, serviço ao cliente e lucratividade.

O APS geralmente se vincula aos sistemas ERP

Embora os sistemas APS contem com recursos de planejamento e programação sofisticados, não oferecem os módulos operacionais necessários para transformar esse planejamento em execução. A solução mais comum para esse problema é vincular os sistemas APS aos sistemas ERP anteriores. A forma mais eficaz de combinar os dois aplicativos é usando um único sistema APS para planejar o movimento de produtos entre diversas instalações de produção, sendo cada uma gerenciada por um sistema ERP local (Figura 6.4). Essa abordagem proporciona o melhor de dois mundos, combinando as vantagens do ERP e do APS para fornecer um nível de integração que seria inatingível com qualquer desses tipos isoladamente.

A tendência é que o APS seja incorporado ao ERP

A combinação entre os sistemas APS e ERP é uma tarefa importantíssima (Capítulo 11) e a cooperação entre os dois tipos de sistemas ainda é, de alguma forma, limitada. Entretanto, tal situação já começa a apresentar sinais de melhoria. Os fornecedores de ERP costumavam absorver novas categorias de aplicativos que influenciam o planejamento corporativo e que já são difíceis de funcionar em softwares de cadeia de suprimentos. Agora, vários fornecedores oferecem módulos APS que se comunicam com seus módulos ERP anteriores e outros fornecedores tendem a fazer o mesmo para permanecer competitivos. Enquanto isso, tenha cuidado com fornecedores de ERP que afirmam ser capazes de suportar as cadeias de suprimentos — podem estar oferecendo qualquer produto a partir de um conjunto completo de módulos APS para uma combinação *ad hoc* de aplicativos de suporte descritos na próxima seção. O Capítulo 11, que descreve com mais detalhes o funcionamento conjunto dos módulos ERP e APS, deve supri-lo com informações suficientes para que você faça uma escolha bem embasada.

Aplicativos de Cadeias de Suprimentos

Além do ERP e do APS, existem diversos outros tipos de aplicativos que visam a atender as necessidades do gerenciamento da cadeia de suprimentos. A Figura 6.5 mostra alguns dos principais módulos de um sistema de gerenciamento de armazéns. Conforme indica o diagrama, esses pacotes se concentram prioritariamente nas operações, oferecendo apenas a funcionalidade de planejamento suficiente para harmonizar o fluxo de estoque pela instalação. Além disso, não há módulos para produção por não se tratar de uma função tradicional dos depósitos, apesar de isso estar começando a mudar (Capítulo 15). Os módulos referentes ao suprimento se preocupam com a automatização do processo de recebimento de produtos e sua transferência para os devidos locais de armazenamento, e os módulos relativos à demanda priorizam a montagem de pedidos externos e sua preparação para entrega. O módulo de manuseio de materiais encurta o caminho entre os dois conjuntos de módulos, ao passo que o módulo de gerenciamento de cargas em pátios de triagem coordena a movimentação de veículos, contêineres e estoques mantidos em áreas de embarque próximas ao depósito.

Os sistemas para armazéns focam nas operações

Figura 6.5
Módulos de gerenciamento de armazém

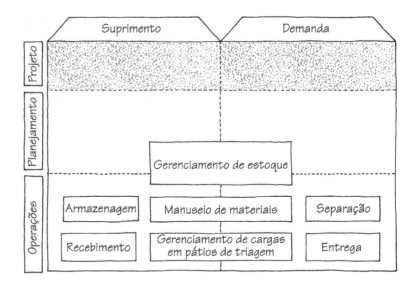

Os sistemas de transporte são altamente especializados

Outra importante categoria de software de cadeia de suprimentos é o sistema de gerenciamento de transporte (Figura 6.6). Sistemas completos abrangem tudo, das ferramentas de projeto de rede até os aplicativos operacionais para acompanhamento de entregas, programação de motoristas e a definição do custo de entrega de um ponto a outro. Como as necessidades de transporte diferem entre setores e modais — programar saídas de navios-tanque é bem diferente de rastrear a localização de vagões —, os sistemas de transporte, em geral, são altamente especializados para cada setor do mercado.

Figura 6.6
Módulos de gerenciamento de transporte

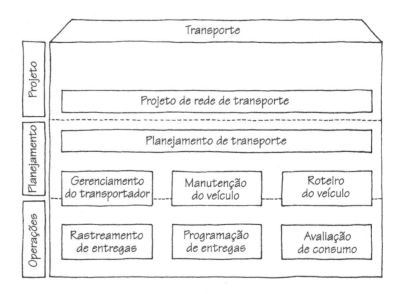

Os sistemas para gerenciamento de transporte ou de armazéns já estão disponíveis há anos. Porém, a mais nova geração de softwares engloba os aplicativos mostrados na Figura 6.7. Um deles, o gerenciamento do relacionamento com clientes (*customer relationship management* — CRM), foi criado para integrar todas as atividades que pressupõem contato com os clientes, incluindo vendas, serviços e suporte. Mais recente ainda, em nítida equivalência com o CRM, temos o gerenciamento do relacionamento com fornecedores (*supplier relationship management* — SRM). Tanto o CRM como o SRM são geralmente limitados a interações com parceiros comerciais imediatos, ou seja, cada um engloba apenas um único elo na cadeia de suprimentos. Mas os pacotes de CRM mais avançados possuem a capacidade de suportar relacionamentos com clientes dos clientes e parece bastante provável que os pacotes de SRM também se expandirão de maneira similar.

CRM e SRM ajudam a gerenciar os relacionamentos

Um dos mais recentes e fascinantes avanços é o surgimento dos aplicativos de visibilidade das cadeias de suprimentos ilustrados na parte de cima da Figura 6.7. Esses aplicativos rastreiam o movimento de estoques pela cadeia, permitindo representações gráficas que mostram os níveis atuais e os níveis esperados em todas as localidades. Uma categoria intimamente relacionada é a de software de gerenciamento de ocorrências na cadeia de suprimentos, que capacita o usuário a definir regras de negócios que são acionadas quando determinados eventos ocorrem (ou deixam de ocorrer). Esse software possibilita que os gerentes das cadeias de suprimentos se concentrem no gerenciamento de exceções em vez de ter de monitorar pessoalmente todos os movimentos e compará-los com o planejamento.

Os mais novos aplicativos monitoram os movimentos

Alguns dos mais sofisticados sistemas para gerenciamento de cadeia de suprimentos são usados para projetar a cadeia em si. Embora esse recurso seja incorporado aos sistemas APS, também pode ser encontrado em pacotes independentes. Parte desses sistemas utilizam modelos matemáticos para encontrar projetos ótimos, ao passo que outros utilizam simuladores para criar modelos altamente realistas. Os melhores sistemas são formados por uma combinação dessas estratégias, permitindo que cada tipo de modelo compense as limitações de outro.

As ferramentas de projeto auxiliam na construção da cadeia

Figura 6.7
Novos aplicativos

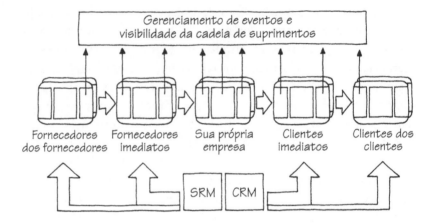

Modelos de Negócios Implícitos

A modelagem é a base desses sistemas

Um aspecto fundamental dos sistemas de software descritos neste capítulo, ainda que raramente compreendido, é que esses sistemas são todos baseados em modelos de cadeias de suprimentos. Parte desses modelos é explícita e diretamente modificável pelos usuários. Os sistemas de projeto da cadeia de suprimentos, especificamente, mostram um modelo conceitual de uma cadeia em forma de gráfico para ajudar os responsáveis pelo projeto a compreender e alterar a estrutura da cadeia. Esses sistemas, então, testam a qualidade de um projeto expressando-o na forma de modelos matemáticos ou de simulação e avaliando o modelo para analisar seu desempenho. Projetar uma cadeia de suprimentos é, na verdade, um exercício de modelagem.

A maior parte dos modelos é fixa e implícita

Infelizmente, os modelos explícitos e modificáveis usados em sistemas de projeto são a exceção, não a regra. Apesar de sistemas de planejamento e operação também contarem com modelos, ficam, em geral, muito bem camuflados no software e não podem ser modificados. Os sistemas ERP, por exemplo, baseiam-se num modelo em que as quantidades de produtos são fabricadas ou transportadas durante períodos fixos denominados intervalos de produção, normalmente equivalentes a semanas. O planejamento de produção e distribuição é desenvolvido no sentido contrário a partir das quantidades necessárias de produtos acabados, a fim de descobrir o volume de compras e produção que deve constar em cada intervalo de produção. Nesse modelo, todo o trabalho é realizado na última data possível devido às limitações imediatas de materiais e capacidade.

Como esse modelo se tornou a técnica-padrão de planejamento da produção? Em grande parte, é um artefato histórico que foi codificado na arquitetura dos softwares de manufatura. O modelo foi desenvolvido antes da invenção dos computadores, quando todo o planejamento era feito em lousas ou painéis quadriculados, e reflete as limitações dos planejadores humanos ao tentar lidar com grandes matrizes numéricas. Os sistemas de planejamento mais antigos simplesmente transformavam os procedimentos manuais em programas, livrando as pessoas da necessidade de transferir quantidades de um intervalo de produção para outro apagando e rescrevendo números sucessivas vezes. Essa foi uma grande inovação na época, pois reduziu consideravelmente o tempo necessário para criar um planejamento exeqüível. Mas não contribuiu em nada para aprimorar o processo de planejamento em si, que até hoje ainda se baseia em adiar tudo ao máximo e não é capaz de encontrar soluções ótimas com base em preocupações comerciais como custo. Comparado com o poder dos modelos modernos, o modelo básico da programação ERP é bastante simplista. Mas depois que esse modelo foi transferido para um computador nunca mais foi modificado.

Alguns modelos são artefatos históricos

Um modelo fraco não seria tão ruim se pudesse ser modificado, mas os sistemas com modelos implícitos e incorporados não apresentam essa opção. Consequentemente, o uso de sistemas como esses exige que a empresa se adapte ao software, e não o contrário. Esse problema se torna mais evidente com sistemas ERP por automatizarem muitas funções centrais de negócios, mas também ocorre em sistemas mais recentes, como os pacotes de CRM, que se baseiam em modelos implícitos relacionados ao modo como as empresas interagem com seus clientes. Muitas empresas insistem que os fornecedores modifiquem seu software para que se ajuste ao modo como realmente conduzem seus negócios, mas essas tentativas de personalização, em muitos casos, levam a falhas na instalação e a pesadelos na manutenção. O fracasso impressionante do sistema APS personalizado na Nike, descrito no Capítulo 1, ilustra os riscos dessa estratégia.

A falta de capacidade de modificação pode ser enfraquecedora

Verifique quais são os modelos na hora de escolher o software

A existência de modelos de negócios implícitos nos softwares de cadeia de suprimentos é um problema com soluções pouco animadoras. Pequenos ajustes podem até ajudar, mas o excesso de personalização raramente é bem-sucedido. Na maioria das vezes, a escolha se resume a 'do jeito deles ou não tem jeito', e esse não é o tipo de decisão que você deveria ser obrigado a tomar depois de adquirir um sistema de milhões de dólares. Mas quais são as alternativas? O software de cadeia de suprimentos passou a ser tão abrangente e complexo que desenvolver seu próprio sistema não costuma ser uma opção viável, e tentar gerenciar uma cadeia gigantesca sem o apoio de softwares significa grandes chances de fracasso em um mercado que se move a passos largos. O melhor a fazer é conhecer os modelos de negócios implícitos dentro de todos os pacotes de softwares empresariais e escolher cuidadosamente o modelo que mais se aproxima da forma como você coordena seus negócios. Uma vez descoberta a melhor combinação, prepare-se para modificar suas operações para que se ajustem ao modelo. Pode não ser uma opção muito justa, mas as outras alternativas são piores.

Sistemas Baseados na Internet

A internet agiliza a comunicação

A maior mudança em andamento nos softwares de cadeia de suprimentos é a transição para a internet. Ao contrário do que a maioria das pessoas acreditava no fim do século passado, a internet não proporciona uma economia substancialmente diferente nem altera a dinâmica básica das cadeias de suprimentos. Os produtos físicos ainda precisam ser movidos de um lugar para outro, e a internet não eliminou a necessidade de sincronizar essa movimentação da maneira mais exata possível. O que a internet realmente conseguiu foi se transformar em um meio de comunicação imensamente aprimorado para a coordenação desse trânsito de produtos. Assim como o telégrafo, o telefone e as máquinas de fax que a antecederam, a principal influência da internet foi na velocidade, e não na natureza dos processos de negócios. Da mesma forma que as tecnologias mais antigas, essa mudança tem demonstrado ser profunda e disseminada.

Dos três fluxos, dois passaram a usar a internet

Em suma, o gerenciamento da cadeia de suprimentos consiste essencialmente na sincronização dos fluxos de demanda, suprimento e caixa. Dois deles — os fluxos de demanda e caixa — podem ser completamente transportados para a internet (Figura 6.8). Os pedidos são totalmente formados por dados em texto que são prontamente convertidos no formato eletrônico e os pagamentos podem ser feitos via transferência eletrônica de fundos (TEF). Além disso, todas as informações de suporte transmitidas a montante ou a jusante na cadeia — previsões, planejamentos, avisos, entre outros — também podem ser convertidas para a internet. Com exceção da entrega dos produtos propriamente dita, todas as funções da cadeia de suprimentos podem ser realizadas de maneira mais rápida, barata e precisa pela internet. As vantagens são inquestionáveis, e a internet está rapidamente se tornando a ferramenta-padrão para o gerenciamento da cadeia de suprimentos.

No caso de produtos que consistem basicamente de informações, também é possível transferir o fluxo de suprimentos para a internet, formando uma cadeia de suprimentos totalmente eletrônica. Jornais, livros, projetos gráficos, fotos, softwares, músicas e outros produtos de informação podem ser agrupados como dados puros e entregues quase instantaneamente para qualquer lugar no mundo. A **distribuição eletrônica** não só é mais rápida e barata para esses produtos como promete mudar a própria definição do que significa entregar um produto. Músicas, por exemplo, podem ser entregues todas as vezes em que são escutadas em vez de serem armazenadas pelo consumidor entre uma utilização e outra, e o software pode ser constantemente atualizado pelo fornecedor para refletir correções de bugs e melhorias. Esses tipos de mudanças já estão ocorrendo em muitos produtos baseados em informação.

Alguns produtos podem ser entregues eletronicamente

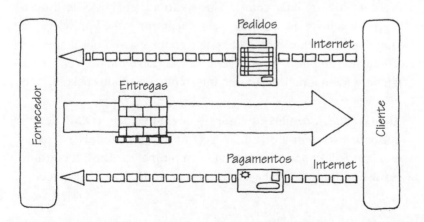

Figura 6.8
Transição para a internet

O XML dá sentido a dados brutos	Até hoje, o uso da internet para o intercâmbio de informações sobre a cadeia de suprimentos foi prejudicado pela falta de padronização na compactação de dados. É relativamente fácil, com a tecnologia atual, enviar um e-mail solicitando informações sobre um produto ou efetuar um pedido selecionando o produto por algum site da web. Mas tomemos como exemplo uma empresa como a Ingram Micro, que lida com 60 milhões de transações por dia. Para transferir apenas uma fração de todo esse tráfego para a internet, seria preciso muito mais do que mensagens de texto e páginas na web — seria necessário excluir totalmente as pessoas dos processos e designar o trabalho às máquinas. A principal tecnologia que torna isso possível agora está disponível graças ao advento do **XML**, *extensible markup language* (linguagem de marcação extensível). A função do XML, em essência, é predefinir rótulos nos dados para identificar cada elemento dos dados e conceder-lhes sentido.
O XML pode ser lido por máquinas	O uso do XML significa que os preços podem ser rotulados como preços, os tipos de descontos como tipos de descontos etc. O XML pode ser usado para fazer com que as páginas da web sejam legíveis pela máquinas e pode ser aplicado em mensagens para permitir que as máquinas se comuniquem diretamente entre si. Uma lista de preços, por exemplo, com descontos por quantidade-padrão pode ser divulgada na web no formato XML, ao passo que um pedido solicitando uma quantidade específica pode ser enviado como uma mensagem formatada em XML. Em ambos os casos, a intervenção humana é dispensável no processo. Como o XML é facilmente codificado e decodificado, os softwares de aplicativos podem, sem grandes dificuldades, lidar com tarefas como a preparação de listas de preços, a leitura dessas listas para encontrar a melhor seleção de quantidade, a geração de ordens de compra, e assim por diante. Devido a sua simplicidade e clareza, o XML rapidamente vem se tornando o idioma mais falado no intercâmbio de dados pela internet.
O XML suporta estruturas de dados complexas	Além de inserir rótulos em informações individuais, o XML permite que os dados sejam agrupados em estruturas hierárquicas. Por exemplo, um pedido pode ser definido como uma estrutura hierárquica consistindo em um cabeçalho, um corpo de texto e um rodapé,

como vemos na Figura 6.9. Cada um desses elementos pode, por sua vez, ser definido em termos de elementos mais básicos, até que a estrutura atinja o nível de texto simples. Movendo-se na direção contrária, os pedidos podem funcionar como elementos em estruturas ainda maiores, como contratos, e assim por diante.

Evidentemente, as duas empresas envolvidas precisam estar de acordo com todas essas estruturas antes de começarem a enviar e receber pedidos, e é justamente aí que surgem os padrões de tipo. Trata-se de um processo lento até a chegada a um acordo, mesmo em uma estrutura aparentemente simples como a de um pedido, e em vários setores dois ou mais grupos podem propor padrões conflitantes. Muitas empresas evitaram essa espera simplesmente transferindo as convenções do padrão de intercâmbio eletrônico de dados (*electronic data interchange* — EDI) para a internet. Mas o EDI é um exagero para a internet, e, apesar de anos de padronização, ainda existe pelo menos uma dúzia de dialetos diferentes. Para uma comunicação genuinamente universal, são necessários os formatos mais simples, que agora começam a aparecer.

Estão surgindo padrões baseados em XML

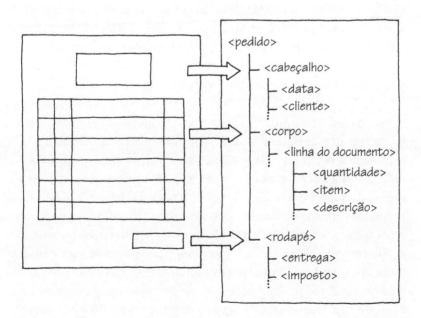

Figura 6.9
Um pedido em XML

Os serviços web permitem a interação entre aplicativos

O XML pode ser usado hoje em páginas e mensagens da web, mas seu maior trunfo está no fato de que permite a interação dos aplicativos pela internet sem nenhuma intervenção humana. Para tornar isso possível, os aplicativos precisam ser capazes de 'chamar' um ao outro pela internet, solicitar serviços específicos e receber os resultados de suas solicitações. Esse recurso exige outra camada de protocolos acima do XML para efetuar tarefas como a localização do aplicativo adequado, a descoberta de recursos, o envio de uma solicitação da forma correta e a compreensão da resposta. O desejo de conectar os aplicativos pela internet é forte, e os protocolos surgiram surpreendentemente rápido. Os recursos essenciais, conjuntamente denominados **serviços web**, já estão em operação em sistemas reais e sua utilização provavelmente aumentará vertiginosamente nos próximos cinco a dez anos.

Os três níveis de gerenciamento estão mudando

A internet está modificando o gerenciamento da cadeia de suprimentos em todos os níveis. Por enquanto, a maioria das mudanças surgiu em nível operacional, com um número crescente de transações sendo realizado eletronicamente. Em nível de planejamento, as empresas já estão trocando previsões e planejamentos de produção pela internet e o XML logo irá se tornar o formato comum dessas trocas. Em nível de projeto, a internet é amplamente utilizada para a troca de arquivos contendo o design de produtos, e a conversão final desses arquivos para XML paulatinamente irá tornar o processo de projeto mais interativo.

A internet transformará as cadeias de suprimentos

À medida que essas mudanças passarem a vigorar, o gerenciamento da cadeia de suprimentos será profundamente transformado. À medida que o uso do XML e dos serviços web se tornar mais difundido, todas as interações de rotina necessárias para gerenciar uma cadeia de suprimentos serão transferidas para a internet. Como os programas irão se comunicar diretamente com outros programas, essas transações ocorrerão abaixo do nível de percepção humana e acontecerão tão rapidamente que uma pessoa nem sequer conseguirá acompanhar. Liberadas das tarefas mundanas de efetuar pedidos e atualizar programações, as pessoas que coordenam as cadeias de suprimentos serão capazes de operar em um nível muito superior, definindo metas para a cadeia e analisando seu desempenho. Na verdade, o gerenciamento de uma cadeia de suprimentos irá se tornar tão automático quanto caminhar: em vez de ficar pensando em como mover todos os músculos da forma correta, você estará livre para focar seu ponto de chegada e como fazer para chegar lá. Não se trata exatamente da imagem do maratonista em plena sincronia de movimentos, mas também estamos muito longe daquela figura do monstro Frankenstein lutando para se manter em movimento ladeira abaixo.

Existe uma porção de softwares de cadeia de suprimentos no mercado, e compor o melhor sistema para sua cadeia não é tarefa fácil. A decisão mais importante a ser tomada é a escolha de sistemas de projeto e planejamento, e a aquisição dos recursos de otimização do APS — seja integrando um pacote ERP, seja isoladamente — deve ser prioridade máxima. A necessidade de sistemas para gerenciamento de armazéns ou de transporte dependerá totalmente de sua cadeia, mas indiscutivelmente você deve procurar os novos pacotes de gerenciamento de ocorrências e visibilidade. Mas cuidado com os sistemas de relacionamento com clientes e com fornecedores, visto que possuem uma visão um tanto limitada da cadeia de suprimentos e parecem ter uma propensão particular para o problema dos modelos implícitos. Finalmente, certifique-se de que qualquer sistema que você pretenda comprar esteja pronto para ser operado pela internet, utilizando quantos serviços avançados forem possíveis. Caso contrário seus sistemas irão engatinhar, quando, na verdade, deveriam correr na competição contra a concorrência.

Exercícios

1) Exemplifique o funcionamento dos diversos módulos do sistema ERP em uma empresa fabricante de um produto conhecido por você.

2) Relacione a lógica dos sistemas gerenciados pelo software ERP com a estratégia push-pull da CS.

3) Qual a principal diferença entre os sistemas ERP e os sistemas de planejamento e programação avançados?

4) No campo dos sistemas de informação e decisão na CS, o uso de siglas em inglês é freqüente tanto para os sistemas como para

seus módulos. Exercite sua aptidão de reconhecer as seguintes: ERP, APS, DRP, MPS, MRP, CRP, CRM e SRM.

5) Que informações serão tratadas por um módulo ou sistema de armazenagem, ou WMS, na CS?

6) Quais as aplicações de sistemas ou módulos de transporte, ou TMS, na CS?

7) Que aspectos mais importantes deverão orientar a decisão de compra de um software para a CS? Destaque a alternativa de compra de programas-padrão e programas feitos sob medida.

8) Como tem sido utilizada a internet na CS? Quais as vantagens em relação ao EDI?

9) Qual a função da tecnologia XML quando usada para a comunicação na CS?

10) Qual a importância de contar com sistemas que possam utilizar a internet?

PARTE III

Operações

PARTE I: Desafios	1	A Nova Concorrência	2	As Regras do Jogo	3	Vencendo como um Time
PARTE II: Soluções	4	Cadeias de Suprimentos como Sistemas	5	Modelando a Cadeia de Suprimentos	6	Softwares de Cadeia de Suprimentos
		Demanda		Suprimento		Desempenho
PARTE III: Operações	7	**Atendendo à Demanda**	8	**Mantendo o Suprimento**	9	**Avaliando o Desempenho**
PARTE IV: Planejamento	10	Prevendo a Demanda	11	Programando o Suprimento	12	Melhorando o Desempenho
PARTE V: Projeto	13	Controlando a Demanda	14	Projetando a Cadeia	15	Maximizando o Desempenho

7

Atendendo à Demanda

Este capítulo simboliza a transição da análise dos conceitos e ferramentas da cadeia de suprimentos para a análise de como as cadeias são realmente gerenciadas, começando por suas operações diárias. A operação mais básica é o atendimento, ou seja, o processo de satisfazer a demanda imediata de produtos. Conforme ilustra a Figura 7.1, o *ciclo de atendimento* começa com um pedido feito por um cliente e termina quando o pagamento pelos produtos é recebido. Na verdade, o atendimento representa o ciclo completo dos fluxos de demanda, suprimento e caixa em um único elo da cadeia. Este capítulo analisa cada processo dos componentes do ponto de vista do fornecedor, incluindo o processamento do pedido, a montagem do pedido, o envio do pedido e o recebimento do pagamento.

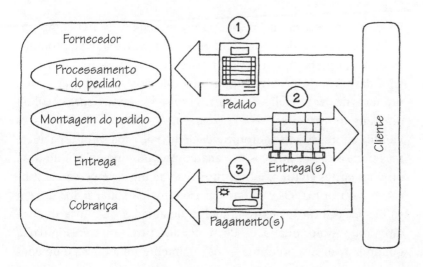

Figura 7.1
Ciclo de atendimento

Comunicando a Demanda

A demanda é comunicada pelos pedidos

A forma pela qual os pedidos são transmitidos dos clientes aos seus fornecedores sofreu diversas modificações ao longo dos anos, mudando constantemente para meios mais ágeis, mas as informações contidas neles são tão antigas quanto o próprio comércio. Basicamente, os pedidos respondem às clássicas perguntas 'Q': quem está comprando e vendendo, que produto está sendo solicitado, qual o local de entrega e quando o pedido deve chegar ao destino?

Pode haver muitas partes envolvidas

Embora fáceis de ser formuladas, todas essas perguntas podem receber respostas complexas. No caso de *quem*, devemos considerar duas partes — o cliente e o fornecedor. Conforme descrito no Capítulo 2, os três fluxos distintos envolvidos em um pedido — de demanda, suprimento e caixa — são em geral controlados por grupos diferentes dentro das áreas de compras e vendas, ou seja, podem existir seis ou mais partes envolvidas em uma transação, sendo que cada uma deve ser vista como uma entidade operacional ou jurídica diferente. Mesmo em transações relativamente simples, a mera identificação isolada das diversas partes supera a capacidade de qualquer sistema de pedido.

Um pedido pode englobar vários produtos

Determinar o *que* de um pedido também pode se tornar complicado. Um único pedido requer, em geral, uma variedade de produtos e não basta simplesmente especificá-los. Os produtos fora da prateleira devem ser especificados por identificadores exclusivos, como números de peças, códigos de barras (*universal product codes* — UPCs) ou itens de estoque (*stock-keeping unit* — SKU). Alguns desses identificadores foram padronizados dentro de cada setor específico, mas muitos são exclusivos de cada empresa, o que exige que uma ou duas partes efetuem a transformação de um sistema de identificação para outro. Os pedidos de produtos personalizados devem conter especificações extremamente detalhadas quanto a dimensão, composição, qualidade do material, entre outras. Estipular a quantidade desses produtos — normalmente uma questão de apenas especificar número e unidade — também pode ser desafiador quando as duas empresas pesam os mesmos produtos de forma diferente (libras *versus* fardos, por exemplo) ou utilizam sistemas de medidas diferentes (sistema métrico *versus* sistema usual).

A resposta para a pergunta *qual o local* também pode não ser tão simples. O ponto final pode ser apenas um local ou diversos locais, com uma combinação diferente de produtos partindo para cada destino. Esses destinos são mais do que simples endereços — cada um possui as próprias capacidades de recebimento, horas de operação e demais características. Outra consideração a ser feita é que, no caso de empresas cujas operações envolvem diversas fábricas, os produtos podem se originar de vários locais, ou seja, as entregas desses produtos talvez precisem ser divididas ou consolidadas em trânsito. Neste caso, os produtos deverão passar por um ponto intermediário que seja comum como um cross dock ou centro de distribuição. A Figura 7.2 ilustra um centro de distribuição que consolida entregas oriundas de três fábricas e, em seguida, as divide para que sejam remetidas a duas fábricas para montagem.

As entregas podem ser feitas para diversos locais

Mesmo a pergunta *quando* pode dar margem a complicações. Embora normalmente estipulados como uma simples data, os prazos de entrega são, em geral, intervalos de tempo. Antigamente, o intervalo era implícito e a data indicava o último dia admissível para entrega. Entretanto, considerando a ênfase atual na redução de estoques, a data normalmente passou a se referir a um dia fixo para a realização da entrega e tanto as remessas adiantadas como as atrasadas em relação a essa data podem não ser bem recebidas. Com operações JIT, o intervalo é quase sempre especificado com mais exatidão, adicionando a hora à data, e o fornecedor pode ser penalizado se uma entrega chegar atrasada, nem que seja por apenas 30 minutos. Então, surge a dúvida acerca da necessidade de todos os produtos serem entregues na mesma data prevista. De um lado, o cliente pode determinar que o pedido seja feito em **remessa completa**, o que significa que todos os itens devem chegar em apenas uma remessa, sem haver a opção de entrega de itens em atraso por não estarem disponíveis no estoque. No outro extremo, cada item possui a própria programação de entregas, fazendo com que um único pedido implique diversas entregas.

O tempo de entrega geralmente se insere num intervalo

Figura 7.2
Consolidando e dividindo as entregas

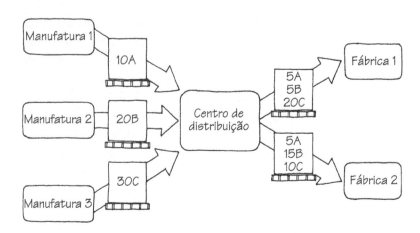

Os pedidos também nos remetem a dúvidas acerca de *como* e *por quê*

Além de responder *quem, o que, qual local* e *quando*, os pedidos também nos remetem a perguntas *como*: como os produtos devem ser embalados, como devem ser entregues de acordo com o formato e a qualidade esperados na hora do recebimento, e assim por diante. Por fim, apesar de não serem incluídas nos pedidos, informações *por que* estão se tornando cada vez mais importantes para a manutenção da sincronia na cadeia de suprimentos. Por exemplo, muitos fabricantes agora compartilham cronogramas de produção com seus fornecedores. Em vez de simplesmente solicitar que os materiais cheguem a seu terminal em uma hora específica, eles informam aos fornecedores o que estão fabricando e em que momento, permitindo que os fornecedores tomem melhores decisões sobre prioridades caso as entregas se atrasem em relação à programação.

Os pedidos têm uma estrutura padrão

Obviamente, são informações demais para ser comunicadas por apenas um documento, e por isso foi desenvolvida uma estrutura-padrão para os pedidos visando a concentrar essas informações. Como vemos na Figura 7.3, os pedidos são formados por três partes básicas: cabeçalho, corpo e rodapé. O cabeçalho aponta as informações genéricas, como as partes envolvidas na transação, as datas importantes para a transação e as condições de pagamento. O corpo contém linhas do documento, cada uma especificando a quantidade de produtos a ser entregue com o preço por unidade e o preço referente à quantidade solicitada após a incidência de descontos. O rodapé agrupa informações financeiras que dependem do conteúdo das linhas do documento, como preço total, impostos e taxas de entrega.

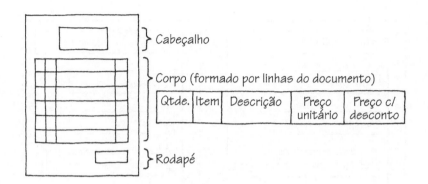

Figura 7.3
Estrutura de um pedido

Nem todas essas informações aparecem no pedido que inicialmente aciona a demanda. O pedido passado pelo cliente, em geral, é feito no formato de uma ordem de compra que normalmente não inclui preços e outras informações financeiras. Essas informações são adicionadas pelo fornecedor e devolvidas ao cliente no formato de uma ordem de venda, que representa um compromisso por parte do fornecedor em providenciar os produtos nas condições indicadas. Se o cliente concordar com as condições acrescentadas pelo fornecedor, incluindo alterações nos produtos, quantidades e datas, o pedido se torna obrigatório para ambas as partes. Do contrário, ficará sujeito a negociação.

Os pedidos são criados de forma interativa

Apesar de a estrutura básica mostrada na Figura 7.3 ser suficiente para a maioria dos pedidos, é comum que exija uma extensão para lidar com diversas entregas. A forma mais comum de extensão é adicionar outro nível de estrutura abaixo das linhas do documento para especificar entregas separadas, como vemos no quadro ao lado esquerdo da Figura 7.4. Em alguns mercados, essa alocação é invertida para que as linhas do documento sejam colocadas abaixo das datas de entrega, como ilustra o quadro ao lado direito da Figura 7.4. Esse formato, conhecido como **programação do cliente**, é muito comum em ambientes JIT, nos quais é importante visualizar rapidamente quais itens estão chegando em cada entrega.

Os pedidos podem ser alocados em diversas entregas

Figura 7.4
Pedidos em três níveis

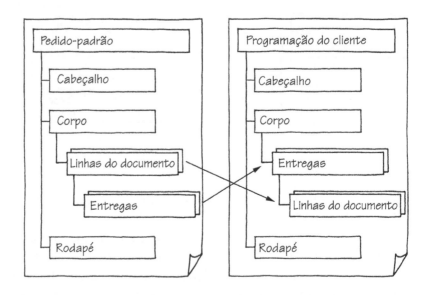

Processando um Pedido

Os pedidos podem chegar de várias formas

Os pedidos podem ser enviados de diversas formas e por meios muito diferentes (Figura 7.5). Antigamente, eram enviados pelo correio ou ditados ao telefone. Com a invenção das máquinas de fax, pedidos em papel podiam ser enviados por linhas telefônicas, acelerando significativamente o processo de entrega. Da mesma forma, a criação do protocolo de intercâmbio eletrônico de dados (*electronic document interchange* — EDI) permitiu que as empresas enviassem os pedidos em questão de segundos por meio de redes privadas. No entanto, a tecnologia EDI era cara e apenas empresas de grande porte conseguiam bancá-la. Hoje, a internet simplificou os pedidos eletrônicos e os tornou acessíveis a empresas de todos os tamanhos.

O lançamento manual ainda é prática comum

Como todas essas técnicas ainda são utilizadas, as empresas precisam ser capazes de controlar os pedidos recebidos aplicando a maioria, ou talvez todos, desses métodos. O primeiro desafio é colocar todos os pedidos em um formato comum, tarefa mais bem controlada pelos softwares de gerenciamento de pedidos. No caso de pedidos feitos via correio, telefone e fax, não há muita escolha além do lançamento dos pedidos manualmente, como mostra a Figura 7.5. As empresas adeptas do EDI podem receber os pedidos diretamente em seus sistemas de gerenciamento sem intervenção manual, mas os pedidos via internet ainda não foram suficientemente padronizados para possibilitar a automatização total. Muitas empresas continuam recebendo pedidos pela internet, imprimindo-os e reinserindo-os manualmente em seus sistemas de gerenciamento. O advento do XML e dos serviços web, descrito no Capítulo 6, pode ser a cura para esse problema, mas o remédio pode demorar anos para fazer efeito.

Com o pedido 'dentro do sistema', o fornecedor dá início a uma seqüência de atividades que podem variar de problemas simples a situações altamente complexas. A Figura 7.6 ilustra as principais etapas do processamento de pedidos, mostradas na seqüência mais comum de acontecimentos. Mas toda empresa funciona de maneira um pouco diferente, e essa seqüência pode variar até mesmo dentro da própria organização. Se um fornecedor recebesse um pedido no valor de US$ 1 milhão de um cliente relativamente pequeno, ele provavelmente anteciparia a etapa de verificação de crédito para o início do processo.

O processamento de pedidos pode ser lento e complexo.

De maneira geral, a primeira etapa do processo diz respeito à verificação de todos os lançamentos no pedido, visando a garantir que sejam razoáveis e válidos. Muitas dessas checagens são feitas automaticamente pelo sistema de gerenciamento de pedidos que filtra erros básicos, como letras no lugar reservado para números e valores que extrapolam os intervalos usuais. O sistema também pode verificar se o cliente já é conhecido do fornecedor e se possui uma linha de crédito de suporte para seus pedidos. A maioria dos sistemas é capaz de revisar as linhas do documento para se certificar de que todos os produtos estejam devidamente identificados e quantificados, e alguns podem fornecer mapeamentos eventualmente necessários entre os identificadores do produto ou unidades de medida utilizados pelo cliente e pelo fornecedor. Uma vez concluída essa validação automática, os pedidos podem ser marcados como 'plausíveis' pelo representante de contas destacando se os produtos solicitados equivalem ao tipo e à quantidade que esse cliente normalmente solicita.

A validação verifica os lançamentos individuais

Figura 7.5
Recebimento de pedidos

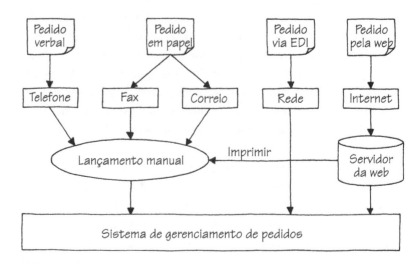

A configuração verifica a compatibilidade do produto

A etapa seguinte, a configuração, é necessária apenas se houver a intenção de utilizar em conjunto os produtos consolidados em um pedido. Esse processo geralmente envolve duas checagens diferentes: uma para a compatibilidade e outra para a integralidade. Como o próprio nome sugere, a primeira verificação serve para garantir que os componentes funcionarão adequadamente em conjunto e a segunda assegura que o cliente irá receber tudo o que for preciso para o sistema pronto funcionar conforme esperado. Como a configuração não é necessária na maioria dos mercados, os sistemas de gerenciamento de pedidos apenas possuem recursos de verificação da configuração se o mercado-alvo assim o exigir. Nos casos de produtos altamente sofisticados, como grandes computadores ou switches de telecomunicações, os fornecedores costumam construir sistemas especializados baseados em conhecimento que utilizam as regras de negócios para verificar configurações acerca de compatibilidade e integralidade.

A demarcação de preços possui a sua própria seqüência de etapas

A etapa de demarcação de preços é quase sempre um processo complexo por si só, abrangendo uma sucessão de tarefas sofisticadas. Embora os sistemas de gerenciamento de pedidos suportem muitas dessas tarefas, essa etapa ainda pode representar um dispêndio considerável de tempo e energia. Além disso, é foco de muitos erros e reclamações em grandes transações. As principais tarefas são:

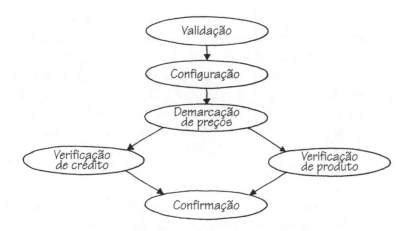

Figura 7.6
Principais etapas do processamento de pedidos

1. **Determinar o preço unitário correto.** Se o fornecedor coloca o preço em seus produtos considerando região, mercado e outros fatores, a definição do preço adequado pode exigir a aplicação de muitas regras, e algumas delas podem ser conflitantes.

2. **Oferecer descontos apropriados.** Depois de estipular o preço unitário, este pode ser reduzido de acordo com descontos oferecidos com base nas políticas da empresa, contratos dos clientes, promoções e outras considerações. O desconto em si já é um assunto meio obscuro — descontos múltiplos podem ser oferecidos e alguns ser combinados entre si de acordo com diversas fórmulas, ao passo que outros são mutuamente excludentes.

3. **Calcular o preço diferenciado.** Esta etapa pode simplesmente significar o cálculo do preço com desconto vezes a quantidade solicitada, mas em geral exige a utilização de uma ou mais programações de descontos por quantidade, aplicadas a todas as unidades adquiridas ou apenas àquelas que ultrapassam uma quantidade predeterminada. O total de pedidos pode ainda sofrer outro desconto com base no volume de capital e/ou compras recentes acumuladas feitas pelo cliente.

4. **Calcular taxas adicionais.** A definição das taxas, impostos, tarifas e outros encargos relacionados às entregas pode acres-

centar mais um nível de complexidade, principalmente nos casos de vendas internacionais. A mera decisão sobre a forma de entregar um pedido pode exigir a comparação dos custos de diversas opções de transporte e a escolha daquela que mais bem se ajuste às políticas da empresa e aos contratos de clientes. A aplicação de taxas adicionais também costuma variar por setor e prática corporativa, dificultando a utilização de sistemas de pedidos fora da prateleira para calcular essas taxas.

Verificações de crédito podem ser limitadas pelo software

Depois de saber qual é o total do pedido, a próxima etapa é ter certeza de que o cliente possui crédito suficiente para cobrir a compra. Em um sistema de gerenciamento de crédito totalmente personalizado, cada cliente recebe uma quantia máxima de crédito e as compras pendentes são subtraídas desse valor máximo para determinar o crédito disponível para novas compras (Figura 7.7). Embora seja simples na teoria, essa abordagem requer a integração dos sistemas contábil e de gerenciamento de pedidos, o que ainda é a exceção, e não a regra, e os fornecedores talvez tenham de se contentar em simplesmente verificar a situação do crédito de seu cliente. Um recurso adicional ausente em muitos sistemas é a capacidade de utilizar uma terceira parte, como a matriz do cliente, como fonte de crédito, acumulando todos os encargos pendentes em uma fonte comum.

As verificações de disponibilidade podem usar ATP ou CTP

Apesar de estar longe de ser um hábito, a maioria das empresas prefere ter certeza de que será capaz de enviar um pedido antes de se comprometer a entregá-lo. No caso de produtos fabricados contra previsão de demanda, os estoques atuais e planejados podem ser checados para garantir que os produtos estejam **disponíveis para promessa** (*available to promise* — ATP) para o cliente. Para os produtos fabricados ou montados sob encomenda, a empresa é verificada para assegurar que é **capaz de prometer** (*capable to promise* — CTP) os produtos. Em ambos os casos, o fornecedor tem a opção de reservar o estoque ou a capacidade em questão ou simplesmente assumir o risco de que os produtos não serão prometidos para outro cliente. Embora reservar o estoque certamente seja preferível, exige um nível extraordinário de integração com os sistemas de gerenciamento de estoque e produção.

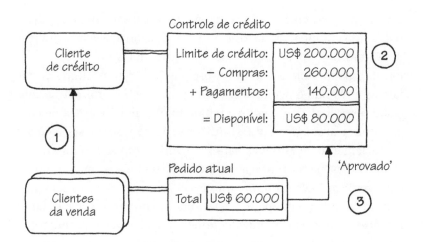

Figura 7.7
Verificação do crédito

Até o momento, as melhores ferramentas para realizar as verificações ATP e CTP em tempo real são os sistemas de planejamento e programação avançados (*advanced planning and scheduling* — APS) descritos no Capítulo 6. Ao contrário dos sistemas de gerenciamento de estoque comuns, os sistemas APS são capazes de avaliar fontes alternativas de um produto específico e determinar a melhor fonte baseando-se nas regras de negócios. Por exemplo, eles podem verificar vários armazéns para saber qual deles pode entregar um produto na data solicitada ao menor custo para a cadeia ou comparar diversas fábricas distintas com opções de terceirização para decidir qual o local mais indicado para a montagem de um produto. Essa capacidade de análise ATP e CTP em tempo real não só evita que você negligencie seus compromissos como permite que estabeleça compromissos mais agressivos quando possuir a capacidade de reserva, melhorando sua chance de vencer a concorrência desprovida dessa informação.

Os sistemas APS permitem boas verificações de disponibilidade

A última etapa do processamento de pedidos é a obtenção da aprovação. Dependendo do tamanho do pedido, ele pode passar por uma revisão e aprovação interna pelo fornecedor antes de ser enviado ao cliente para aprovação. Depois da confirmação do pedido pelo cliente, conclui-se a fase de demanda e tem início o processo de atendimento.

A confirmação do cliente é a etapa final

Ainda que um bom sistema de processamento de pedidos seja usado, a sucessão de acontecimentos descrita nos parágrafos anteriores é geralmente lenta, requer muita mão-de-obra e é suscetível a erros. Uma das metas mais desafiadoras das empresas de bens de

A meta é o processamento totalmente automatizado

consumo é a automatização completa do processamento do pedido, reduzindo o tempo, os custos e os erros relacionados a essa atividade. Como hoje os pedidos podem ser expedidos pela internet no formato-padrão XML, em breve será possível realizar muitas dessas tarefas enviando o pedido a sistemas previamente utilizados e solicitando serviços a eles. Por exemplo, um pedido que acaba de chegar poderia ser enviado simultaneamente a um sistema de gerenciamento de estoques para uma verificação ATP, para um sistema contábil para verificação de crédito, para um sistema contratual para verificação do cumprimento de normas e para um sistema de demarcação de preços para a determinação do preço correto, tanto unitário quanto em grandes volumes. Como o XML permite que qualquer aplicativo leia o pedido diretamente, não é necessário que todas essas funções sejam executadas em um sistema de gerenciamento de pedidos único e independente.

Reunindo os Produtos

Os pedidos são encaminhados aos locais de atendimento

A fase de suprimento do ciclo de atendimento começa na seleção de uma ou mais instalações designadas para o atendimento ao pedido. Essa é normalmente uma decisão fácil: o fornecedor apenas envia os produtos a partir do armazém que estiver mais próximo ao cliente. Mas, como sempre, existem variações a serem consideradas. Uma delas se refere às estratégias de produção — produtos sob encomenda, por sua própria natureza, são fabricados de acordo com a demanda de uma empresa, o que significa que não ficam parados no armazém. Outra variação surge da centralização do gerenciamento de pedidos, em que a empresa oferece um ponto único de venda para duas ou mais de suas divisões operacionais. Nesse caso, um pedido pode ser despachado para várias localidades diferentes, e cada uma enviaria sua parte do pedido independentemente. Se o cliente solicitasse o envio do pedido completo, talvez fosse necessário fazer com que as várias entregas fossem consolidadas em trânsito e reunidas em apenas uma entrega.

As atividades ligadas ao suprimento seguem uma seqüência-padrão

A preparação de um pedido para entrega pode envolver uma seqüência complexa de atividades. A título de esclarecimento, descreverei essas atividades no contexto de um armazém. As mesmas atividades ocorrem no momento de retirada de estoque das fábricas, almoxarifados e outros locais destinados à armazenagem, mas as operações são mais bem compreendidas no ambiente específico dos armazéns. Todas essas atividades recebem suporte eletrônico de sistemas de gerenciamento de armazéns.

O layout de um típico armazém está ilustrado na Figura 7.8. Embora nem todos os armazéns sejam organizados na forma linear mostrada aqui, a maioria é formada por cinco setores diferentes: um galpão de recebimento, uma área para armazenagem de cargas, uma área de separação, uma ou mais áreas de montagem do pedido e um galpão de embarque. Cada setor é responsável por uma função diferente e possui equipamentos especializados para dar apoio a essas funções. Uma alternativa comum à estrutura do desenho é transformar esse formato em uma curva em forma de U, permitindo que o mesmo conjunto de galpões sirva tanto ao recebimento como ao embarque. A preocupação mais importante na hora de projetar o layout é manter altas taxas de fluxo entre os setores. Não é raro encontrar armazéns que possuem 50 mil paletes em armazenagem e movimentem centenas de paletes por hora pelo sistema.

Os armazéns são projetados a partir do fluxo de produtos

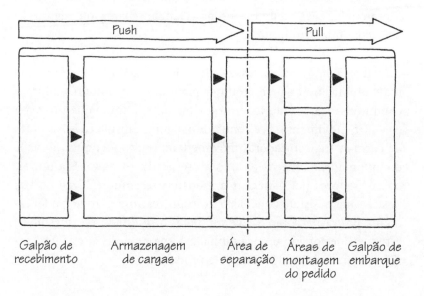

Figura 7.8
Layout de um armazém

Os armazéns empurram o estoque para dentro e puxam o estoque para fora	Como mostra a Figura 7.8, os armazéns utilizam as dinâmicas push (empurrar) e pull (puxar) para controlar o fluxo de estoque do galpão de recebimento ao galpão de embarque, com a fronteira push-pull localizada na área de separação. Quando o estoque chega ao armazém, sua maior parte é descarregada e colocada na área de armazenagem de cargas, mas outra parte pode permanecer nas embalagens e ser colocada em cestas, prateleiras ou caixas na área de separação. Esses movimentos são atividades do tipo push, pois enfileiram os produtos antecipadamente à demanda. As atividades subseqüentes são do tipo pull, porque só ocorrem quando o armazém recebe um pedido.
A primeira operação é separar o pedido	Quando chega o momento de entregar um pedido, o sistema de gerenciamento de armazéns gera uma lista de separação indicando as quantidades de cada item incluídas no pedido. Um funcionário chamado separador recebe essa lista e recupera os itens na ordem em que aparecem na lista, que é elaborada para que o separador percorra os menores trajetos que o levam a cada item. Essa é uma otimização importante: a separação é responsável por metade dos custos de mão-de-obra em um armazém e os separadores chegam a gastar 70% de seu tempo movimentando-se de um local a outro. Mesmo pequenas melhorias no processo de separação podem render economia significativa.
A separação pode ser manual ou automatizada	Com itens pequenos e leves, a separação, em geral, é feita de forma manual. Mas no caso de produtos maiores os separadores utilizam condutores, carregadoras a motor ou outros equipamentos para coletar e movimentar o estoque. Em algumas instalações, sistemas de correias transportadoras movimentam o estoque, encaminhando automaticamente os pacotes ao respectivo destino. Em outras, os separadores permanecem parados e o estoque é levado à sua posição pelos sistemas de separação por carrossel. Independentemente da forma como a coleta é feita, o resultado é o mesmo: o estoque selecionado é encaminhado à sua área de montagem designada, junto com a listagem de produtos.

Depois que o estoque foi colocado na área de montagem, outros funcionários realizam as operações finais necessárias antes da entrega. Essas operações geralmente são secundárias, muitas vezes consistindo numa rápida inspeção visual e na adição de um rótulo. Entretanto, é cada vez mais comum efetuar a montagem final do produto nos armazéns, prática que torna mais fácil para os fabricantes personalizar produtos de acordo com solicitações locais (Capítulo 15). Nas empresas adeptas dessa prática, a área de montagem parece mais uma miniatura de fábrica do que um setor intermediário.

A montagem do pedido vem depois da separação

Uma vez montado, o pedido é embalado para ser despachado. Dependendo do produto, pode haver três camadas de embalagem (Figura 7.9). A **embalagem primária** é a caixa, lata, bisnaga ou outro recipiente que embala o produto. A **embalagem secundária** é geralmente uma caixa de papelão que agrega um número-padrão de embalagens primárias reunindo-as para facilitar o manuseio. Com exceção dos armazéns onde é feita a montagem final, a maioria dos produtos chega pré-embalada nesses dois níveis de proteção. A terceira camada, a **embalagem de transporte**, é muitas vezes um palete juntamente com uma cobertura de proteção como espumas de poliuretano. Entregas grandes de um produto são normalmente carregadas em **paletes completos**, que contêm apenas um tipo de produto. Para entregas menores, os vários produtos com destino único são carregados em **paletes mistos**.

Os pedidos são embalados em três camadas

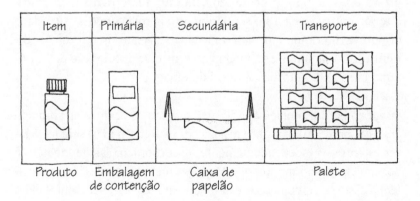

Figura 7.9
Três camadas de embalagem

Envio do Pedido

A entrega é simples quando são usadas transportadoras

O que acontece a seguir depende da opção do fornecedor por utilizar uma transportadora para suas entregas ou operar a própria frota de veículos. Se a escolha for o uso de transportadoras, não há muito a fazer depois que os veículos são carregados além de aguardar a confirmação de que a entrega foi feita no prazo. No caso da frota privada, há muito planejamento a ser feito antes mesmo do início do carregamento. Esta seção descreve como um fornecedor coordena os próprios veículos, supondo-se, a título de esclarecimento, que esses veículos sejam caminhões. Esse exemplo é bastante realista, tendo em vista que os caminhões são responsáveis por 70% de todo o transporte nos Estados Unidos em volume de capital e apresentam problemas não comuns no transporte por outros meios.

O principal problema é escolher a rota

O problema básico a ser solucionado é descobrir a melhor rota entre o armazém do fornecedor e o ponto de destino. Quando os pedidos são feitos em cargas cheias (*full truckload* — FTL), a questão da rota se resume a encontrar o caminho mais curto entre dois pontos. No entanto, com entregas em áreas metropolitanas, rotas um pouco mais longas às vezes podem representar tempo de percurso mais curto, e algumas delas podem ficar particularmente sobrecarregadas durante os horários de pico. O principal problema das entregas em cargas cheias, porém, é descobrir o que fazer com o caminhão depois que ele já fez a entrega. Como o retorno do caminhão vazio para o armazém é um desperdício de combustível e tempo do motorista, as empresas estão sempre procurando **viagens de retorno** (*backhauls*), que são entregas feitas no sentido oposto aproveitando a capacidade disponível do caminhão. Na ausência das viagens de retorno, os caminhões normalmente se dirigem ao centro de distribuição mais próximo em vez de retornar ao local de origem.

O cross docking consolida os produtos em trânsito

Surge então um problema específico quando os pedidos pressupõem entregas partindo de muitas instalações. A solução mais simples é fazer as entregas independentemente, mas coordená-las de modo que possam chegar no mesmo dia. Mas esse método simplesmente transfere o custo de combinação de entregas para os clientes, e muitos deles se recusam a aceitá-lo. A alternativa é a **consolidação em trânsito**, em que diversas entregas são enviadas a algum centro de distribuição próximo ao local do cliente, recarregadas em um único caminhão e despachadas em remessa única. A maneira mais lucrativa de tornar isso possível é pela técnica denominada **cross docking**, na qual os produtos são enviados diretamente de um galpão de recebimento para um galpão de embarque sem armazenagem intermediária. A técnica de cross docking foi originalmente criada pelo Wal-Mart, que a utiliza com eficiência exemplar no transporte de produtos para sua cadeia nacional de lojas de desconto. O cross docking é geralmente adotado em instalações específicas do tipo ilustrado na Figura 7.10.

Um dos grandes desafios das entregas é o acompanhamento dos pedidos enquanto estão em trânsito do fornecedor para o cliente. Os fornecedores costumam enviar um aviso antecipado de embarque (*advanced shipping notice* — ASN) informando ao cliente que seu pedido já saiu. Mas saber o que acontece durante o andamento da entrega é difícil, para não dizer impossível. A Federal Express mostrou o caminho das pedras quando passou a adicionar códigos de barras em todos os pacotes e a escanear esses códigos toda vez que um pacote passava de uma instalação a outra. Hoje, qualquer pessoa com um número de rastreamento em mãos e acesso à internet consegue acompanhar uma entrega pela FedEx em qualquer parte do mundo. Atualmente, os sistemas de posicionamento global (*global positioning systems* — GPS) e transmissores por radiofreqüência (RF) permitem o acompanhamento contínuo de veículos e contêineres, chegando a rastrear até caixas individuais. Essas tecnologias também podem ser usadas para detectar acidentes e redefinir a rota dos veículos para evitar congestionamentos ou sincronizar entregas.

As entregas agora podem ser acompanhadas em trânsito

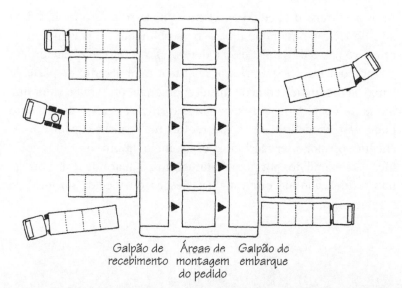

Figura 7.10
Uma instalação de cross docking

Figura 7.11
Índices de erro na captação de dados

Método de lançamento	Erros
Escrita a mão	250.000
Lançamento manual	100.000
OCR	1.000
Código de barras	10
Transmissor	1

A entrada automatizada de dados é crucial para o rastreamento

Parte da eficiência de um sistema de rastreamento se deve à automatização do lançamento de informações referentes a cada entrega. Isso não só permite economia de tempo como reduz consideravelmente a incidência de erros. A Figura 7.11 mostra os resultados de um estudo realizado pelo Departamento de Defesa dos Estados Unidos sobre os índices de erros registrados em técnicas distintas de captação de dados, incluindo escrita a mão, lançamento manual, reconhecimento ótico de caracteres (*optical character recognition* — OCR), código de barras e transmissores por RF (radiofreqüência). As taxas descritas são o número médio de erros a cada 30 milhões de caracteres inseridos. Os dados da tabela mostram claramente por que os códigos de barras e transmissores por RF são as técnicas preferidas para o acompanhamento de entregas.

Cobrança

A fase de caixa começa pelos valores devidos

Após a entrega do pedido ao cliente, inicia-se a terceira e última fase do ciclo de atendimento — o recebimento do pagamento. O primeiro passo desse processo é determinar o valor real devido. Na maioria dos casos, esse é simplesmente o total descrito na parte de baixo da ordem de venda do fornecedor, que representa o valor que o cliente concordou em pagar. Mas o número nesse documento pode não ser definitivo, o que requer mais cálculos para que se chegue ao valor a ser recebido. Por exemplo, muitos produtos volumosos são vendidos por peso ou tamanho e a quantidade da entrega não é finalizada até que esta seja pesada ou medida no local de recebimento.

Em seguida, quando o valor é definido, o fornecedor emite a fatura referente a esse valor. As faturas devem conter referências da ordem de compra do cliente, a ordem de venda do fornecedor ou ambas. Se muitas entregas foram feitas para o mesmo cliente durante um intervalo relativamente pequeno, todas são incluídas na mesma fatura para reduzir a papelada. Grande parte das faturas ainda é enviada pelo correio, mas as mesmas tecnologias que permitem que os pedidos viagem pela internet agora estão sendo aplicadas às faturas, ou seja, em poucos anos as faturas devem começar a se movimentar um pouco mais rápido.

A etapa seguinte é a emissão de faturas

No mundo ideal — pelo menos na perspectiva do fornecedor — todas as faturas seriam pagas com rapidez e precisão. No mundo real, é comum os clientes adiarem o pagamento o máximo possível, pois isso permite que utilizem o capital nesse ínterim. Como forma de incentivar o pagamento mais rápido, as faturas incluem condições de pagamento do tipo '2% 10 líquido 30', que exige o pagamento efetuado em 30 dias, mas oferece desconto de 2% se for feito em até dez dias. A concessão de desconto visando agilizar o recebimento do pagamento normalmente resulta em dois lotes de pagamentos: um em média de 15 dias solicitando desconto e o outro em média de 45 dias.*

A última etapa é o recebimento do pagamento

Na maioria das vezes, as únicas exigências para receber o pagamento são emitir uma fatura e ter um pouco de paciência. Se o cliente não efctuar o pagamento dentro do prazo permitido, o próximo passo será incluir o saldo devido em um balanço mensal com um lembrete de valores antigos que não foram pagos. Se isso não adiantar, um ou mais telefonemas cordiais ao cliente devem encerrar o assunto. Se não, o fornecedor pode deter o crédito do cliente até que o pagamento seja liquidado. Em cadeias de suprimentos com parceiros comerciais definidos, são raros os casos em que os problemas de pagamento atingem esse ponto, mas a próxima etapa seria entrar com uma ação judicial ou transferir o problema para uma agência de cobrança.

As faturas podem exigir serviços de cobrança

---

* Hábitos norte-americanos que não necessariamente ocorrem no Brasil (N. do RT).

Os fluxos de caixa ocorrem em ritmo lento	Comparados com a urgência comum das duas primeiras fases do processo de atendimento, a fase de pagamento pode transformar-se em uma interação demorada. A Figura 7.12 mostra uma linha do tempo típica do atendimento para ilustrar esse tópico. Nesse exemplo, o fornecedor gasta em média três dias para processar cada pedido e a entrega dos produtos demora cerca de uma semana. O tempo médio para o atendimento do pedido — denominado **lead time de atendimento** — é, portanto, de dez dias. O departamento de contabilidade emite as faturas de pedidos completos em mais ou menos cinco dias, e o período médio gasto pelo departamento de contas a receber da empresa é de 45 dias. Nessa empresa, o processo de recebimento do pagamento consome 50 dos 60 dias que formam o ciclo de atendimento.
O pagamento não é tão priorizado quanto a entrega	Tradicionalmente, o estágio de caixa do ciclo de atendimento não era visto como um aspecto crítico do gerenciamento da cadeia de suprimentos. A tarefa de cobrança dos pagamentos era simplesmente delegada ao departamento de contabilidade, que aplicava as próprias políticas e procedimentos de cobrança. Mas o fluxo de caixa não é meramente o último dos três fluxos — é aquele que aciona os outros dois. Muitos fornecedores estão começando a questionar se a redução do lead time de atendimento sem acelerar o fluxo de caixa é uma estratégia realmente equilibrada.
O departamento de contas a receber impõe um alto custo de oportunidade	O lucro depende do uso eficaz de todos os recursos e o caixa é o último recurso, pois é o principal meio de aquisição dos outros recursos. Conforme descrito no Capítulo 9, atrelar o caixa a qualquer área dos negócios impõe um custo de oportunidade, porque esse capital poderia ser usado para outros fins. Dessa forma, manter o capital estacionado no departamento de contas a receber por quatro a seis semanas significa uma perda considerável para a empresa. Para se ter uma idéia da dimensão dessa perda, suponha que o fornecedor da Figura 7.12 obtenha US$ 600 milhões em vendas e possua um custo de oportunidade de 14%. Com recebíveis de 45 dias, a empresa financia US$ 75 milhões aos seus clientes, com um custo de oportunidade de US$ 10,5 milhões por ano. Dependendo de suas margens, essa empresa poderia dedicar até 20% de seus lucros operacionais ao custeio das compras de seus clientes.

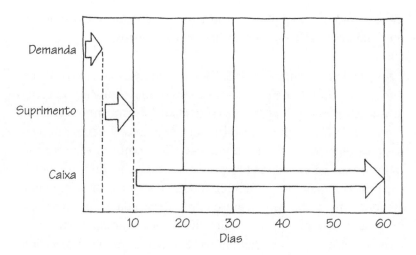

Figura 7.12
Linha do tempo do ciclo de atendimento

É claro que os fornecedores são capazes de justificar esse financiamento com facilidade, pois financiam os custos dos próprios fornecedores. Essas são as regras do jogo. Mas esse é outro exemplo do tipo de jogo de soma zero descrito no Capítulo 3: há apenas um excesso de fluxo de caixa a montante na cadeia de suprimentos e não há possibilidade de ganho líquido ao longo da cadeia de parceiros comerciais desacelerando esse movimento. Na verdade, esse jogo escapa para a região perde-perde porque nenhuma das atividades envolvidas no faturamento e cobrança contribui com algum valor para o produto final. Do ponto de vista da cadeia de suprimentos como um todo, trata-se pura e simplesmente de desperdício de dinheiro.

A demora dos pagamentos reduz os lucros da cadeia de suprimentos

Agilizando o Atendimento

Considerando todas as atividades necessárias para o atendimento de um pedido, não surpreende o fato de que muitas empresas enfrentam problemas nessa área. Muitas das práticas, incluindo a tradicional troca de documentos parecidos, mas sutilmente diferentes em cada etapa, remontam aos primórdios do comércio. Além dessa base de tradicionalismo, muitas complicações foram sendo infiltradas em nome da melhoria nas vendas e no serviço prestado ao cliente, incluindo nivelação de preços, descontos por quantidade, análise de crédito, condições especiais, configuração personalizada e embalagens específicas. O resultado é um processo complexo que de-

O atendimento tornou-se complexo demais

mora muito tempo para ser realizado, incorre em um grande número de despesas e oferece muitos riscos de erros.

O processo normal é infringido com regularidade

Esses problemas costumam decepcionar todos os envolvidos no atendimento, incluindo não só os seus clientes, mas também as pessoas de sua empresa que atendem esses clientes. Para minimizar essa sensação de frustração e alcançar seus objetivos, a equipe de vendas e os representantes de serviços ao cliente muitas vezes encontram formas de subverter o processo visando a atender melhor os clientes. Por exemplo, se não há estoque disponível suficiente para atender um pedido, um representante de vendas pode ligar para um colega no armazém e dar um jeito de fazer com que seu cliente receba os produtos que originalmente se destinariam a outro cliente. Em uma situação mais radical, o representante de serviços pode convencer um gerente de fábrica a acelerar a produção para atender a solicitação do cliente. Essas atitudes, às vezes endossadas em nome da agilidade, são um ótimo exemplo de otimização local que prejudica a cadeia como um todo. Podem até acelerar a entrega de um pedido isolado, mas o fazem ignorando outros pedidos e gerando trabalho extra para solucionar os conflitos e a confusão que provocam.

Novas tentativas de melhoria costumam fracassar

Maior agilidade nos pedidos individuais certamente não é a melhor maneira de solucionar o problema de atendimento, mas descobrir formas mais eficazes de resolver esses problemas pode ser desafiador. Muitas empresas adotaram as técnicas de reengenharia do processo de negócio para melhorar o processo de atendimento, mas geralmente com sucesso limitado. O problema que elas enfim precisam enfrentar é que as práticas que tornam o atendimento vagaroso e complexo são difíceis de mudar, em parte porque os clientes se acostumaram com uma determinada maneira de negociar. Simplificar o fluxo de papéis, eliminar níveis de preços ou ignorar a etapa de confirmação de pedidos comuns podem ser medidas totalmente relevantes sob seu ponto de vista, mas convencer seus clientes a aceitar essas mudanças é outra história. E, ainda que seus clientes as aceitem, a economia obtida com essas melhorias adicionais pode ser menor que os custos de efetivação dessas mudanças.

A alternativa às melhorias adicionais é a mudança radical — simplesmente eliminar a antiga forma de fazer negócios e lançar mão de um processo totalmente modernizado. Pode parecer paradoxal, mas a mudança radical é mais fácil de ser executada que as mudanças mais sutis. Por exemplo, em vez de pedir que seus clientes alterem a forma como fazem os pedidos, pode ser mais simples eliminar os pedidos como um todo favorecendo a reposição automática. Essa é a estratégia da produção JIT, estoques gerenciados pelo fornecedor e diversos outros programas descritos no Capítulo 3, os quais funcionaram muito bem na prática. Num certo sentido, os pedidos persistem, mas se tornaram tão simplificados e padronizados que mal lembram os pedidos do passado. Em um ambiente JIT, por exemplo, o 'pedido' pode tomar a forma de um recipiente plástico destinado a determinado conjunto de peças. O processamento do pedido não poderia ser mais simples: quando o recipiente chega, você deve devolvê-lo cheio.

Mudanças radicais podem ser uma solução mais eficaz

Outro exemplo de mudança radical é a adoção do pagamento instantâneo. Muitas empresas que adotaram as práticas JIT agora aplicam as mesmas técnicas aos ciclos de faturamento e pagamento. À medida que cada entrega de suprimentos chega ao cliente, basta escanear a entrega para acionar automaticamente um depósito eletrônico na conta bancária do fornecedor. Esqueça faturas, balanços, condições de pagamento, cobranças, verificações de crédito e financiamentos. O pagamento instantâneo, além de eliminar um volume enorme de custos de ambas as partes envolvidas na transação, conclui a negociação muito mais rapidamente. Considerando o ritmo vagaroso do fluxo de caixa a montante na cadeia, o ciclo de atendimento pode ser acelerado cinco ou dez vezes por meio dessa técnica.

O pagamento instantâneo elimina o faturamento

A execução de mudanças radicais desse tipo nitidamente exige modificações profundas na natureza de seu relacionamento com os clientes. Você não pode de um dia para o outro ligar para eles e oferecer-lhes as boas-vindas a seu plano de pagamento instantâneo e informar o número de sua conta. Mudanças como essas devem ocorrer como parte de um processo maior que redefina o relacionamento, porém esse processo precisa ser interessante para ambas as partes. O pagamento instantâneo, por exemplo, é uma maneira de compensar os fornecedores JIT pelo custo adicional relacionado às entregas em remessas freqüentes e pequenas.

Mudanças radicais exigem novos relacionamentos

Analisando mais uma vez os processos lentos, complexos e trabalhosos necessários para o atendimento de um único pedido, pode ser difícil imaginar mudarmos da situação atual para o ideal de cadeias de suprimentos automáticas descritas no último capítulo. A questão não é descobrir uma maneira mais eficaz de lidar com o atendimento; o desafio é eliminar a maior parte das tarefas e dinamizar o restante até o ponto em que tudo poderá ser realizado por softwares. O mais difícil é lidar com a questão cultural: as complexidades do atendimento estão entrelaçadas no próprio tecido de sua organização, e seus relacionamentos com os clientes se baseiam num emaranhado de descontos e opções de compra com os quais eles já estão acostumados. Seria praticamente impossível desmantelar esse sistema inteiro e ainda manter sua empresa no mercado. Mas é possível estabelecer um sistema paralelo que possibilite custos baixos e serviços rápidos aos clientes que optem por pedidos e pagamentos automatizados. Então, deixe ambos os sistemas competir e a seleção natural se encarregará do restante.

Exercícios

1) Descreva sucintamente as etapas do ciclo de atendimento de um pedido.

2) As informações constantes de um pedido devem satisfazer as principais necessidades logísticas de distribuição e as comerciais. Resuma as principais informações necessárias a um pedido para que seja entendido e processado pelo fornecedor.

3) A fase de processamento dos pedidos pode envolver diversas atividades no fornecedor. Cite as mais comuns.

4) A atividade de precificação ou demarcação de preços pode representar uma das mais importantes. Que aspectos devem ser levados em conta em sua execução?

5) De que forma se passa a verificação de crédito dos clientes e que outros departamentos são envolvidos nessa atividade?

6) Desenvolva um exemplo de verificação de disponibilidade de produtos em uma empresa fornecedora. Qual o software adequado para essa tarefa?

7) Os pedidos aprovados são enviados ao CD selecionado para sua distribuição. Descreva as fases internas necessárias dentro dele.

8) Qual a importância do layout do armazém ou CD no atendimento dos pedidos?

9) Idealize e desenhe um esquema de uma área de separação (picking) dos produtos componentes dos pedidos em uma fábrica de cosméticos.

10) Como são denominadas e quais as funções específicas dos diversos tipos de embalagens utilizadas para a entrega de produtos?

11) Comente os principais aspectos da entrega dos produtos na distribuição física. Analise principalmente o modal de transporte, a roteirização, o cross docking, a consolidação de cargas e o rastreamento das cargas.

12) Habitualmente, o ciclo de recebimento financeiro é o mais longo dos três ciclos das CS. Analise os possíveis ganhos financeiros e as dificuldades decorrentes na busca de reduções no ciclo de atendimento e, em particular, no ciclo de caixa.

8

Mantendo o Suprimento

Assim como o atendimento fornece produtos para suprir a demanda dos clientes, o reabastecimento compra os materiais necessários para fabricar esses produtos. O *ciclo de reabastecimento*, mostrado na Figura 8.1, envolve as mesmas atividades do ciclo de atendimento, mas as vê do ponto de vista do cliente, e não do fornecedor. Considerando essa perspectiva, este capítulo se concentra em três perguntas centrais que orientam as decisões sobre compras: qual o momento de fazer o pedido, qual a quantidade a ser comprada por vez e qual volume de estoque deve ser mantido. A resposta à última pergunta revela uma verdade preocupante: não existe nenhuma quantidade de estoque capaz de evitar a escassez, ou seja, definir os níveis de estoque é basicamente uma questão de gerenciamento de riscos. A última seção dedica-se à dúvida sobre como melhorar o reabastecimento mediante a redução de tempo e custo do processo.

Figura 8.1
Ciclo de reabastecimento

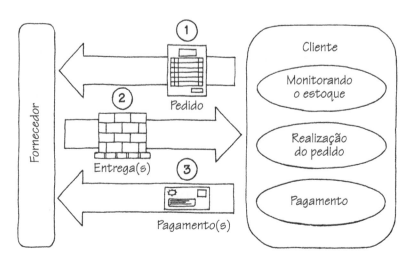

Acionando o Reabastecimento

Todas as vezes que uma instalação atende a um pedido, reduz seu estoque de produtos acabados. Mais cedo ou mais tarde, esse estoque precisará ser reabastecido. Por trás dessa realidade evidente existem três dúvidas básicas:

As políticas de reabastecimento respondem a três perguntas

1. Quando o estoque deve ser reabastecido?
2. Que quantidade deve ser solicitada a cada reposição?
3. Que volume de estoque deve ser mantido?

As respostas a essas três perguntas constituem o que conhecemos como **política de reabastecimento**. As três primeiras seções deste capítulo abordam essas questões seguindo essa ordem, começando pela dúvida sobre o momento de efetuar o pedido.

Existem várias opções para a decisão sobre o momento de reabastecer o estoque. Uma solução é simplesmente esperar o estoque disponível se esgotar. Esse método geralmente é resultante de desatenção e não intenção, mas é realmente a melhor política para produtos cujos lead times são mais curtos que o prazo em que o cliente deseja recebê-los. Se o fornecedor consegue comprar ou fabricar um produto em uma semana e seus clientes estão satisfeitos com lead times de dez dias, então o fornecedor fica com a interessantíssima opção de trabalhar sem estoque disponível. Ele apenas manteria o estoque do produto se houvesse outras vantagens, como a redução de custos por pedido ou a fabricação em grande quantidade.

A escassez é um possível desencadeador

Mesmo sendo tão interessante, a solução de estoque zero raramente representa uma opção concreta, porque os clientes desejam receber a entrega mais rapidamente que o lead time de reabastecimento. O mais comum, então, é a instalação solicitar estoque antecipadamente à demanda e manter o suficiente disponível para atender os pedidos a partir desse estoque. Para isso, é preciso controlar os níveis de estoque e efetuar um novo pedido enquanto ainda há estoque suficiente para evitar a escassez antes da chegada do pedido. Esse controle pode ser feito de duas maneiras, denominadas revisão periódica e revisão contínua. Seguindo a política de **revisão periódica**, o estoque é contado a intervalos fixos e o pedi-

A diminuição do estoque é um desencadeador mais comum

do é feito sempre que o resultado da contagem for menor que o **ponto de reposição** (*reorder point* — ROP) previamente definido. Na política de **revisão contínua**, a contagem é monitorada a todo momento e o pedido é feito assim que o resultado atinge o ponto de reposição.

A revisão periódica requer mais estoque

De acordo com as duas políticas, os níveis de estoque descrevem um padrão de serrilha ao longo do tempo, com quedas graduais à medida que o estoque é consumido, seguidas por saltos repentinos quando o estoque de reabastecimento chega. No caso da revisão contínua, um novo pedido é acionado sempre que o estoque atinge o ponto de reposição, como vemos na Figura 8.2. O estoque continua diminuindo durante o **lead time de reabastecimento**, mas a definição do ponto de reposição é alta o suficiente para minimizar a ocorrência de **escassez de estoque**, caso em que se perdem oportunidades de vendas devido à falta de estoque. A política de revisão periódica define um padrão semelhante, mas os pedidos aguardam até que a próxima contagem de estoque seja feita em vez de serem realizados imediatamente. A instalação continua a esgotar seu estoque durante essa espera adicional, então é necessário estabelecer um ponto de reposição mais alto para compensar o atraso. Conclusão: a revisão periódica requer mais estoque que a revisão contínua.

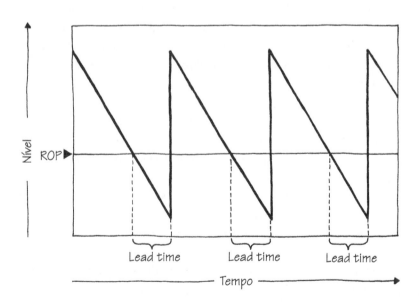

Figura 8.2
Níveis de estoque pela revisão contínua

Embora a revisão contínua seja mais eficiente que a revisão periódica, é também mais cara, porque exige que todas as contagens de estoque sejam exatas. Tradicionalmente, a revisão periódica foi o método favorito por evitar essa despesa extra. No entanto, existem formas de aproveitar as vantagens da revisão contínua dispensando o custo das contagens sucessivas. Um exemplo simples disso é o sistema de contêineres duplos usado em fábricas para a manutenção do suprimento de peças na estação de trabalho. Nesse esquema, um operador retira peças de um contêiner enquanto outro contêiner é reabastecido por uma estação de trabalho acima. À medida que cada contêiner é esvaziado, é enviado de volta para ser reabastecido, acionando outro ciclo do processo de reabastecimento. É uma maneira simples e elegante de monitorar as contagens sem contar, e pode ser facilmente estendida aos fornecedores. No mercado automobilístico, contêineres reutilizáveis e com formatos especializados são enviados aos fornecedores para acionar o reabastecimento de conjuntos de peças nas linhas de montagem. Além de estabelecer um fluxo preciso de peças dos fornecedores, esses contêineres facilitam a montagem apresentando as peças aos montadores de uma maneira padronizada e eliminam o desperdício causado pelo embalamento temporário.

Os sistemas de contêineres permitem a revisão contínua

Com o advento dos sistemas computadorizados de controle de estoque, a tarefa de contagem se tornou trivial, o que fez a revisão contínua se tornar o método favorito. Para que esses sistemas de controle funcionem, precisam ser avisados todas as vezes que o estoque for reduzido. Em instalações de varejo, isso é normalmente controlado pelo sistema de ponto-de-venda (*point-of-sale* — POS) conectado às caixas registradoras. Nas fábricas, isso é feito colocando-se códigos de barras nos componentes ou por meio de dispositivos eletrônicos de contagem automática de ocorrências nos escaninhos de estoque. Essas técnicas não eliminam totalmente a necessidade de contagem manual: o estoque sempre está sujeito à **redução** resultante de roubos ou perdas. Mas as contagens manuais são usadas apenas para verificar e ajustar as contagens computadorizadas, que automatizam completamente o processo de acionamento de pedidos.

Sistemas para estoques automatizam a contagem de estoque

A capacidade de mudar da revisão periódica para a revisão contínua é um ótimo exemplo de como as informações podem substituir o estoque, promovendo economia considerável. Nesse caso, a

Informações são mais baratas do que estoques

informação nada mais é que um único número indicando a contagem mais recente. Mas esse número pode valer muito: em uma comparação, a conversão de revisão periódica para contínua reduziu o estoque necessário de 1.570 para 906 unidades. Considerando o aumento constante nos custos de estoque, em geral fica muito mais barato manter a contagem que o estoque.

Determinando a Quantidade do Pedido

O tamanho do pedido depende de dois tipos de custo

A seção anterior respondeu à dúvida sobre o momento de reabastecer o estoque, e a resposta oferece a base para resolver a segunda questão: que quantidade deve ser solicitada em cada reabastecimento? Essa quantidade depende dos custos relativos da realização do pedido e da manutenção do estoque. O **custo de pedido** é o custo básico da realização e recebimento de um pedido, independentemente das quantidades envolvidas. O **custo de manutenção** é o custo de armazenagem do estoque antecipadamente a seu consumo. Inclui os custos de armazenagem e manuseio, o custo de oportunidade do capital atrelado ao estoque, a perda de valor devido à obsolescência ou degradação e o custo do seguro contra riscos como incêndios e roubo.

Os dois custos geram pressões conflitantes

Esses dois custos costumam empurrar a quantidade do pedido em direções opostas. O aumento das quantidades dos pedidos reduz os custos de pedido, porque menos pedidos são necessários para comprar determinada quantia de estoque, mas também aumenta os custos de manutenção, uma vez que eleva os níveis médios de estoque. Por outro lado, pedidos feitos em quantidades menores reduzem os custos de manutenção prejudicando os custos de pedido. Encontrar alguma forma de equilíbrio entre ambos é importante porque nenhum dos custos é insignificante. As empresas de manufatura muitas vezes possuem uma porcentagem significativa de seus ativos de capital associados ao estoque e almejam reduzir essa porcentagem. Porém, a realização de um pedido custa, em geral, de US$ 100 a US$ 150, e esse valor rapidamente totaliza valores altos em decorrência do grande volume de pedidos necessário para manter uma fábrica em operação.

A dúvida óbvia que nos surge oportunamente é se esse trade-off possui algum ponto atenuante, uma quantidade em que a soma desses dois custos seja minimizada. Possui, sim, e esse ponto pode ser descoberto por meio de um modelo matemático conhecido como **quantidade econômica do pedido** (*economic order quantity* — EOQ). A equação usada por esse modelo é simples, mas é mais fácil entender como ele funciona se analisarmos o gráfico. Como a Figura 8.3 indica, os custos de manutenção aumentam linearmente com a quantidade, ao passo que os custos de pedido diminuem inversamente à quantidade. O total desses dois custos, ilustrado pela curva de cima, diminui conforme a quantidade aumenta e, em seguida, eleva-se novamente. O ponto mais baixo dessa curva é a EOQ, que é facilmente calculada por meio de fórmulas padronizadas. Para qualquer combinação de custo de pedido e custo de manutenção, a EOQ oferece o tamanho exato do pedido que deve ser feito visando a minimizar a despesa total que recai na compra e na manutenção do estoque.

A EOQ encontra o menor custo total

O modelo EOQ apresenta um bom exemplo de como os tipos de relações descritos no Capítulo 4 surgem em problemas concretos. A relação do custo de manutenção com a quantidade é linear (a primeira relação do conjunto de relações não amigáveis mostrado na Figura 4.4), e a relação do custo de pedido é uniforme (a segunda do conjunto). A combinação dessas duas produz uma terceira relação, que é contínua (a terceira do conjunto), ou seja, três das cinco relações do conjunto aparecem só nesse modelo. Nas aplicações concretas da EOQ, a quarta relação também aparece quando os descontos por quantidade introduzem descontinuidades na curva de custo total, alterando-a de uma linha harmônica para uma linha recortada com saltos para baixo nas quebras de preço. Essas interrupções complicam o modelo EOQ e tornam seu cálculo cansativo. A maioria dos compradores apenas executa o cálculo normal da EOQ e aumenta repentinamente a quantidade se estiver próxima à quebra de preço.

O modelo EOQ mostra as relações não amigáveis na prática

Figura 8.3
Curvas do custo de estoque

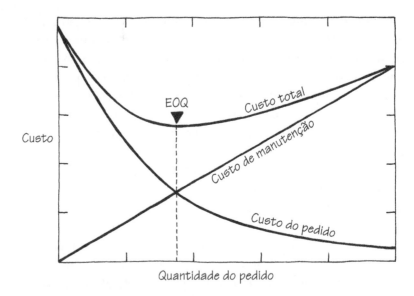

O modelo EOQ é uma solução limitada

O modelo EOQ foi criado há mais de 80 anos e até hoje continua sendo muito usado. Porém, nos últimos anos, sua utilidade passou a ser questionada, uma vez que ele não leva em consideração as flutuações da demanda, os incentivos para a compra de estoque em antecipação ao consumo, os efeitos da solicitação de diversos produtos em apenas um pedido e uma diversidade de outros fatores que podem influenciar as quantidades dos pedidos. Mais importante ainda, esse tipo de otimização localizada ignora oportunidades superiores de redução de custos, como a simplificação do processo de pedido ou a total exclusão dos pedidos. Mas o modelo EOQ ainda é utilizado por um motivo muito simples: na falta de um método mais abrangente, ele oferece uma resposta rápida e razoavelmente satisfatória.

Mantendo o Estoque de Segurança

Não há margem de erro no modelo EOQ

As duas seções anteriores abordaram as questões referentes ao momento de reabastecer o estoque e a quantidade a ser comprada em cada pedido. Esta seção responderá à terceira pergunta: qual a quantidade de estoque a ser mantida localmente em uma instalação? As quantidades calculadas no modelo EOQ oferecem um limite mais baixo para esse número: sempre deve haver estoque disponível suficiente para atender a demanda durante o lead time de reabastecimento. Mas esses cálculos se baseiam em números médios de demanda e suprimento. Na verdade, o número de unidades vendidas varia de um dia para outro, as entregas são feitas com atraso, os produtos chegam sem condições de uso, e assim por diante. Se qualquer um desses acontecimentos resultar em escassez de estoque, os pedidos dos clientes não serão atendidos. Não existe margem de erro no modelo básico EOQ.

A solução-padrão para esse problema é manter estoque em excesso — o estoque de segurança — para evitar escassez quando a demanda é maior que o esperado ou os suprimentos chegam com atraso. A função do estoque de segurança foi ilustrada no gráfico da Figura 8.4, que adiciona uma pitada de realismo à Figura 8.2, pois demonstra alguma variabilidade na demanda e no suprimento. Nesse exemplo, o estoque de segurança é necessário no primeiro ciclo para cobrir um nível mais alto de demanda, como vemos no declive da linha de consumo. Também é necessário no terceiro ciclo para compensar entregas atrasadas, como mostra o lead time prolongado.

A solução está na manutenção do estoque de segurança

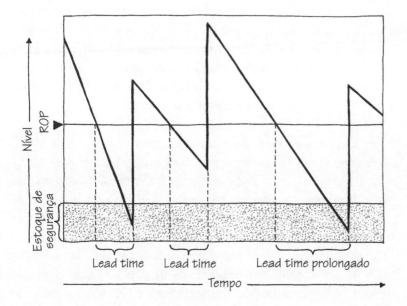

Figura 8.4
Adição do estoque de segurança

O estoque de segurança é incapaz de evitar a escassez

Em suma, as empresas precisam manter estoque suficiente para dar conta de suas operações normais — quantidade conhecida como **estoque cíclico** —, além do estoque de segurança suficiente para cobrir as variações de suprimento e demanda. A utilização do modelo EOQ faz com que o estoque cíclico varie entre zero e o nível da EOQ, produzindo uma média equivalente à metade do valor da EOQ. Isso nos leva a questionar qual a quantidade de estoque de segurança necessária para evitar a escassez. A resposta, infelizmente, é 'mais do que você jamais conseguiria bancar'. Os gerentes normalmente odeiam respostas como essa, por isso é importante entender o que nos fez chegar a essa conclusão. Trata-se de um dos dois principais problemas das cadeias de suprimentos: a variabilidade.

A variabilidade segue a distribuição normal

Conforme vimos no Capítulo 5, a variabilidade na maioria das quantidades se adapta à distribuição normal, um padrão recorrente que descreve o limite máximo provável de desvio dos valores em relação à média. Você deve se lembrar de que essa distribuição é descrita por apenas dois parâmetros: a média e o desvio-padrão. A partir desses dois parâmetros, a distribuição normal prevê o número de vezes que cada valor possível provavelmente ocorrerá. Por exemplo, a Figura 8.5 mostra a probabilidade referente a cada nível de demanda de um produto com uma demanda média de cem unidades por semana e um desvio-padrão de dez unidades. Apenas pela observação da curva, fica claro que a demanda raramente será menor que 70 unidades por semana ou maior que 130.

Valores extremos não podem ser eliminados

O problema dessa conclusão está na palavra *raramente*. A distribuição normal tem a infeliz característica de que os extremos da distribuição nunca chegam a cair para zero. Não importa quanto o valor esteja distante do plausível, há sempre alguma probabilidade de que ele venha a ocorrer. Na Figura 8.5, a chance de enfrentar uma demanda de 140 unidades é minúscula — apenas uma fração de uma porcentagem —, mas não é zero. O mesmo vale para probabilidade de demanda de 150 unidades ou de 200. Isso quer dizer que nenhum volume de estoque de segurança é suficiente para banir totalmente a possibilidade de escassez. Não se trata de uma falha da distribuição normal como modelo, mas sim de uma descrição minuciosa do que acontece no mundo real. A distribuição normal simplesmente reflete o profundo impacto da variabilidade no planejamento e no desempenho ao longo da cadeia de suprimentos.

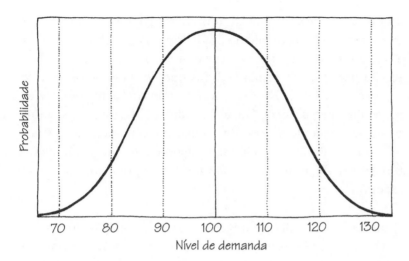

Figura 8.5
Distribuição da demanda semanal

Considerando a inviabilidade de eliminação total da ocorrência de esgotamento de estoque, o melhor que o estoque de segurança tem a fazer é reduzir a falta a um nível aceitável. O procedimento-padrão é definir uma meta de nível de disponibilidade do produto, denominada **nível de serviço ao cliente** (*customer service level* — CSL), e, em seguida, ajustar o estoque de segurança para que alcance esse nível. É claro que CSLs mais altos são melhores, mas defini-los em números altos demais pode tornar-se extremamente dispendioso, pois o estoque de segurança sobe exponencialmente com o nível de serviço. A Figura 8.6 ilustra a rápida elevação do estoque de segurança necessário para atingir índices de atendimento do produto na casa dos 90, ou seja, no ponto em que a maioria das empresas gostaria de mantê-los. No caso específico desse produto, o simples aumento do índice de atendimento em meio ponto, de 97,5% para 98%, exige a manutenção de quase três vezes o estoque de segurança. É um preço alto a pagar por uma melhoria tão ínfima, considerando os altos custos da manutenção de estoques.

O nível de serviço ao cliente mede a disponibilidade

Sabendo que o aumento de estoque resulta em rápida redução dos retornos no nível de serviço, como se deve proceder na escolha do nível correto? O ideal seria utilizar uma fórmula semelhante à EOQ para que você descobrisse o nível em que o custo de manutenção de estoque extra compensasse o custo de escassez. Mas como calcular o custo de uma escassez? Se um cliente se dispõe a aceitar um pedido em atraso, o custo é a despesa do pedido em

O estoque de segurança envolve um trade-off econômico

atraso. Se ele recorre a outro fornecedor para essa compra específica, o custo é a perda de receita pela perda da venda. Se recorre a outro fornecedor e nunca mais o procura, o custo é a perda de receita por todas as vendas futuras que deixarão de ocorrer por perda desse cliente. Poucas empresas têm um bom controle das probabilidades de ocorrência de todos esses resultados, muito menos um método preciso de estimar a receita perdida das vendas futuras. O mais simples seria definir uma meta de nível de serviço em algum ponto na casa dos 90 e ajustar os estoques de segurança.

Pedidos de diversas linhas possuem índices de atendimento mais baixos

A utilização do índice de atendimento como medida do nível de serviço ao cliente não soluciona o problema porque o índice de atendimento pode ser medido de mais de uma forma. No exemplo descrito acima, ele foi implicitamente definido como a capacidade de atender pedidos de um único produto a partir do estoque — o que se costuma denominar **índice de atendimento do produto**. Mas as empresas raramente solicitam apenas um produto. Em geral, fazem pedidos de diversas linhas que englobam diversos produtos. Embora isso reduza o custo de processamento do pedido para ambas as partes na transação, também torna mais difícil para o fornecedor atender os pedidos devido ao fato de a probabilidade de atender um pedido inteiro — **índice de atendimento do pedido** — não ser igual ao índice de atendimento de cada produto pertencente às linhas incluídas no pedido. O gráfico da Figura 8.7 ilustra a notável rapidez com que o índice de atendimento do pedido diminui à medida que o número de produtos incluídos no pedido sobe. Mesmo com um índice de atendimento do produto de 95%, o índice de atendimento do pedido é reduzido para 60% com produtos de apenas dez linhas. Com 20 produtos diferentes, nem sequer um terço das remessas de pedidos chega a se completar.

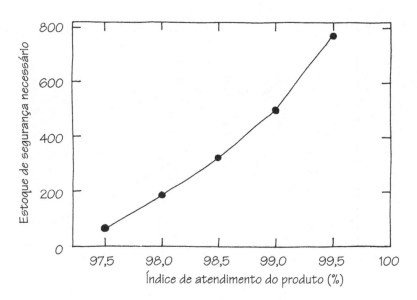

Figura 8.6
Níveis necessários de estoque de segurança

Reformulando: quando os clientes solicitam entregas em remessas completas, os fornecedores precisam manter níveis de estoque muito mais elevados do que nos casos de outros tipos de entregas. Por exemplo, para atingir um índice de atendimento do pedido de apenas 90% para pedidos de produtos de dez linhas, um fornecedor precisaria ter um índice de atendimento do produto de 99%, o que exige uma quantidade considerável de estoque de segurança. Esse estoque é totalmente empregado para lidar com a variabilidade na demanda do cliente. Mas temos aqui um ciclo vicioso: o recebimento de pedidos incompletos é uma das fontes de variabilidade do lado dos clientes, a qual eles se esforçam ao máximo para controlar, o que faz com que teimem em solicitar entregas completas. Por isso o problema da variabilidade é tão traiçoeiro: a tentativa de reduzi-la em um elo da cadeia pode apenas empurrá-la a montante ou a jusante na cadeia, muitas vezes ampliando-a nesse processo. A única solução efetiva para esse problema é que os parceiros comerciais trabalhem em conjunto para eliminar a variabilidade da cadeia, em vez de tentar enfrentá-la por meio de soluções isoladas como o aumento do estoque de segurança.

A variabilidade pode resultar em ciclos viciosos

Figura 8.7
Prevendo os índices de atendimento do pedido

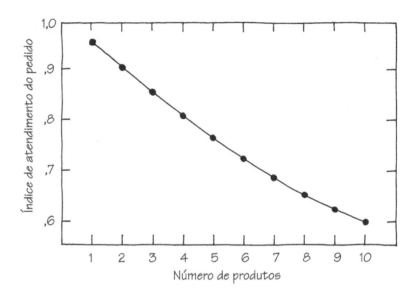

Simplificando o Reabastecimento

O reabastecimento se tornou excessivamente complexo

Assim como o processo de atendimento descrito no Capítulo 7, o reabastecimento foi se tornando cada vez mais complexo com o passar dos anos, gerando aumentos correspondentes no tempo, nos custos e nos erros associados ao processo. Esses problemas, por sua vez, quase sempre levaram os integrantes das empresas a tentar superar o sistema acelerando os próprios pedidos, normalmente à custa de outros pedidos de urgência equivalente. Além de tornar o processo de reabastecimento como um todo mais vagaroso, essas tentativas de agilizar o processo geraram trabalho adicional e podem também incorrer sobretaxas para pedidos urgentes.

Mudanças radicais podem ser mais facilmente concretizadas

Como no caso do atendimento, a solução não é o desvio do sistema de atendimento, mas sim o aperfeiçoamento, e uma mudança radical nesse sistema pode gerar melhores resultados que as menores tentativas de aprimoramento. Novamente, as mudanças radicais exigem a cooperação de parceiros comerciais, mas essa cooperação é, em geral, mais fácil no caso do reabastecimento, uma vez que há mais poder de influenciar as decisões nas negociações com fornecedores do que com clientes. Comumente, quanto mais a montante as mudanças puderem ser empurradas, maiores as chances de eliminar tempo e custo da cadeia, em vez do simples realocamento dentro da cadeia.

As mudanças efetivas devem, é claro, estar estreitamente alinhadas às mudanças adotadas pelo atendimento para que o fluxo em sua empresa seja o mais sincronizado possível. Se seus clientes solicitam remessas menores e mais freqüentes para a produção JIT, faz sentido conduzir o reabastecimento na mesma direção, acelerando o fluxo de produtos entre suas instalações em vez de atingir o ponto em que as remessas em lotes se transformem na base de seu sistema de fluxos. Aplicando as mesmas modificações em ambos os lados de sua cadeia de suprimentos, você garante a melhor oportunidade de criar um esquema mais econômico para todos.

O reabastecimento deve corresponder ao atendimento

A mudança para remessas pequenas e freqüentes é um bom exemplo de como esse equilíbrio funciona. Se sua única medida é reduzir o volume das remessas de e para seus parceiros comerciais, todos serão prejudicados, pois todos perderão economia de escala. O trade-off demonstrado pelo modelo EOQ ainda se aplica — não há como escapar —, isto é, a menos que acompanhada de outras modificações, a economia nos custos de manutenção não compensa o aumento do custo de realização de pedidos extras (Figura 8.3). O truque para fazer a economia funcionar é reduzir os custos de pedido simplificando e padronizando o processamento dos pedidos, de preferência eliminando-os totalmente. Em uma cadeia que utiliza contêineres retornáveis, por exemplo, o processamento de um 'pedido' equivale a um pouco mais do que reabastecer o contêiner. Apenas mediante a redução dos custos de pedido a um mínimo absoluto torna-se possível reduzir a EOQ ao ponto em que as entregas freqüentes sejam lucrativas para todos.

A mudança radical altera a economia do suprimento

A colaboração com os fornecedores visando à integração das operações e à simplificação do reabastecimento é uma tarefa importante que deve ser reservada aos fornecedores de materiais críticos, como peças personalizadas e itens padronizados sujeitos à escassez. Para mercadorias disponíveis em abundância, como porcas e parafusos, a clássica estratégia de lidar com diversos fornecedores qualificados e buscar o melhor preço ainda pode ser a melhor opção. É nessa área que a internet exerce a maior influência no processo de reabastecimento.

A colaboração não é necessária para mercadorias

Os catálogos eletrônicos simplificam a seleção

Tradicionalmente, os fornecedores de mercadorias eram selecionados vasculhando-se amontoados de catálogos para descobrir quem oferecia os produtos desejados, verificando-se tabelas de preços para comparar custos, separando-se folhetos para ver qual empresa oferecia alguma promoção e ligando-se para o fornecedor para consultar a disponibilidade do produto. Hoje, os **catálogos eletrônicos** disponíveis para pesquisa na web reduzem bastante o tempo e o tédio desse processo comparado ao método anterior, diminuindo significativamente os custos de pedidos de compra por catálogos. Alguns desses catálogos são hospedados pelos fornecedores e são específicos de seus produtos, mas outros se apresentam como catálogos de distribuidores, combinando produtos de diversos fornecedores e organizando-os por tipo.

Intercâmbios eletrônicos fazem a mediação das transações

Esses catálogos se tornam ainda mais úteis quando são incorporados aos **mercados eletrônicos**, ou seja, mercados com base na web em que compradores e vendedores conduzem seus negócios sem precisar sair de sua mesa de trabalho e nem mesmo pegar o telefone. Os fornecedores divulgam seus produtos no mercado, que os combina em um catálogo comum e oferece as ferramentas de pesquisa e comparação (Figura 8.8). Os clientes navegam pelo catálogo, adicionam os produtos de interesse ao 'carrinho de compras' e preenchem um pequeno formulário para efetuar os pedidos. Além de lidar com as transações, os mercados quase sempre oferecem serviços complementares, como a classificação dos compradores e vendedores, a disponibilização de informações sobre as condições do mercado e até mesmo o apoio à colaboração entre os parceiros comerciais da cadeia de suprimentos.

Figura 8.8
Exemplo de mercado eletrônico

Embora a maioria dos mercados trabalhe com os preços definidos pelos fornecedores, alguns deles hospedam **leilões eletrônicos**, em que as mercadorias são vendidas para quem der o lance mais alto (Figura 8.9). Em um leilão comum, os fornecedores divulgam os produtos no mercado e os clientes dão lances indicando quanto estão dispostos a pagar por esses produtos. No final do período estipulado para os lances, o mercado os compara automaticamente e notifica os clientes sobre o resultado. No **leilão inverso**, os papéis se invertem: os clientes enviam solicitações de cotações (*requests for quotes* — RFQs) de determinados produtos, os fornecedores dão lances e a venda se concretiza de acordo com o lance *mais baixo*, e não o mais alto. Enquanto os leilões normais empurram os preços para cima, os leilões inversos geralmente têm efeito contrário, e por isso costumam ser preferidos pelos clientes.

Alguns mercados permitem a realização de leilões

Os mercados eletrônicos podem apresentar-se em diversos formatos, dependendo de sua estrutura de acesso e propriedade. Os **mercados públicos** exigem apenas que os participantes sejam qualificados para comprar e vender os materiais que fazem parte do mercado e são normalmente hospedados por empresas independentes especializadas no gerenciamento de um setor. Os **mercados privados** são acessíveis às empresas que foram aceitas como membros e podem cobrar uma taxa por sua utilização. Os mercados privados podem ser organizações independentes ou ser hospedados por um ou mais parceiros comerciais. No segundo caso, às vezes são denominados **mercados setoriais patrocinados**. Em vários setores, houve uma rápida evolução na estrutura dos mercados públicos para os privados e, em seguida, para os mercados patrocinados, à medida que alguns poucos integrantes que dominavam o mercado estendiam seu controle para incluir o canal eletrônico. Um recente relatório da Forrester Research mostra que 42% das empresas hoje negociam por mercados privados, contra apenas 11% nos mercados públicos.

Os mercados podem ser públicos ou privados

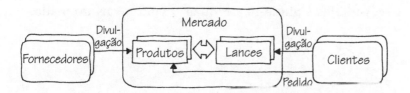

Figura 8.9
Leilões eletrônicos

Os mercados estão se saindo muito bem

Os mercados eletrônicos — assim como tantas outras inovações tecnológicas — tornaram-se vítimas do ciclo de críticas contundentes oscilando com grandes elogios, em que analistas fazem previsões exageradamente otimistas de novas categorias de produtos e em seguida as qualificam como fracassos quando suas previsões não se concretizam. No caso desses mercados, a única falha foi a idéia de que empresas emergentes em início de operações poderiam inserir-se entre parceiros comerciais já estabelecidos e conseguiriam sua parte dos lucros. Assim que o potencial dos mercados se tornou evidente, os principais compradores e vendedores passaram a estabelecer os próprios mercados setoriais, deixaram as empresas emergentes de lado e retomaram seus mercados. Um bom exemplo disso é a Covisint, o mercado de compras lançado pelos fabricantes automobilísticos norte-americanos no último trimestre de 2000. O mercado movimentou US$ 129 bilhões em compras no primeiro semestre de 2001.

Não há dúvida de que o reabastecimento se tornou tão complexo quanto o atendimento, o que não nos surpreende, uma vez que ambos são, na verdade, o mesmo processo visto de perspectivas diferentes. Além de trabalhar com os fornecedores para definir um sistema de pedidos totalmente automatizado, conforme sugerido na parte final do Capítulo 7, existem muitas outras medidas a tomar para a obtenção de melhorias no processo de reabastecimento. Uma delas é a redução dos custos de pedidos visando a mais economia nos pedidos de remessas menores e mais freqüentes, reduzindo assim os níveis necessários de estoques cíclico e de segurança. Outra medida é minimizar a variabilidade no consumo, diminuindo sua necessidade de estoque de segurança. Mas a técnica mais poderosa é a substituição das reservas por informações sempre que possível, automatizando a contagem de estoques e atualizando constantemente seus fornecedores para que possam antecipar-se às suas necessidades e ajudá-lo a reduzir o volume armazenado.

Exercícios

1) Que decisões devem ser tomadas mediante a política de abastecimento?

2) Imagine situações em que o esgotamento de estoques pode ser praticado.

3) Monte um gráfico dente-de-serra representando as políticas de abastecimento de estoques na CS.

4) Qual a simplificação oferecida pelo modelo de contêiner, ou método de duas gavetas, no reabastecimento de estoques?

5) Com a disseminação da informatização logística, a política de reposição contínua tem sido preferida pelas empresas em muitos casos. Explique a vantagem de seu uso em relação à política de revisão periódica.

6) Em que condições e quais as vantagens de usar a quantidade econômica de pedidos ou lote econômico de compras?

7) Quais as restrições atribuídas ao uso do modelo da quantidade econômica do pedido?

8) Explique a função dos estoques de segurança e suas implicações no custo dos estoques.

9) Onde estão as causas de variabilidade que obrigam a utilização de estoques de segurança?

10) Para itens com alta movimentação de estoques, a distribuição de probabilidades de ocorrência segue a curva normal. Explique como o nível de serviço ao cliente se relaciona com essas probabilidades.

11) Diferencie o nível de atendimento de um produto do nível de atendimento do pedido. Qual o impacto que o número de produtos de um pedido causa no nível de atendimento do pedido?

12) Sugira algumas ações que melhorem as condições de reabastecimento na CS.

9

Avaliando o Desempenho

Uma das principais estratégias para a melhoria das operações de cadeia de suprimentos é a utilização de um sólido conjunto de medidas de monitoramento do desempenho. Nesse sentido, o desafio é fazer as escolhas certas dentre dezenas de medidas disponíveis. Algumas empresas medem demais, acabando por se sobrecarregar com dados que nunca chegam a constituir um panorama coerente. Outras medem menos do que deveriam, confiando em um ou dois indicadores que não refletem o espectro completo do desempenho. Essa tendência de manter o foco limitado demais é exacerbada por modismos de gerenciamento, como a redução do tempo de ciclo na década de 90 e a atual obsessão pela aceleração na velocidade dos estoques. Da mesma forma que não existe uma solução simples para todos os problemas das cadeias de suprimentos, não há uma medida mágica de melhoria do desempenho. Este capítulo apresenta uma estrutura de compreensão e seleção de medidas de cadeias de suprimentos baseadas em quatro grandes categorias: medidas de tempo, medidas de custo, medidas de eficiência e medidas de eficácia. Você precisará de pelo menos uma dessas, e provavelmente diversas medidas de cada categoria, se quiser obter o melhor desempenho de sua cadeia.

Medindo o Tempo

O tempo é a medida mais simples

O tempo é a medida mais simples de ser captada porque se resume a obter duas leituras e efetuar uma subtração (Figura 9.1). Os tempos que mais nos interessam no contexto das cadeias de suprimentos são aqueles que medem a quantidade de tempo necessária para a execução dos principais processos de negócios, do início à conclusão. Como demonstram os exemplos da Figura 9.1, os processos envolvidos podem ser medidos em qualquer escala de segundos a meses.

A Figura 9.2 ilustra alguns tempos de processamento associados às atividades de atendimento das cadeias de suprimentos. O processo completo de atendimento, ilustrado na parte de cima da figura, pode ser desmembrado em processos de componentes que lidam com o suporte aos fluxos de demanda, suprimento e caixa. Embora a duração total do processo de atendimento seja fundamental para o fluxo de caixa, ela raramente é medida diretamente. Na verdade, a principal preocupação é com o **lead time de atendimento**, que é a soma das duas primeiras fases. A terceira fase normalmente é controlada pelo departamento de contabilidade, onde é medida indiretamente pelo vencimento de contas a receber. Os lead times de atendimento variam consideravelmente de setor para setor, mas o lead time normal de um pedido que não tenha sido previamente programado fica no intervalo entre duas e três semanas. Desse tempo, vários dias podem ser gastos no processamento do pedido, mais alguns na montagem do pedido e o restante dedicado ao transporte.

O lead time é uma medida-chave no atendimento

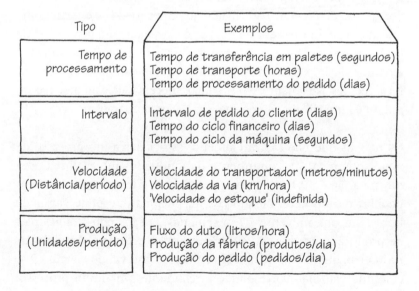

Figura 9.1
Medindo o tempo

Figura 9.2
Tempos de atendimento

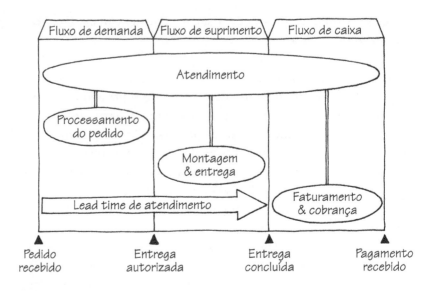

Os lead times de reabastecimento englobam mais etapas

A Figura 9.3 ilustra o desmembramento do processo de reabastecimento nas mesmas três fases. Nesse processo, a principal preocupação é com o **lead time de reabastecimento**, medido a partir do momento em que uma solicitação de pedidos é enviada para compras até o momento em que os produtos são disponibilizados para uso. Inevitavelmente, esse tempo inclui o lead time de atendimento do fornecedor, que, para o cliente, nada mais é que um período de espera. Como o lead time do fornecedor é uma parte extremamente perceptível do lead time de atendimento, as empresas em geral equacionam ambos e tentam reduzir os lead times, exigindo atendimento mais ágil de seus fornecedores. No entanto, é raro que os processos de compra e recebimento de um cliente não possam ser acelerados também.

Os intervalos são tão importantes quanto os tempos de processamento

Os tempos que não são diretamente associados a um processo de negócios único são comumente denominados intervalos. Como mostra a Figura 9.1, um desses intervalos é o tempo gasto entre os pedidos de um determinado cliente, medida que pode variar de horas, em um ambiente JIT, a semanas, em métodos tradicionais de produção. Outro intervalo importante é o **tempo do ciclo financeiro**, quase sempre medido em dias. Observando a Figura 9.4, esse intervalo não corresponde diretamente a nenhum processo. Na verdade, tem início quando as matérias-primas são pagas, o que ocorre posteriormente no processo de reabastecimento e termina quando o pagamento pelos produtos acabados é recebido, próximo à conclusão do processo de atendimento.

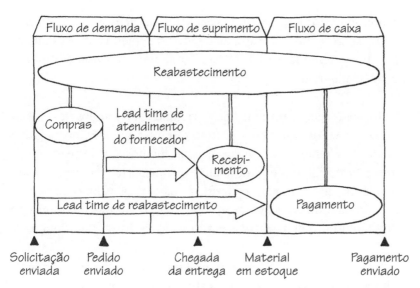

Figura 9.3
Tempos de reabastecimento

Tradicionalmente, os tempos de ciclo financeiro não receberam a mesma atenção nas cadeias de suprimentos como outras medidas mais visíveis baseadas no tempo, como os lead times. Entretanto, hoje as empresas reconhecem o caixa como um ativo crucial na cadeia de suprimentos que precisa ser recuperado e reaplicado o mais rápido possível. Por isso, essa medida tem sido usada com cada vez mais freqüência. Os tempos de ciclo financeiro costumam variar de 70 a 90 dias, mas as empresas eficientes registram números abaixo de 60 dias e as melhores os mantêm abaixo de 30. Recordando o Capítulo 1, a Dell conseguiu fazer com que seu tempo de ciclo financeiro atingisse o intervalo negativo, recebendo o pagamento de seus clientes antes mesmo de pagar seus fornecedores.

O tempo do ciclo financeiro é uma medida importante

O terceiro exemplo de intervalo mostrado na Figura 9.1, o tempo do ciclo da máquina, nos faz questionar quanto a medida comum de tempo do ciclo se encaixa nessa estrutura. Originalmente, o **tempo do ciclo** se referia ao intervalo entre as repetições de um processo periódico, que não necessariamente equivale à duração desse processo. Por exemplo, uma linha de produção com um tempo de ciclo de 30 segundos fabricaria dois produtos por minuto, mas o tempo necessário para montar qualquer produto — o tempo gasto para que os materiais percorram a linha de ponta a ponta — poderia ser de 20 minutos. A utilização contemporânea confunde essas duas medidas, aplicando o termo *tempo do ciclo* para a duração dos processos e também para o intervalo de repetição. Devido a essa

Há ambigüidade na definição dos tempos dos ciclos

confusão, é aconselhável tomar cuidado ao deparar com o termo *tempo do ciclo* para ter certeza de que se está entendendo exatamente o que está sendo medido. Neste livro, optei por evitar a confusão não usando o termo.

Velocidade é uma medida de tempo alternativa

Outra abordagem para a medida dos tempos é invertê-los e expressá-los como **velocidade**, que é uma distância dividida por alguma unidade de tempo. Nas cadeias de suprimentos, a velocidade é utilizada principalmente para avaliar o transporte, refletindo o desempenho em si ou as características da via. Os valores de velocidade variam do ritmo vagaroso dos transportadores marítimos ao fluxo indistinto de partículas em tubulações de ar comprimido.

A velocidade não é uma medida separada

A rapidez com que um corpo se desloca é denominada velocidade. Ultimamente a **velocidade do estoque** se tornou o termo favorito para descrever a velocidade com que um material flui por uma cadeia de suprimentos, e a preocupação atual está na descoberta de formas de aumentar essa velocidade. É uma meta excelente (Capítulo 15), mas a velocidade do estoque nos serve mais como metáfora do que como medida. As pessoas que mencionam o termo velocidade do estoque — particularmente Michael Dell — na verdade não estão descrevendo a velocidade com que o estoque é movimentado. Estão de fato se referindo à quantidade de tempo necessária para transformar matérias-primas em produtos acabados. Se você procurar medidas reais de velocidade do estoque, terminará de mãos abanando; só encontrará relatórios de medidas tradicionais como rotatividade do estoque ou dias de estoque disponível, como veremos mais adiante neste capítulo.

A produção reflete a velocidade das operações

O último tipo de medida demonstrado na Figura 9.1 é a produção, definida como unidades de trabalho divididas por alguma unidade de tempo. Esse tipo de medida no fundo é uma variação da velocidade, mas se refere à rapidez com que um trabalho é realizado e não à rapidez com que o material se movimenta. Para as cadeias de suprimentos, a produção é normalmente muito mais interessante que a velocidade. Como exemplos de medida de produção, podemos citar produtos fabricados por semana, pedidos processados por dia, quantidade de galões produzida por hora e número de itens separados por minuto.

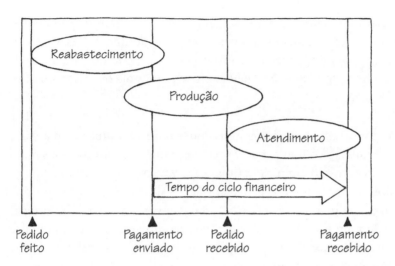

Figura 9.4
Tempos de ciclo financeiro

Assim como todas as medidas, as de tempo podem refletir uma ocorrência específica de um processo ou intervalo — como o tempo de entrega de um pedido importante — ou resumir várias ocorrências, como o tempo necessário para entregar todos os pedidos recebidos em uma determinada instalação durante o mês anterior. Quando as medidas são agregadas, elas quase sempre são expressas como um número único — às vezes um total, mas normalmente um valor intermediário como a média. Essa prática é perigosa porque ao reduzir um grupo de medidas a um número único você pode mascarar a variabilidade inserida nessas medidas — e não esqueçamos que enfrentar a variabilidade é um dos desafios mais complicados no gerenciamento da cadeia de suprimentos.

As medidas de tempo costumam ser agregadas

A Figura 9.5 ilustra esse tópico mostrando a distribuição dos lead times de atendimento de dois fornecedores. O fornecedor A precisa de uma média de 17 dias para atender seus pedidos, ao passo que o fornecedor B necessita de 19 dias em média. Tomando como base esses valores médios, notamos claramente que o fornecedor A apresenta o melhor desempenho. Mas as medidas reais por trás dessas médias mostram outra versão da história: os tempos de entrega de A variam muito mais que os de B, com lead times curtos de nove dias e longos de 25 dias. Entregas antecipadas fazem com que você mantenha estoques por mais tempo que o necessário e as entregas atrasadas exigem que você aumente os níveis de estoque para evitar escassez, ou seja, qualquer desvio em

A variabilidade no tempo de processamento é importante

relação à data de entrega solicitada significa manutenção de mais estoque. Dependendo dos custos de manutenção, talvez você conclua que a estabilidade do fornecedor B proporcione uma escolha melhor, ainda que, em média, ele seja um pouco mais lento que o fornecedor A.

A variabilidade soma-se aos tempos médios

É importante também compreender o que acontece com a variabilidade ao combinarmos processos para compor processos maiores, como mostram as figuras 9.2 e 9.3. As variações nos tempos dos componentes se cancelam entre si, tornando o tempo total uma medida mais estável? Ou eles se somam, tornando o resultado menos estável? Se os tempos dos processos de componentes forem razoavelmente independentes entre si, a variabilidade na distribuição do tempo total é a soma da variabilidade em todos os tempos de componentes. Com efeito, toda a variabilidade que é captada ao longo do caminho é acumulada na distribuição do tempo total. A mensagem dos negócios é: se sua intenção é minimizar a variabilidade em sua cadeia de suprimentos, você precisa minimizá-la em cada processo em toda a trajetória.

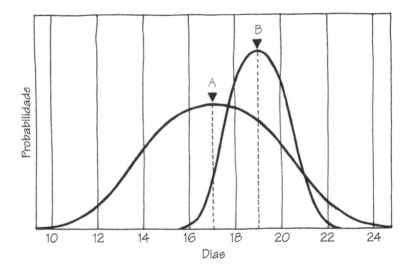

Figura 9.5
Dois lead times de distribuição

Medindo o Custo

A segunda maior categoria de medidas está relacionada aos custos, que se apresentam nos mais variados tipos. Comparada com a simplicidade da medida de tempo, a medida de custo é consideravelmente mais difícil, e problemas complexos podem surgir ao tentarmos misturar ou combinar tipos de custos diferentes. A Figura 9.6 mostra exemplos de cinco diferentes tipos, mas o objetivo é apenas ilustrar algumas formas em que os custos podem surgir. Certamente haverá outros tipos de custos que você precisará levar em consideração; além disso, os custos mostrados na figura podem ocorrer simultaneamente. Por exemplo, a maioria dos custos periódicos é também de custos indiretos, e a despesa de correção de um erro pode incluir custos de qualquer outro tipo citado na lista.

Existem vários tipos de custos

Os custos diretos, o primeiro tipo, são aqueles atribuídos diretamente à fabricação de produtos acabados. Como mostra a Figura 9.7, essa categoria inclui o custo de matérias-primas junto com o custo dos processos necessários para a aquisição desses materiais, sua transformação em produtos acabados e a respectiva entrega aos clientes. É difícil medir os custos diretos com precisão porque poucos sistemas contábeis oferecem as informações necessárias, mas a maior parte das empresas de manufatura mantém um controle razoável de seus custos diretos.

Os custos diretos vão diretamente para os produtos

Tipo	Exemplos
Custo direto	Custo de materiais Custo de mão-de-obra
Custo indireto	Custo da instalação Custo de oportunidade
Custo de erro	Processamento de devoluções Conserto e substituição
Custo periódico (custo/período)	Juros e aluguel ($/mês) Gerenciamento de instalações ($/ano)
Custo adicional (custo/unidade de trabalho)	Custo de transporte ($/km) Custo de capacidade de armazenagem ($/metros quadrados)

Figura 9.6
Medindo o custo

Figura 9.7
Custos diretos

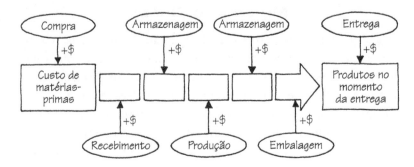

Custos indiretos pagam sistemas de suporte

Os custos indiretos, o segundo tipo, são aqueles necessários para gerenciar sua empresa, mas que não podem ser diretamente atribuídos ao desenvolvimento de determinado produto. Como vemos na Figura 9.8, eles englobam os custos de compra e manutenção de equipamentos utilizados na fabricação dos produtos, os custos de construção e operação de instalações que abrigam esses equipamentos e os custos de gerenciamento de todas as áreas de suporte fundamentais numa empresa de manufatura. Os custos indiretos são relativamente fáceis de medir, pois normalmente correspondem às grandes categorias do sistema contábil. O desafio está em tentar descobrir como alocar esses custos aos produtos acabados. Se seu objetivo é ganhar dinheiro com a venda de seus produtos, o preço de venda precisa não só recuperar os custos diretos como repor uma porção considerável dos custos indiretos.

Figura 9.8
Custos indiretos

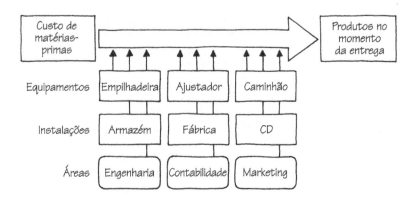

A abordagem mais sistemática de distribuição de custos indiretos é o **custeio baseado em atividades** (*activity-based costing* — ABC). Nesse sistema, os custos indiretos são distribuídos entre os produtos de acordo com as atividades e recursos de que necessitam. Em outras palavras mais familiares aos termos que adoto neste livro, a idéia é que no fundo todos os custos são devidos à utilização de recursos pelos processos. Se você conseguir rastrear no sentido contrário todos os recursos exigidos por um processo de produção, logo conseguirá determinar seu custo real. Os recursos que são totalmente consumidos por um processo aparecem como custos diretos, e o processo absorve seus custos plenamente. Os recursos que são exigidos pelo processo, mas que não são por ele consumidos aparecem como custos indiretos, e um proporcional desses custos indiretos é cobrado ao processo. Na Figura 9.9, um processo de impressão consome tinta, papel e mão-de-obra, então esse processo paga esses recursos completamente. O processo requer a impressora, mas não a consome, então o processo apenas acumula um custo proporcional ao tempo em que monopoliza a impressora. Da mesma forma, o processo de impressão utiliza uma gráfica e solicita que o escritório gerencie a papelada, ou seja, esses recursos também repassam uma parte de seu custo total.

O custeio baseado em atividades distribui os custos indiretos

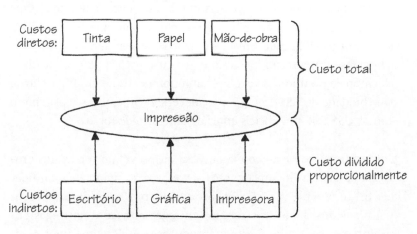

Figura 9.9
Custeio de um processo de impressão

Os custos indiretos são transformados em custos diretos

Na realidade, o custeio baseado em atividades tenta transformar os custos indiretos em custos diretos. Essa tarefa se torna cada vez mais problemática à medida que os recursos se tornam mais indiretos. O cálculo da contribuição do custo de equipamentos pode ser difícil, mas a distribuição dos custos de instalações é ainda mais complicada, e descobrir como distribuir as despesas indiretas de funções administrativas pode significar um exercício de extrema criatividade. Apesar desses obstáculos, o custeio baseado em atividades já comprovou sua utilidade na avaliação da lucratividade de linhas de produtos individuais e normalmente resulta em insights surpreendentes. Uma parte tão considerável do custo do produto é camuflada nos custos indiretos e, sem os tipos de análises pressupostas pelo custeio baseado em atividades, fica difícil saber quais produtos realmente estão gerando lucros.

Os custos de oportunidade surgem da mobilização de capital

Um tipo particularmente importante de custo indireto é o custo de oportunidade, que é a perda de receita que poderia ter sido obtida pela utilização alternativa dos fundos investidos em um processo. Se você investe US$ 200 mil na execução da produção e não recupera esse investimento em até seis meses, perdeu a oportunidade de utilizar esse dinheiro em alguma outra área de sua empresa. O custo de oportunidade é logicamente equivalente ao pagamento de juros sobre o valor mobilizado no processo, mas utiliza um índice mais alto porque o custo de oportunidade se baseia no retorno que poderia ser obtido do melhor uso do capital em suas operações, e as empresas costumam definir esse número no intervalo entre 10% a 15%. A essas taxas, a execução da produção do exemplo anterior incorreria em um custo de oportunidade de US$ 15 mil e você deveria recuperar esse custo junto com os US$ 200 mil iniciais antes da obtenção de lucro.

Os custos de erros se originam de falhas no processo

Um terceiro tipo de custo é a despesa atribuível aos erros nos processos da cadeia de suprimentos. Esses erros englobam quantidades erradas, substituição de produtos com problemas, preços malcalculados, falta de estoques, entregas atrasadas, entregas encaminhadas para o local errado, produtos com defeito e itens desaparecidos, apenas para citar alguns exemplos. O custo de erro mais óbvio é a despesa de execução de processos corretivos, como o gerenciamento de devoluções, o envio de substituições, o conserto de defeitos e o controle de liquidações financeiras. Como esses processos costumam ser *ad hoc* e demorados, são geralmente mais caros que o processo original, fazendo com que o custo total da transação mais que dobre. Os custos de erros menos óbvios se referem a conseqüências a longo prazo, como a perda de vendas futuras de clientes que mudam de fornecedores devido às falhas no processo, sem contar o risco de destruição da reputação da empresa no caso de essas falhas se tornarem freqüentes. Esses tipos de custos são, é claro, muito mais difíceis de computar.

Assim como todas as medidas, a de custos pode ser expressa como um número simples ou uma razão de algum outro número, geralmente uma medida de tempo ou trabalho. Como vimos na Figura 9.6, as medidas de custo baseadas no tempo incluem os custos periódicos como juro anual e aluguel mensal, ao passo que os custos baseados em trabalho compreendem medidas como custo de transporte por quilômetro, custo por pedido processado e custo por metro quadrado de espaço. A vantagem de expressar os custos em termos absolutos é que todos possuem as mesmas unidades e podem ser adicionados ou subtraídos, como o são nas declarações financeiras. Os custos relativos, por outro lado, são mais úteis para a comparação do desempenho do mesmo processo entre as áreas ou períodos de tempo dentro da mesma área, porque levam em conta a influência de volumes. Algumas razões comuns de custos utilizadas em cadeias de suprimentos são os custos de venda como porcentagem das vendas, o custo de transporte por quilômetro e o custo de armazenagem por metro quadrado.

As razões captam os custos relativos

Medindo a Eficiência

Os custos, embora fundamentais no desempenho da cadeia de suprimentos, não são capazes de captar um importante aspecto das cadeias de suprimentos: a eficiência com que a cadeia utiliza seus recursos. Se instalações, veículos, equipamentos e outros ativos não são usados em sua capacidade total ou quase total, seus custos indiretos devem ser distribuídos entre poucos produtos, elevando seu custo unitário. De forma semelhante, os suprimentos devem ser consumidos o quanto antes, visando a minimizar os custos de manutenção, que são um componente fundamental do custo direto nas cadeias de suprimentos. O objetivo da terceira categoria de medidas é avaliar a eficiência com que a cadeia utiliza seus ativos (Figura 9.10).

A eficiência reflete a utilização de recursos

Figura 9.10
Medindo a eficiência

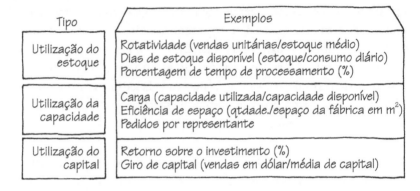

O estoque geralmente é medido por giros

Dos vários ativos necessários em uma cadeia de suprimentos, o estoque geralmente recebe maior atenção, pois impõe um pesado ônus financeiro. Diversas medidas são usadas para monitorar os níveis de estoque, incluindo contagens atuais e médias, mas a medida mais utilizada é o **índice de rotatividade de estoque**, também conhecido como **giros de estoque**. O índice de rotatividade de um produto é a venda anual desse produto dividida pela quantidade média disponível. Por exemplo, um produto cujas vendas anuais somam 60 unidades com um estoque médio de dez unidades possui um índice de rotatividade de 60/10 = 6. Há diferenças gritantes entre os giros de estoque de cada setor do mercado, mas o índice de rotatividade de 6 é bastante comum. Dentro de cada setor, os giros podem variar entre quatro e cinco vezes; então, se 6 é a média, seria comum vermos algumas empresas girando seus estoques apenas duas ou três vezes num ano, enquanto outras o fariam dez ou 12 vezes no mesmo período.

Dias de estoque disponível é uma medida equivalente

Embora o índice de rotatividade seja a medida mais comum na produção convencional, as empresas que adotaram a produção JIT acham que é uma medida que se torna difícil de controlar. Por exemplo, a Lear Corporation, fabricante de componentes para a indústria automobilística nos Estados Unidos, gira seu estoque de recebimento de 120 a 214 vezes por ano. Quando o número de giros é assim alto, é mais fácil e exato medir o estoque em termos de **dias de estoque disponível**, que é o número de dias que o estoque duraria considerando o consumo normal. No caso da Lear, a empresa opera com um ou dois dias de estoque disponível. Embora as duas medidas forneçam as mesmas informações, a medida de dias de estoque disponível as disponibiliza de uma maneira mais relevante para as empresas cujos estoques se movimentam tão rapidamente como os da Lear.

Se você reduz o volume de estoque que mantém disponível para um determinado produto, os itens individuais nesse estoque se movimentam pela cadeia com mais rapidez. É isso que significa aumentar a velocidade do estoque, que por sinal é uma idéia excelente, ainda que, como ressaltamos anteriormente, a velocidade não represente realmente uma outra medida. Uma estratégia interessante para quantificar a noção de velocidade é medir a quantidade de tempo que os produtos gastam para ser processados de alguma forma, incluindo transporte e transformação, e então dividir o resultado pelo tempo total que os produtos permanecem na cadeia. Essa razão indica a quantidade relativa de tempo em que o produto realmente se move ao longo da cadeia em vez de apenas permanecer estagnado ocupando espaço.

Tempo de processamento é uma medida reveladora

Inúmeros estudos indicam que, apesar das tentativas de acelerar o movimento de estoque, os produtos na 'pipeline' ainda passam estagnados a maior parte do tempo. Não é raro encontrar resultados de tempos de processamento no intervalo entre 10% a 20%. Um estudo do setor automobilístico realizado na Inglaterra revelou que as peças automotivas de aço passavam apenas cerca de 3% do tempo em processamento. Estudo similar do processo de montagem nas fábricas de automóveis apontou que, dos 40 dias necessários para fabricar um carro, apenas um dia e meio — menos que 4% do tempo total — é efetivamente gasto na montagem e na execução de testes no veículo.

Os produtos passam a maior parte do tempo aguardando

Para a maioria dos gerentes, esses números são surpreendentemente baixos. Em que se gasta todo esse tempo? Uma forma de responder a essa pergunta é colocando em um gráfico o tempo de processamento em relação ao calendário e procurar patamares. A Figura 9.11 ilustra essa técnica demonstrando o movimento de um produto por dois elos de uma cadeia de suprimentos. Como podemos ver, o produto gasta uma enorme porcentagem do tempo inerte em estoques de matérias-primas ou produtos acabados e o volume de tempo restante é gasto em trânsito. A maior parte do processamento ativo desse produto ocorre em dois picos de atividade.

Gráficos de tempo em processamento destacam o problema

de, na terceira e na nona semanas, enquanto o produto está realmente no chão da fábrica. Mas mesmo nesses períodos o produto passa a maior parte do tempo esperando, recebendo no máximo o equivalente a uma hora de atenção durante um dia. Um gráfico detalhado desses períodos revelaria uma versão em miniatura do padrão da Figura 9.11: veríamos o produto gastando a maior parte do seu tempo aguardando em filas ou sendo transferido entre uma estação de trabalho e outra, com relativamente pouco tempo em processamento.

A capacidade normalmente inclui uma reserva

O segundo tipo de medida de eficiência mostrado na Figura 9.10 se refere à utilização de capacidade fixa, como instalações e maquinário. A medida mais importante é a carga, que representa a porcentagem de capacidade em uso em qualquer momento. Como a capacidade indica um custo fixo, seria interessante manter a carga alta para poder amortizar esse custo para quantos produtos forem possíveis, reduzindo o custo unitário. Mas, se você deseja manter alguma flexibilidade para lidar com níveis inconstantes de demanda, não pode operar sua cadeia a 100% da capacidade, exceto por breves picos. A descoberta do ponto de equilíbrio correto — seja 80% ou 98% — depende em grande parte do grau de variabilidade que você precisa enfrentar em sua cadeia.

Figura 9.11
Gráfico de tempo em processamento

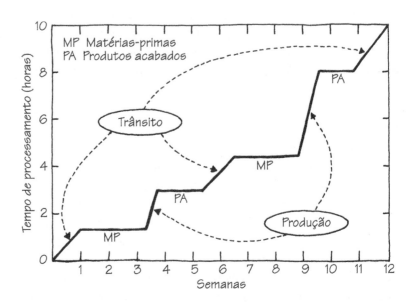

Outras medidas de utilização de capacidade são expressas como o trabalho realizado por uma unidade de capacidade — como a quantidade do produto fabricada por metro quadrado de espaço da fábrica ou o número de pedidos processados por representante de cliente. Assim como outras medidas, a representação do uso da capacidade em termos de razões é útil para as comparações entre as instalações ou entre o tempo em uma instalação. Ao contrário das medidas absolutas de capacidade, essas razões automaticamente se ajustam a quaisquer diferenças no volume de trabalho entre as instalações ou ao longo do tempo.

As razões são usadas para comparar a eficiência

O terceiro tipo de medida de eficiência exibido na Figura 9.10 está associado à utilização do capital, que é particularmente importante por se tratar do meio de aquisição de outros recursos. A medida mais comum de avaliação do uso eficiente do capital é o retorno sobre o investimento (*return on investment* — ROI), obtido pela divisão do lucro líquido pelo capital necessário para gerar esse lucro. Uma medida alternativa é a taxa de giro de capital, definida como as vendas anuais divididas pelo capital disponível. A taxa de giro é diretamente análoga aos giros de estoque e mede a eficiência com que a empresa movimenta o capital em seus negócios. Outra importante medida de acompanhamento do uso do capital é o tempo do ciclo financeiro descrito anteriormente neste capítulo.

Os giros de capital devem ser freqüentes

Medindo a Eficácia

Se por um lado a eficiência é fundamental para a lucratividade, tem pouca validade, a menos que seja acompanhada por outra qualidade: a eficácia. Ao contrário da eficiência, relacionada à utilização econômica dos recursos, a eficácia destaca o quanto um processo consegue alcançar seus objetivos. As duas qualidades são geralmente confundidas, mas a diferença entre ambas é clara: a eficiência mede sua capacidade de utilizar o que possui e a eficácia mede sua capacidade de obter o que deseja.

A eficácia mede o êxito do processo

A eficácia é uma preocupação em todos os processos envolvidos no reabastecimento, produção e atendimento, mas o extremo do atendimento nos negócios costuma receber mais atenção porque é o mais visível para os clientes. Francamente, não adianta você ser

O atendimento recebe maior atenção

ótimo em compras e produção se não consegue entregar os produtos aos clientes de maneira oportuna e confiável. Partindo dessa constatação, as mais importantes medidas de eficácia se referem aos níveis de serviço ao cliente (Figura 9.12).

O serviço ao cliente pode ser medido de várias formas

O serviço ao cliente pode ser medido de diversas maneiras. Antigamente, o nível de serviço ao cliente (*customer service level* — CSL) era quase sempre definido em termos de proximidade — a porcentagem de clientes a 600 quilômetros de um armazém, por exemplo —, supondo tacitamente que a manutenção de estoque próxima ao cliente era equivalente a bom serviço. Uma medida mais comum hoje é o índice de **entregas pontuais**, a porcentagem de pedidos que chegam à instalação do cliente dentro de determinado limite de tempo. Esse limite de tempo pode ser um período fixo, como a entrega para o dia seguinte, ou pode ser a data de promessa de entrega do pedido; a escolha depende do que é necessário para satisfazer o cliente. Os índices de atendimento do produto ou do pedido, descritos no Capítulo 8, também são medidas comuns de CSL. Nesse caso, a escolha entre ambas depende de o cliente desejar receber remessas completas ou aceitar remessas parciais. As melhores empresas do mercado geralmente mantêm os índices de entregas pontuais e os índices de atendimento do produto na invejável casa dos 90%. Para empresas medianas a inferiores, esses números chegam a cair ao intervalo entre 70% a 80%.

Figura 9.12
Medindo a eficácia

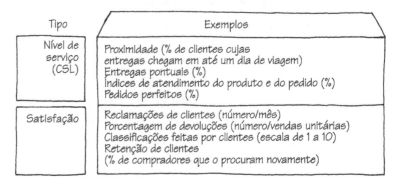

Apesar de sua definição, a métrica CSL pode ser aplicada de duas formas: às vezes como medida e outras como limite. Algumas empresas simplesmente medem seu CSL e o utilizam para monitorar seu desempenho com relação a produtos, regiões e tempo. Outras determinam um CSL-alvo e utilizam essa meta como um limite na cadeia de suprimentos, melhorando a cadeia até que o nível definido seja alcançado. Por exemplo, é possível determinar uma meta de CSL com 97% de seus pedidos entregues completos na data prometida e depois trabalhar em sua cadeia até alcançar essa meta. É claro que qualquer medida pode ser usada como meta e resultado, mas essa aplicação dupla é especificamente comum no caso do CSL, porque exerce uma função central no desempenho da cadeia de suprimentos. Antes de interpretar um número de CSL de um concorrente, entenda não só como ele definiu a medida, mas também se o valor divulgado é um resultado ou uma meta.

O CSL pode ser uma medida ou um limite

Manter bons índices de atendimento e de entrega de pedidos pontuais é uma conquista crucial para um bom serviço ao cliente, mas é possível atingir os níveis-alvo para essas métricas e ainda assim enfrentar problemas de atendimento: entrega de itens que não foram solicitados, produtos rotulados ou embalados incorretamente, pedidos com preços errados, ausência de documentação de suporte, produtos danificados no caminho ou pedidos inteiros chegando exatamente na hora prevista em condições perfeitas mas no destino errado. Para ajudar a controlar esses tipos de falha, muitas empresas passaram a adotar a medida de **pedido perfeito** como padrão de serviço ao cliente. Essa métrica grava a porcentagem de pedidos que são entregues em remessas completas, chegam pontualmente, contêm os produtos certos, não têm defeitos e estão com a documentação organizada. A medida de pedido perfeito é um padrão exigente, mas é a medida mais indicada para as empresas que almejam a excelência nos serviços.

O padrão de serviço continua a subir

Outra forma de medir a eficácia é pela medida da satisfação do cliente, que pode ser monitorada passiva ou ativamente. As medidas passivas consistem principalmente em enumerar reclamações, devoluções, solicitações de conserto e outros indícios de que houve problemas. As medidas ativas solicitam feedback dos clientes que podem permanecer em silêncio. As medidas passivas são as mais comuns, mas as ativas são as mais eficazes. Não requer muito tra-

A satisfação do cliente é a medida fundamental

balho: solicitar que seus clientes classifiquem seu serviço numa escala de 1 a 10 ou até marcar com um 'X' um formulário no momento da entrega perguntando 'você ficou satisfeito com seu pedido?' pode servir como ótima base para acompanhar a satisfação exigindo o mínimo de esforço por parte dos clientes. Quando mais medidas informativas são necessárias, os meios mais apropriados de avaliação são pesquisas e entrevistas com os clientes. A Caterpillar, famosa pelos serviços prestados aos clientes, distribui cerca de 90 mil pesquisas por ano — e dedica máxima atenção aos resultados.

A retenção do cliente é a medida definitiva

A medida definitiva da eficácia, obviamente, é a retenção do cliente. Se você possui uma crescente base de clientes leais que compram seus produtos em quantidades cada vez maiores, certamente está acertando em alguma coisa. Se diversos clientes experimentam seus produtos e nunca mais retornam ou se você começa a observar mais rotatividade em sua base de clientes, é hora de contatar seus antigos clientes e solicitar que digam sinceramente o que os fez procurar outra empresa para fechar negócio. Não é uma atitude fácil, e muitos gerentes nem sequer se aproximam do telefone. Mas essa informação é absolutamente vital para a melhoria de sua cadeia de suprimentos, e somente o fato de oferecer ao cliente a oportunidade de opinar pode ser suficiente para convencê-lo a voltar a negociar com você.

Com tantas formas diferentes de avaliar sua cadeia de suprimentos, como saber qual é o melhor conjunto de medidas a ser adotado? Há apenas uma boa resposta para essa dúvida. As medidas são inúteis se não forem capazes de ajudá-lo a alcançar seus objetivos específicos. Portanto, a melhor forma de escolher as medidas é ter seus objetivos como base. Mas a discussão sobre os objetivos não faz parte das operações, e sim do campo do planejamento, que é o tema da Parte IV. Após analisarmos os aspectos de planejamento de demanda e suprimento nos capítulos 10 e 11, retomarei a questão do desempenho no Capítulo 12 e explicarei como utilizar os objetivos para unificar planejamento, operações e avaliação em um programa consistente de melhoria do desempenho da cadeia de suprimentos.

Exercícios

1) Qual a importância de medir o desempenho de uma CS? Como medi-lo?

2) Ao medir a performance de tempo através do lead time, obteve-se uma redução de 15 para dez dias. Comente o impacto dessa redução para a empresa.

3) Como melhorar a disponibilidade de caixa na CS?

4) Considerando somente os dados a seguir, justifique a escolha de um dos fornecedores.

Fornecedor	Lead time	Variação do lead time
A	20 dias	± 10 dias
B	25 dias	± 5 dias

5) Os custos incorridos em CS ou na própria empresa podem apresentar diferentes fontes e sua avaliação como medida de desempenho auxilia a gerência. Exemplifique algumas fontes de cada tipo de custo e sugira alternativas de melhoria.

6) Que vantagens o sistema de custos baseado em atividades pode trazer como medida de desempenho na CS?

7) Analise os motivos que poderão ocasionar as discrepâncias nos custos abaixo relacionados:

Custo anual de expedição no CD	Custos calculados pelo sistema tradicional	Custos calculados pelo sistema ABC
Cliente A	R$ 100 mil	R$ 98 mil
Cliente B	R$ 50 mil	R$ 110 mil
Cliente C	R$ 250 mil	R$ 150 mil

8) A empresa apresentou um estoque médio de cem mil unidades ao longo do ano para um item de estoque, cujo consumo anual foi de 400 mil unidades. Quais índices podem avaliar o desempenho desse item nos estoques?

9) Compare e mostre a relevância para a empresa das medidas de giro de estoques e giro de capitais.

10) Estabeleça a diferença entre eficiência e eficácia de uma CS e como podem ser medidos seus respectivos desempenhos na CS.

PARTE IV

Planejamento

PARTE I: Desafios	1	A Nova Concorrência	2	As Regras do Jogo	3	Vencendo como um Time
PARTE II: Soluções	4	Cadeias de Suprimentos como Sistemas	5	Modelando a Cadeia de Suprimentos	6	Softwares de Cadeia de Suprimentos

		Demanda		Suprimento		Desempenho
PARTE III: Operações	7	Atendendo à Demanda	8	Mantendo o Suprimento	9	Avaliando o Desempenho
PARTE IV: Planejamento	10	**Prevendo a Demanda**	11	**Programando o Suprimento**	12	**Melhorando o Desempenho**
PARTE V: Projeto	13	Controlando a Demanda	14	Projetando a Cadeia	15	Maximizando o Desempenho

10

Prevendo a Demanda

O gerenciamento da cadeia de suprimentos exige o planejamento da fabricação e da movimentação de produtos com muitos meses de antecedência. Esse processo por si só é complicado (Capítulo 11), mas o problema mais complexo está ligado ao fato de ser impossível saber de antemão quantos produtos seus clientes comprarão, o que faz todos os seus planos se basearem num exercício de futurologia. Portanto, a primeira etapa no planejamento de uma cadeia de suprimentos é utilizar as técnicas de previsão de demanda para fazer com que seus palpites estejam o mais próximo possível da realidade. No caso de produtos estáveis com um longo histórico de vendas, você pode aplicar modelos-padrão que identificam tendências e as projetam para o futuro, como descreve a primeira seção deste capítulo. É possível também agrupar produtos similares visando aprimorar a exatidão de suas previsões, lançando mão das técnicas descritas na segunda seção. Mas se sua intenção é prever as vendas de um novo produto sem histórico de vendas você precisará de um conjunto diferente de técnicas, como veremos na terceira seção. Independentemente da forma como você chega a suas previsões, a melhor maneira de aperfeiçoá-las é trabalhando com seus parceiros comerciais para desenvolver previsões integradas abrangendo todos os elos da cadeia. Esse é o tópico de que trata a última seção deste capítulo.

Projetando Tendências

Para produtos cujo histórico de vendas é conhecido, o melhor guia para as vendas futuras é o desempenho prévio. Com as técnicas de **análises de séries temporais**, é possível aplicar fórmulas-padrão para analisar um histórico de vendas, extrair informações de pa-

Os modelos estatísticos projetam as vendas futuras

drões recorrentes e utilizar esses padrões para projetar as vendas futuras. Para entender como isso funciona, observe o painel de cima na Figura 10.1, que demonstra os números representando as vendas mensais de determinado produto ao longo dos últimos três anos. Certamente existem padrões nesse exemplo: vemos um incremento geral nas vendas de um ano para outro, mas ao longo de cada ano as vendas parecem permanecer relativamente estáveis e a variabilidade de um mês para outro, aparentemente, era quase constante nesses anos. A análise de séries temporais desses dados demonstrada no painel inferior confirma essas impressões e indica que a demanda na verdade varia de forma sistemática ao longo de um ano, registrando aumento nas vendas no segundo trimestre. A análise também realiza uma nítida previsão das vendas esperadas em cada mês do ano posterior.

Existem quatro componentes da demanda

O grau de simplicidade ou sofisticação das técnicas de séries temporais fica a seu critério. Para produtos com curva de vendas estável, sua previsão equivale exatamente às vendas do mês anterior. Para produtos que mostram uma tendência simples ao longo do tempo, talvez seja suficiente utilizar a **média móvel** para prever as vendas do próximo mês. Mas, se o histórico do produto revela um padrão mais complexo como o da Figura 10.1 ou se você deseja prever as vendas para além do próximo mês, então será necessário utilizar o modelo completo. Esse modelo analisa o histórico de vendas por meio de quatro componentes-chave, como mostra a Figura 10.2.

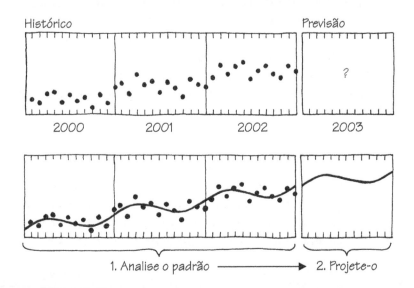

Figura 10.1
Análise de séries temporais

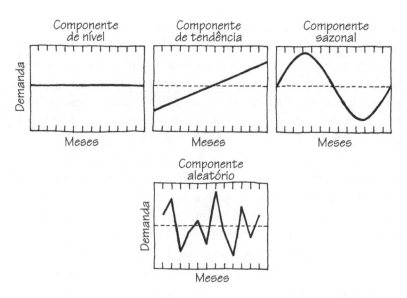

Figura 10.2
Componentes da demanda

1. O **componente de nível** é um valor único que representa a média das vendas. Todos os outros componentes são variações em torno desse nível.
2. O **componente de tendência** é uma linha reta que reflete a tendência geral de aumento ou redução das vendas.
3. O **componente sazonal** é uma curva que capta a subida e a queda das vendas ao longo de cada ano.
4. O **componente aleatório** representa qualquer outra variação na demanda, independentemente de sua causa, e não possui nenhum padrão sistemático ao longo do tempo.

Os três primeiros componentes são denominados **componentes sistemáticos** da demanda, pois seu comportamento é constante ao longo do tempo e pode ser previsto. Cada um desses componentes é representado por um parâmetro no modelo de séries temporais. Ao executar uma análise de série temporal, o modelo primeiramente calcula esses parâmetros adaptando-os para que se ajustem aos dados históricos de vendas ao máximo possível, e em seguida utiliza esses cálculos para projetar as vendas futuras.

A previsão oferece o prognóstico dos componentes sistemáticos

Por definição, não é possível prever o componente aleatório, mas o modelo de fato calcula a amplitude daquele componente, além de projetá-la para o futuro, permitindo que você antecipe o intervalo de demanda com o qual possivelmente irá deparar. A maioria das ferramentas de previsão ilustra esse intervalo visualmente traçan-

Intervalos de confiança exibem a variação esperada

do **intervalos de confiança** no gráfico de previsões, como vemos na Figura 10.3. Nesse exemplo, a probabilidade de a demanda real estar localizada dentro do intervalo definido por duas barras é de 90%, restando apenas uma probabilidade de 10% de ficar acima da barra superior ou abaixo da barra inferior. Portanto, é possível confiar na informação de que a demanda real ficará dentro do intervalo demonstrado.

A previsão abrange um intervalo limitado

O período mais longo para o qual é viável gerar uma previsão é denominado **horizonte de previsão**. Devido ao modo como o modelo de séries temporais funciona, você pode definir o horizonte de previsão no futuro mais distante que desejar. Entretanto, a exatidão da precisão é consideravelmente comprometida quanto mais longo for esse horizonte, como mostra a Figura 10.3. A demanda esperada para o próximo mês é de 130 unidades e provavelmente ficará entre 120 e 140 unidades. Contrastando com essa informação, o intervalo de confiança nesse intervalo varia de 75 a 230 unidades, um intervalo de mais de 3:1. Na prática, não faz muito sentido estabelecer um horizonte de previsão que ultrapasse os próximos 12 a 18 meses.

Figura 10.3
Previsão com intervalos de confiança

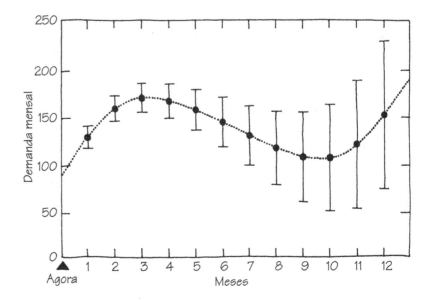

É possível aumentar significativamente a exatidão de suas previsões atualizando-as com freqüência com base nas vendas atuais, técnica conhecida como **previsão dinâmica**. No passado, quando as previsões eram feitas com caneta e papel, a prática mais comum era a **previsão estática**, em que a previsão era calculada e o resultado era aplicado a todo o horizonte de previsão. Hoje, com a completa automatização dos cálculos de previsões, a maioria das empresas utiliza a previsão dinâmica. Para entender a vantagem dessa estratégia, imagine a previsão da Figura 10.3 se deslocando para a esquerda a cada mês, com o intervalo de confiança de cada mês encolhendo consideravelmente à medida que o mês se aproxima.

A previsão dinâmica atualiza valores constantemente

A vantagem comercial da previsão está no fato de que ela elimina a variabilidade previsível de seu fluxo de demanda futura, permitindo que você efetue o planejamento da produção de maneira muito mais rigorosa. Para visualizar essa vantagem na prática, imagine duas empresas tentando prever o mesmo fluxo de demanda ao longo do próximo ano (Figura 10.4). A demanda revela uma grande porção de variabilidade, como comprova a expansão de sua distribuição, mas a maior parte dessa variabilidade se deve ao padrão de aumento de vendas associado à sazonalidade, como exemplifica a Figura 10.3. A empresa A não utiliza a previsão, ou seja, precisará estar preparada para enfrentar uma série completa de possíveis níveis de demanda ao longo do ano inteiro. Essa é uma estratégia dispendiosa que exige elevação no estoque de segurança e na reserva de capacidade de produção. A empresa B utiliza a previsão para excluir os conhecidos focos de variabilidade, definindo limites estreitos em torno da demanda real com que irá lidar em qualquer mês. Isso permite que a empresa B opere com estoque de segurança baixíssimo e nenhuma capacidade de reserva, o que a coloca em ampla vantagem financeira em relação à empresa A.

A previsão confere vantagem competitiva

Agregação da Demanda

A seção anterior explica como realizar a previsão de um produto isolado, mas na prática é mais comum gerar previsões de produtos isolados apenas em situações específicas — por exemplo, nas tentativas de decidir sobre o lançamento de um produto ou a entrada em um novo mercado. Afora esses casos, o custo do cálculo de

As empresas raramente efetuam previsões de produtos isolados

previsões separadas para milhares de produtos diferentes seria proibitivo, e o procedimento-padrão é agrupar produtos semelhantes na hora de realizar as previsões. Essa técnica — denominada **agregação** — pode sugerir a degradação da qualidade das previsões, pois pode transmitir a idéia de que ignora as peculiaridades de cada produto. Mas a verdade é exatamente o oposto: as **previsões agregadas**, como são conhecidas, são de fato mais confiáveis porque se baseiam em amostras maiores do comportamento do cliente.

As previsões são aprimoradas com amostras maiores

Por que o tamanho da amostra é relevante? Todas as vezes em que utilizamos um pequeno número de amostras para estabelecer previsões sobre uma população maior ficamos sujeitos ao erro amostral — ou seja, a escolha de uma amostra que não representa a população como um todo. Uma das leis básicas da estatística afirma que a probabilidade de haver erro amostral diminui à medida que o tamanho da amostra aumenta. Citando um exemplo cotidiano, uma amostra de dez mil eleitores oferece uma previsão muito mais confiável para os resultados de uma eleição do que uma amostra composta de apenas dez eleitores. O mesmo raciocínio é válido para a previsão da demanda. Se você vender 200 mil produtos num ano a partir de um catálogo de dez mil SKUs, cada produto registrará apenas 20 vendas ao ano em média, e isso não é suficiente para fundamentar uma previsão confiável. Porém, se você agrupar esses SKUs em cem categorias, então cada categoria registrará duas mil vendas em média, o que constitui dados suficientes para calcular previsões mais realistas.

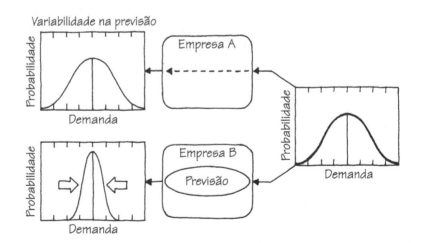

Figura 10.4 Eliminando a incerteza da variabilidade

Além da agregação da demanda com diversos produtos, as previsões também agregam a demanda agrupando tipos de cliente, regiões geográficas e outros dados. Ademais, o fato de que as previsões se baseiam no número de vendas dentro de cada período de previsão significa que os históricos de vendas são agregados automaticamente ao longo do tempo. Por esse prisma, a escolha do período de previsão ganha nova importância. Quando as previsões se baseiam em grandes quantidades de dados, é possível que sejam confiáveis, chegando ao nível de semanas ou até dias. As previsões com dados dispersos, por outro lado, devem adotar meses ou até trimestres como período de tempo. Existem fórmulas padronizadas para determinar o período mais adequado a ser usado com qualquer tamanho de amostra.

A agregação é essencial para a credibilidade

Uma das considerações mais importantes na hora de agregar os produtos em grupos é o nível geral de vendas. Há muito tempo já se percebe que na maioria das empresas poucos produtos são responsáveis pela maior parte das vendas. Esse fenômeno é conhecido informalmente como 'regra 80/20', que afirma que 80% das vendas advêm de 20% dos produtos. Uma técnica mais formal, denominada **análise de Pareto**, aplica três categorias com divisões de 80% de produtos A, 15% B e 5% C. Além de refletir a clássica regra 80/20, a análise de Pareto também expõe a observação de que metade dos produtos de uma empresa normalmente é responsável por 95% de suas vendas (Figura 10.5). Não há um motivo particular pelo qual as porcentagens resultem dessa forma, e as vendas de seus produtos podem certamente seguir uma curvatura diferente. Mas a análise de Pareto gera os resultados demonstrados pela Figura 10.5 com extraordinária regularidade em empresas pertencentes a muitos mercados diferentes, por isso não suponha que sua empresa seja uma exceção antes de executar a análise nas próprias vendas.

Utilize a análise de Pareto para ajudar a agrupar os produtos

Figura 10.5
Análise de Pareto
da demanda

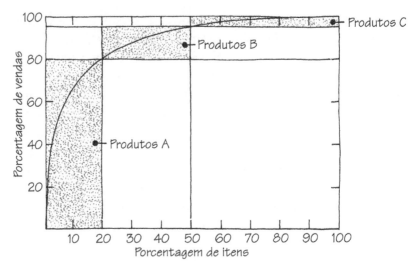

Calcule a previsão de produtos de alta movimentação separadamente

Sabendo que um pequeno número de produtos responde pela maior parte de seus lucros, é aconselhável envidar mais esforços na previsão de produtos da categoria A, seja prevendo-os individualmente, seja agregando-os em grupos pequenos com produtos A similares. A demanda desses produtos é fundamental para o sucesso de sua empresa, e a obtenção de dados suficientes no escopo do produto raramente significa um problema no caso desses itens, uma vez que os números de suas vendas são elevadíssimos. Por outro lado, é interessante agregar os 50% de produtos responsáveis por apenas 5% das vendas em grupos grandes com o intuito de refletir sua contribuição relativamente pequena para as vendas e sua equivalente baixa concentração de dados.

Combine produtos com padrões de vendas semelhantes

Ao combinar produtos para as previsões agregadas, tenha cuidado para não misturar produtos com padrões de vendas diferentes, conforme refletem seus componentes em séries temporais. Por exemplo, não agrupe produtos sazonais com produtos não sazonais, pois isso subestimaria os efeitos da estação sobre os produtos sazonais e geraria previsões com padrões sazonais para produtos que não os possuem. Da mesma forma, não se devem combinar produtos sazonais com períodos de pico de vendas distintos. O agrupamento de maiôs e casacos na mesma previsão agregada pode resultar em que ambos os produtos se revelem constantes, com vendas ao longo do ano inteiro, ignorando totalmente o fator sazonal.

Muitos fabricantes utilizam as técnicas de agrupamento, em que tipos semelhantes de produtos são fabricados com os mesmos componentes-chave e por meio das mesmas operações de produção. Muitas vezes, as diferenças entre produtos dentro de um grupo só são apresentadas na derradeira etapa do processo de produção, talvez na montagem final. Para essas empresas, o alinhamento de grupos de previsão com grupos de produção é bastante vantajoso, porque as previsões agregadas determinam automaticamente as necessidades de materiais de todos os componentes compartilhados. Como a diferenciação ocorre relativamente tarde, também pode ser possível postergar a compra dos componentes diferenciados para o momento exatamente anterior à conclusão da produção, quando as previsões dos tipos individuais de produtos são mais exatas. Essa técnica, conhecida como adiamento, é descrita no Capítulo 15.

Os grupos também devem basear-se na produção

A agregação dos clientes costuma ser feita por região ou tipo. A agregação da demanda por região apresenta a vantagem de que tende a agrupar clientes com a mesma sazonalidade, estilo e preferências, uma vez que essas variações costumam ser fortemente determinadas pelo fator regional. Além disso, proporciona a primazia no planejamento da distribuição, pois agrupa a demanda esperada de acordo com seu destino. A alternativa à utilização da região do cliente é a aplicação de segmentos de clientes definidos por características como volume de demanda, nível de serviço ao cliente exigido, freqüência de pedidos e outros hábitos de consumo. Essa também é outra boa oportunidade de aplicar a análise de Pareto, que geralmente revela que 80% do total de vendas se originam de apenas 20% da base de clientes e que metade da base de clientes é responsável por apenas 5% das vendas. Assim como no caso dos produtos, é aconselhável tentar prever suas vendas para clientes pertencentes ao grupo A individualmente e, a partir daí, é possível agrupar com segurança todos os clientes no grupo C sem sacrificar muito a exatidão.

Agrupe os clientes por região ou tipo

Uma preocupação que você deve ter com relação às previsões agregadas é que elas parecem descartar informações exclusivas dos produtos, as quais podem ser relevantes para você. Mas não se trata disso. Elas apenas requerem uma etapa a mais para retomar essas informações. Se você sabe que um produto comumente é responsável por 12% das vendas de um grupo na previsão agregada, en-

Utilize porcentagens para fazer previsões de itens

tão basta multiplicar essa previsão por 12% para obter a previsão do item. A Figura 10.6 ilustra esse processo para os três primeiros produtos de uma previsão agregada abrangendo quatro trimestres: à medida que o total de vendas sobe, as previsões dos produtos individuais também aumentam ao manterem seu percentual nas vendas. À primeira vista, pode parecer que esse processo tenta reconquistar um nível de exatidão que fora perdido na transição para uma previsão agregada. Mas não existem truques aqui. Se a agregação for feita adequadamente, as previsões de todos os itens compartilham o mesmo padrão de demanda quando estão em grupo, distinguindo-se apenas em seus níveis gerais. As porcentagens oferecem exatamente as informações corretas para obter esses níveis.

Analisando o Futuro

As análises de séries temporais não se adaptam a todos os produtos

As técnicas de análises de séries temporais descritas até o momento são poderosas, mas não são a solução para todos os problemas referentes à previsão. Novos produtos, que não possuem histórico de vendas, obviamente precisam de outro método. Se o produto se assemelha a produtos que já existem no mercado, talvez seja possível projetar suas vendas através da porcentagem de uma previsão agregada existente. Se não, podem ser necessárias técnicas alternativas para prever suas vendas. Da mesma maneira, talvez seja o caso de complementar a análise de séries temporais com outras técnicas para produtos sujeitos às modificações na conjuntura do mercado, tais como aumento nas expectativas dos clientes ou surgimento de novos concorrentes.

Figura 10.6
Desmembrando previsões de produtos

	Produto	Porcentagem	T1	T2	T3	T4
Agregada	Todos	100%	473	491	503	519
Desmembrada	001	17%	80	84	86	52
	002	10%	47	49	50	52
	003	8%	38	39	40	42
	...	...	...	...	...	...

Previsão trimestral

Nas situações em que as análises de séries temporais não são suficientes, as previsões exigem o uso do tradicional raciocínio de causa e efeito. Esse raciocínio revela números e pode envolver uma ou duas fórmulas, mas, ao contrário das análises em séries temporais, trata-se muito mais de arte que ciência, cujos métodos nem de longe são tão bem elaborados. Assim, as técnicas descritas nesta seção são conhecidas como **técnicas subjetivas** ou **arbitrárias**.

É comum as previsões precisarem de análises de causa e efeito

A abordagem geral das técnicas subjetivas é considerar todas as influências comerciais que podem afetar as vendas futuras, calcular seus efeitos individuais e finalmente combiná-los para definir uma previsão. A maior parte dessas influências são fatores externos, conforme descreve o Capítulo 4, pois se localizam fora do escopo de seu controle imediato. Como demonstra a Figura 10.7, os fatores externos abrangem a situação econômica, as características do mercado para o produto cujas vendas estão sendo previstas e as necessidades e desejos dos clientes que irão comprar o produto. Os fatores internos, como as próprias decisões sobre promoções e demarcações de preços, também contam.

As técnicas subjetivas analisam fatores externos

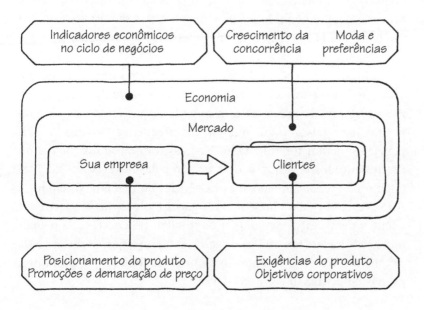

Figura 10.7
Visão geral dos fatores da previsão

Os fatores econômicos são incorporados imediatamente

O principal efeito dos fatores econômicos gerais é sua ação como multiplicador nas vendas: uma economia sólida e em expansão geralmente possibilita o aumento nas vendas, ao passo que uma economia deficiente reduz as vendas. Como o efeito da economia sobre as vendas é fácil de modelar, é relativamente simples incorporá-lo às previsões. O mais comum é que sejam feitos ajustes às previsões das vendas com base nos valores atuais de um ou mais indicadores econômicos.

Os fatores mercadológicos são mais difíceis de modelar

Os fatores mercadológicos são mais difíceis de incorporar porque sua interação se dá de formas complexas. Esses fatores incluem mudanças no tamanho do mercado, ações dos concorrentes e efeitos das modificações de preferências e modas. A melhor maneira de prever as mudanças no tamanho e a participação no mercado é aplicar técnicas de análises de tendência a partir da estatística e utilizar os resultados para ajustar as previsões de vendas. As ações dos concorrentes são praticamente impossíveis de prever, então o melhor que a empresa tem a fazer nesse sentido é executar uma série de cenários 'simulados' visando a determinar o quanto suas vendas são vulneráveis a tantas manobras da concorrência. Agora, prever os efeitos de preferências e modas quase sempre se resume a molhar a ponta do dedo indicador e estendê-lo ao vento.

Enfim é o cliente que orienta a demanda

O conjunto mais crítico de fatores externos mostrado na Figura 10.7 é o de exigências e objetivos dos clientes-alvo de um produto. Em categorias de produtos previamente estabelecidas, os clientes muitas vezes sabem o que querem e conseguem articular suas exigências se assim for solicitado. Nos casos de produtos novos ou recém-lançados, em que ocorre uma rápida inovação, os clientes podem não ter formulado suas exigências de maneira sistemática. Nesse caso, normalmente é melhor manter o foco nos objetivos dos clientes para descobrir quais produtos em potencial seriam mais aprazíveis a eles. Em ambos os casos, nada substitui a iniciativa de questionar o cliente valendo-se de uma combinação de pesquisas, grupos de discussão e entrevistas.

As ações da empresa influenciam diretamente a demanda

Os únicos fatores internos ilustrados na Figura 10.7 são as ações de sua empresa relacionadas a posicionamento, demarcações de preços e promoções de seu produto. Como, comparados com os fatores externos, existem tão poucos fatores internos, é preciso utilizá-los visando ao benefício completo para a influência na demanda. A forma exata de utilizá-los depende de sua estratégia de cadeia de suprimentos. Por exemplo, se sua meta é ser líder em preços em seu mercado, então seus preços devem ser baixos o suficiente para induzir seus clientes a conduzir as transações até você. O aproveitamento dos fatores internos para influenciar a demanda é um tópico central no projeto da cadeia de suprimentos, assunto abordado detalhadamente no Capítulo 13.

O maior desafio na previsão da demanda é prever as vendas de produtos inovadores. Como vemos na Figura 10.8, produtos novos atravessam um ciclo de vida caracterizado por baixo volume de vendas enquanto os clientes decidem se optam pelo produto, em seguida um período de rápido crescimento no auge de aceitação do produto e finalmente a fase de vendas estáveis ou em queda depois que o produto se firma no mercado. As dificuldades em prever produtos inovadores estão na previsão do momento em que o produto ingressará em sua fase de crescimento, a rapidez com que as vendas irão decolar e a altura máxima que irão atingir. Prognosticar esses números é um jogo extremamente arriscado. Se você superestimar a aceitação do produto, ficará num beco sem saída com excesso de capacidade de produção e estoques inertes. Subestimando-a, o troco serão clientes descontentes e medidas dispendiosas para acelerar a produção, além de oferecer a oportunidade a seus concorrentes de abocanhar participação no mercado.

Novos produtos são os mais difíceis de prever

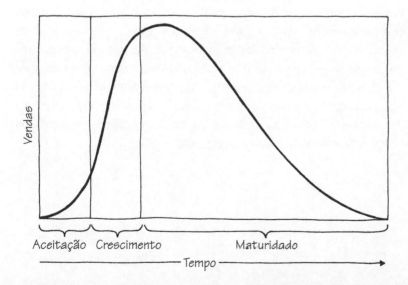

Figura 10.8
Ciclo de vida de produtos inovadores

Novos produtos costumam registrar pontos desencadeantes (*tipping points*)

Um dos motivos pelo qual a previsão da demanda de produtos novos é tão complicada é que o comportamento das vendas ao longo do tempo pode tornar-se extremamente complexo. No Capítulo 4, apresentei os tipos de relações que podem ser encontradas em sistemas, classificando-as em cinco 'relações pouco amigáveis', começando pela bem-comportada relação linear e terminando com a pior de todas, a relação de valores múltiplos (Figura 4.4, Painel E). Bem, trata-se de um contexto em que se sabe que essa relação em particular surge, e na forma de um fenômeno denominado **ponto desencadeante**. Ele foi descoberto no estudo de epidemias de doenças contagiosas, mas hoje passou a ser aplicado a diversos outros tipos de sistemas 'contagiosos', incluindo índices de criminalidade nas metrópoles, tendências da bolsa de valores e padrões de consumo.

Os pontos desencadeantes causam 'epidemias' de demanda

O ponto desencadeante ocorre por meio da interação de pessoas que transmitem um tipo de 'germe' entre si, seja literalmente um germe de alguma doença, seja o germe de uma idéia sobre crimes, economia ou um produto desejável. Quando determinado limite de pessoas 'infectadas' é alcançado — o ponto desencadeante —, a probabilidade de infecção se eleva vertiginosamente e desencadeia uma epidemia. A Figura 10.9 ilustra como isso funciona através do gráfico das vendas de um novo tipo de produto — um relógio com acesso à internet, por exemplo — comparadas com o número de pessoas usando o relógio no momento. As vendas começam na curva inferior e sobem gradativamente à medida que mais pessoas passam a usar o relógio, como era de se esperar. Mas depois que um certo número de pessoas passa a usar o relógio a probabilidade de outras serem 'contaminadas' pelo desejo de possuir esse relógio registra um salto repentino e as vendas mudam para uma curva de crescimento totalmente diferente. Surpreendentemente, as vendas permanecem na curva superior mesmo quando o relógio fica fora de moda e só cairão novamente para a curva inferior quando os relógios praticamente desaparecerem dos pulsos.

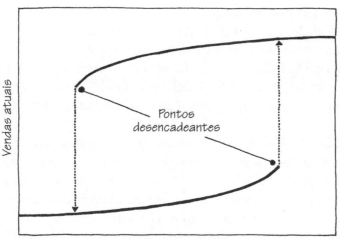

Figura 10.9
O ponto desencadeante

O comportamento do ponto desencadeante — para doenças e idéias — já é bem compreendido hoje e pode ser reproduzido por meio de um simples modelo matemático de comunicação. O que ainda não entendemos muito bem é como prever se o surgimento específico de uma doença ou idéia infecciosa atingirá o ponto desencadeante e desfechará a epidemia. Portanto, com relação aos pontos desencadeantes, é importante compreender que eles simplesmente existem e podem gerar saltos de demanda totalmente inesperados, assim como fracassos repentinos de demanda mesmo após longos períodos de popularidade. O comportamento do ponto desencadeante é mais provável com produtos altamente inovadores e é mais comum quando a decisão de compra de um produto é altamente influenciada pela moda — a receita clássica das modas passageiras. Se você comercializa esse tipo de produtos, não se assuste se as vendas de repente explodirem sobre você. Se isso ocorrer, esteja certo de que irão implodir da mesma forma súbita após um moderado, mas constante, declínio nas vendas.

Esteja preparado para saltos repentinos nas vendas

Integrando as Previsões

Uma boa maneira de melhorar a confiabilidade das previsões de demanda é solicitar que diversos analistas gerem previsões independentemente e, a seguir, combinem os resultados. O problema aqui é descobrir como integrar as previsões de maneira lógica. Uma das soluções seria simplesmente tirar a média de todas, mas isso poderia ser arriscado. Assim como a agregação de produtos sazo-

A confiabilidade é maior com múltiplas previsões

nais com diferentes picos de vendas pode ignorar os efeitos da sazonalidade, a média de previsões independentes pode ocultar padrões que estão nítidos em cada previsão, mas que não se alinham com exatidão entre as análises de previsão. A melhor estratégia é tentar compreender a lógica por trás de cada previsão e, de alguma forma, combinar essas lógicas, não apenas os números.

A técnica Delphi combina as previsões

A solução óbvia — simplesmente reúna os analistas de previsão em uma sala e deixe que cheguem a uma conclusão — nem sempre traz resultados positivos. A experiência mostra que essas discussões rapidamente se tornam uma competição de decisões, e a previsão 'integrada' acaba geralmente correspondendo à previsão do analista mais incisivo. A alternativa mais aconselhável é o uso da **técnica Delphi**, pela qual os analistas chegam a um consenso sem nunca se reunir em grupo. Em vez disso, os analistas enviam suas previsões e suas respectivas fundamentações por escrito para uma parte neutra, que por sua vez cria uma comparação resumida das previsões sem revelar seus autores. Os analistas então modificam suas previsões conforme acharem conveniente considerando as análises de seus colegas anônimos, e esse processo se repete até a chegada de um consenso. Embora demorada, pesquisas mostram que essa técnica produz previsões substancialmente mais objetivas e confiáveis.

Os departamentos em geral fazem previsões de forma independente

Combinar as previsões visando a um consenso é difícil dentro de um único departamento, mas o problema se torna ainda mais sério quando as previsões são geradas por departamentos distintos. Muitos departamentos são importantes na previsão da demanda, incluindo marketing, vendas, produção, distribuição, finanças e pessoal. Infelizmente, esses grupos possuem perspectivas diferentes sobre a demanda, valem-se de técnicas diferentes para prevê-la e apresentam incentivos específicos sobre até que ponto desejam que as previsões sejam elevadas. A técnica Delphi se aplica aqui também, mas poucas empresas se empenham em unificar suas previsões. Em vez disso, elas simplesmente deixam que cada departamento faça sua previsão independentemente e efetuam planejamentos de acordo, ou seja, uma fórmula quase garantida de promoção de desentendimentos departamentais e desordem corporativa.

Se a integração de previsões entre departamentos é complicada demais para a maior parte das empresas, não deve causar espanto o fato de que menos empresas ainda passam para a etapa seguinte e integram suas previsões com as de outras empresas na cadeia de suprimentos. Mas o fracasso nessa tarefa é um dos problemas mais nocivos no gerenciamento da cadeia de suprimentos, pois prejudica a eficiência e a eficácia da cadeia inteira. Entenda por quê: quando cada fornecedor da cadeia prevê as necessidades de seus clientes imediatos, todas as empresas na cadeia estão prevendo a demanda de outros, como vemos na Figura 10.10. Isso causa um excessivo desperdício de energia porque cada empresa está prevendo uma versão diferente da mesma demanda subjacente. Pior ainda, as previsões elo-a-elo podem adicionar erros que sobem em cascata e se amplificam a montante na cadeia.

As empresas também fazem previsões de forma independente

Uma breve reflexão sobre a verdadeira origem da demanda sugere uma abordagem muito melhor. Quando uma cadeia de suprimentos é vista como um todo, existe apenas uma fonte genuína de demanda: os consumidores dos produtos acabados. Todas as outras demandas — para matérias-primas, pré-montagens, produtos intermediários, entre outros —, no final das contas, originam-se das compras dos consumidores. Para refletir essa diferenciação, a demanda do consumidor é conhecida como **demanda independente**. Todas as compras realizadas por empresas acima dos consumidores de alguma forma dependem das escolhas feitas por eles, por isso essas compras são chamadas de **demanda dependente**. A visão contemporânea sobre as previsões afirma que apenas a demanda independente deve ser prevista e todas as outras demandas devem se originar dessas previsões.

Apenas a demanda do cliente deve ser prevista

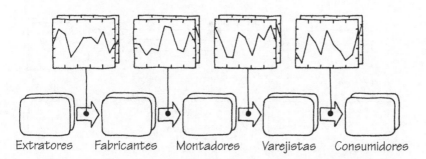

Figura 10.10
Previsão elo-a-elo

A melhor estratégia é compartilhar as previsões

Apenas o fato de manter cada empresa focada em suas atividades de previsão da demanda independente não exclui a previsão redundante. Tópico em questão: é comum que fabricantes e varejistas façam individualmente as próprias previsões da demanda do consumidor e ambos justifiquem essa atitude alegando possuir uma compreensão melhor dos hábitos dos consumidores. Mas a estratégia mais poderosa é fazer com que os parceiros da cadeia de suprimentos colaborem para a criação de uma previsão compartilhada, integrando suas perspectivas particulares sobre o comportamento do consumidor visando a obter maior credibilidade nas previsões para as vendas futuras (Figura 10.11). Novamente, processos formais como a técnica Delphi podem ser necessários para garantir que as previsões compartilhadas reflitam fielmente as previsões de todas as empresas envolvidas.

A previsão colaborativa melhora os prognósticos

A previsão colaborativa lida perfeitamente com os problemas descritos no início desta seção. Primeiramente, a duplicação de esforços é excluída, muitas vezes reduzindo o trabalho total dedicado às previsões em 80% ou mais. Em segundo lugar, não há efeito cascata de erros a montante na cadeia, distorcendo a demanda. A vantagem mais expressiva, no entanto, é a melhoria na exatidão da previsão resultante do compartilhamento de informações sobre o comportamento do consumidor. Existem padrões de vendas visíveis aos fabricantes, mas invisíveis aos distribuidores e varejistas, mas há outros aspectos do comportamento do consumidor que só podem ser observados de perto. Quando os parceiros da cadeia de suprimentos integram suas análises particulares para melhorar sua compreensão da demanda independente, conseguem realizar um trabalho muito melhor no sentido de antecipar as necessidades dos consumidores que mantêm a cadeia de suprimentos em operação.

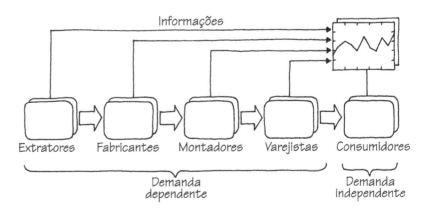

Figura 10.11 Previsão integrada

Existem diversos obstáculos à previsão colaborativa. As previsões de vendas geralmente são consideradas estritamente confidenciais, e o compartilhamento desses dados requer um certo grau de confiança e franqueza que simplesmente não é compatível com o relacionamento concorrente que há muito tempo caracterizou a relação entre clientes e fornecedores. Mas as vantagens competitivas da integração da cadeia de suprimentos estão incentivando mudanças profundas, e as duradouras barreiras à cooperação estão se desagregando à luz do JIT, da resposta rápida, do reabastecimento contínuo e de outros mecanismos existentes no mercado (Capítulo 3). É chegado o momento da opção pela previsão colaborativa, e a maioria das empresas parece estar pronta para aceitá-la.

A técnica exige confiança e franqueza

Os sistemas de previsão oferecem ferramentas poderosas de antecipação da demanda que está prestes a se instalar em sua cadeia de suprimentos, mas a utilização eficaz dessas ferramentas pressupõe que você saiba o momento de aplicá-las. As análises de séries temporais geram as mais exatas previsões, porém esse modelo simplesmente procura padrões no histórico de vendas e os projeta para o futuro. Para produtos maduros em mercados estáveis, isso pode ser suficiente. Mas para outros produtos é preciso transcender a análise dos padrões de estatística e estudar os relacionamentos de causa e efeito para prever as vendas. É preciso muito trabalho para gerar boas previsões, porém a capacidade de alinhar seu planejamento de produtos para que ele corresponda às vendas futuras proporciona um excelente retorno sobre seu investimento no processo. As vantagens podem ainda ser expandidas se você trabalhar junto com seus parceiros comerciais e integrar suas análises com o objetivo de entender melhor a principal origem da demanda, ou seja, os hábitos de compra dos consumidores no extremo final de sua cadeia.

Exercícios

1) Em que condições é preciso considerar todos os componentes do modelo de previsões? Comente os casos particulares nos quais é possível prescindir de alguns dos componentes.

2) Comente a diferença entre previsões de séries temporais e previsões causais e em que condições seu uso é indicado.

3) Sendo as previsões sempre erráticas, qual o interesse em utilizar as diversas técnicas de previsão nas CS?

4) De que forma o horizonte de tempo e o nível de agregação das previsões modificam sua precisão?

5) As previsões dinâmicas são mais trabalhosas, porém melhoram sua confiabilidade. Qual a justificação dessa afirmação?

6) A previsão de produtos individuais é trabalhosa e nem sempre é o melhor caminho. Comente as diferentes formas de segmentação ou agrupamento que permitem a aplicação de previsões com resultados satisfatórios e menores custos.

7) Pelos resultados abaixo, determine as previsões dos produtos individuais:

	Região Norte	Região Sul	Região Oeste
Previsão agregada da categoria	100 mil unidades	200 mil unidades	150 mil unidades
Produto A (10% nas vendas da categoria)			
Produto B (60% nas vendas da categoria)			
Produto C (40% nas vendas da categoria)			

8) A análise de Pareto pode ser usada na escolha da técnica mais indicada em cada caso. Analise a aplicação de técnicas de previsão em cada caso de segmentação propiciada pela análise de Pareto.

9) As previsões de séries temporais não levam em consideração mudanças no cenário econômico e mercadológico. Analise esses fatores e a forma de incorporá-los às previsões.

10) Produtos em lançamento precisam também de previsões. Como devem ser tratadas as previsões nesses casos? Examine os casos de pontos desencadeantes (*tipping points*).

11) Sugira algumas implicações de previsões isoladas entre os departamentos de uma empresa e entre os elos na CS.

12) De que forma a previsão pela técnica Delphi poderá auxiliar em previsões colaborativas na CS?

13) Como conceituar demanda independente e dependente na CS e qual a importância dessa diferenciação?

11

Programando o Suprimento

Uma vez elaborada a previsão da demanda, é necessário descobrir a maneira mais lucrativa de satisfazer a demanda esperada. Este capítulo explica como utilizar o ERP, o APS e os modelos de simulação para planejar a produção e movimentar os produtos pela cadeia. Embora a maior parte das empresas costume contar com apenas um tipo de modelo, a abordagem mais eficaz se dá pela combinação dos três, aproveitando o que cada sistema tem de melhor a oferecer para solucionar seus problemas. Assim como em outras áreas das cadeias de suprimentos, o principal desafio é fundir os planos individuais das empresas buscando alcançar uma solução integrada para a cadeia como um todo.

Planejando com o ERP

O planejamento da cadeia de suprimentos começa com um modelo conceitual das atividades que devem ser realizadas, determina o tempo necessário para o processamento de cada componente e, em seguida, programa cada processo de forma a concluir a seqüência no momento correto. Em um nível mais abrangente, o atendimento à demanda é composto de três processos fundamentais: adquirir os materiais necessários, fabricar os produtos e distribuí-los aos clientes (Figura 11.1). Com o intuito de esclarecer essa discussão, tratarei esses processos de forma estritamente seqüencial, ou seja, cada processo é desencadeado pela conclusão do processo anterior. É uma representação correta do funcionamento da programação, mas na prática é possível haver sobreposição entre esses processos mais importantes. Por exemplo, a produção pode ter início assim que os materiais chegam, mesmo que o processo de compras ainda esteja em andamento. Da mesma forma, a produção da fábrica normalmente seria encaminhada ao canal de distribuição assim que saísse da linha, em vez de esperar pela conclusão da produção inteira.

A programação utiliza um modelo conceitual simples

Figura 11.1
Programando os principais processos

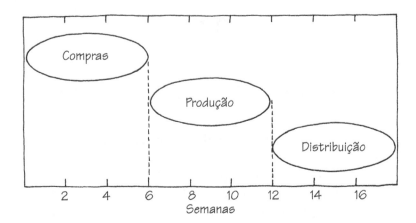

O planejamento depende do software utilizado

As técnicas utilizadas na prática e os objetivos visados diferem significativamente dependendo do software adotado para executar a programação. As três primeiras seções deste capítulo explicam como os planejamentos da produção são desenvolvidos usando o ERP, o APS e os sistemas de planejamento baseados em simulação, seguindo essa ordem. Durante a leitura dessas seções, lembre-se de que esses são sistemas complementares e não soluções alternativas, como costumam ser retratados. Cada um possui suas forças e limitações e a melhor prática é utilizar dois ou mais sistemas em conjunto para aprimorar seus planejamentos.

Existem duas estratégias principais para a programação

Há duas grandes estratégias para a programação, denominadas programação para a frente e programação para trás. A **programação para a frente** começa com uma data e adiciona processos na ordem em que serão executados, planejando que cada processo se inicie assim que o processo anterior for finalizado (Figura 11.2, quadro esquerdo). Esse tipo de programação é mais adequado quando a data inicial é conhecida e a data de conclusão tem de ser determinada a partir dos resultados do trabalho de programação. Quando uma empresa possui uma data de conclusão solicitada e precisa calcular a data inicial necessária, a abordagem de programação retroativa é a opção mais natural. A **programação para trás** alinha a conclusão do último processo com a data-alvo de conclusão e acrescenta os processos na ordem contrária de sua execução (Figura 11.2, quadro direito).

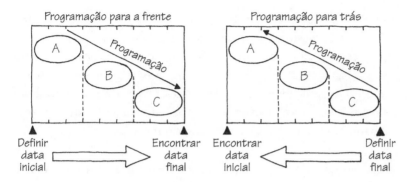

Figura 11.2
Programação para a frente e para trás

Os sistemas de planejamento de recursos do negócio (ERP), o alicerce operacional da manufatura contemporânea (Capítulo 6), baseiam-se na abordagem de programação para trás. Como mostra a Figura 11.3, a primeira etapa de uma execução ERP é alimentar uma previsão de demanda no módulo DRP (planejamento das necessidades de distribuição, do inglês *distribution requirements planning*), que funciona no sentido contrário das datas de entrega solicitadas para descobrir quando os produtos acabados precisam ser entregues. O DRP transfere as datas de entrega solicitadas para o módulo MPS (planejamento mestre da produção, do inglês *master production sheduling*), que determina o momento em que a produção deve começar em cada lote de produtos para que estejam prontos para o embarque. Em seguida, o MPS transmite essas datas para o módulo MRP (planejamento de necessidades de materiais), que define quando as matérias-primas necessárias precisam ser solicitadas. O último módulo da cadeia, o módulo CRP (planejamento de capacidade de curto prazo, do inglês *capacity requirements planning*), estipula quando a mão-de-obra e os equipamentos necessários devem estar disponíveis para a realização do trabalho.

Os sistemas ERP se baseiam na programação para trás

A operação desses módulos se torna complicada pelo fato de que cada produto na previsão de demanda é normalmente composto de inúmeras matérias-primas. Além disso, o processo de montagem desses materiais usualmente não é formado por apenas uma operação, mas sim por uma seqüência de operações em que a estrutura do produto acabado é construída a partir de pré-montagens ou combinações intermediárias. Para enfrentar essas complicações, os produtos são divididos em dois documentos, os quais são armazenados em formato eletrônico pelo sistema ERP e acessados pelos módulos de planejamento à medida que são necessários. A **lista de materiais** (*bill of materials* — BOM) é uma relação predefinida de todas as matérias-primas utilizadas em um produto, estruturada de acordo com as pré-montagens desse pro-

O ERP utiliza listas de materiais e operações

duto. Paralelamente, a **lista de operações** (*bill of operations* — BOO) utiliza a própria estrutura hierárquica para descrever a seqüência de operações necessárias para fabricar cada componente do produto. Como ilustra a Figura 11.3, o módulo MRP usa a BOM para determinar o tempo e a quantidade de materiais necessários para a produção, ao passo que o módulo CRP utiliza a BOO para definir a mão-de-obra e os equipamentos necessários para executar o trabalho.

O planejamento pode exigir diversas etapas

Os dois primeiros módulos da seqüência de planejamento — o DRP e o MPS — são totalmente orientados por requisições. Ou seja, esses módulos funcionam no sentido contrário das datas de conclusão necessárias para calcular quando as compras e a produção devem começar sem se preocupar com a viabilidade dessas datas iniciais. Depois que o planejamento é transferido para os módulos MRP e CRP, as limitações de compras e produção entram em cena e esses módulos podem descobrir que os recursos necessários não poderão estar disponíveis no momento solicitado. Se for o caso, os técnicos em planejamento analisam o problema e buscam formas de solucioná-lo. Por exemplo, eles podem conseguir despachar parte das compras, adicionar um turno a uma ou mais fábricas ou terceirizar parte da produção. Se os planejadores não conseguirem aliviar as limitações que impedem o funcionamento do planejamento, provavelmente irão abrandar as requisições iniciais prolongando alguns prazos finais para então executar o sistema novamente.

Figura 11.3
Processo de programação ERP

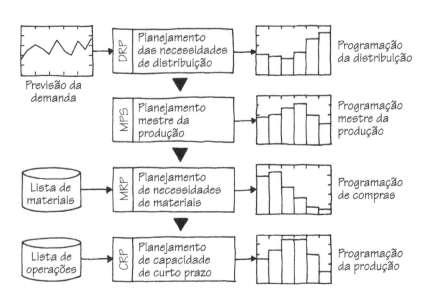

Essa descrição foi apenas uma pincelada sobre os sistemas ERP contemporâneos. O volume de trabalho realizado por esses sistemas na programação de atividades de uma empresa de manufatura é impressionante tanto em quantidade quanto em complexidade, e podemos afirmar sem hesitação que grande parte da manufatura moderna estaria incapacitada não fosse o suporte desses sistemas de capacitação. Entretanto, existem algumas limitações no ERP que afetam a qualidade de seu planejamento. Particularmente, o fato de o ERP contar inteiramente com a programação para trás significa que o sistema programa todas as atividades para o último momento possível. Em vista dos altos custos de manutenção de produtos acabados, essa é quase sempre a melhor forma de planejar a produção. Mas em algumas circunstâncias a produção antecipada é menos onerosa e um sistema ERP desperdiçaria essas oportunidades porque não considera a produção antecipada como uma opção.

O ERP utiliza uma única estratégia de planejamento

Da mesma forma, os sistemas ERP partem do princípio de que você já sabe o que irá fabricar. Certamente, essa é uma suposição razoável, mas significa que os sistemas ERP não ajudam muito em se tratando de tomada de decisões acerca de como priorizar a produção quando a demanda ultrapassa o suprimento, como encontrar a combinação de produtos mais lucrativa para cada fábrica considerando demanda local e preços de venda, além de outras questões do gênero. Felizmente, a mais nova geração de sistemas APS é capaz de realizar essas e outras atividades, o que os torna um complemento excelente para as poderosas capacidades de programação do ERP.

O ERP não considera alternativas de produção

Otimizando com o APS

Os sistemas de planejamento e programação avançados (APS) são parecidos com os sistemas ERP, uma vez que possuem módulos separados de planejamento de compras, produção e distribuição, mas diferem na forma como esses módulos interagem para gerar uma programação mestre. Em vez de utilizar uma previsão de demanda como input, a maioria dos pacotes APS inclui um módulo de planejamento de demanda para gerar a previsão para você (Figura 11.4). O módulo de planejamento da demanda transfere sua previsão para um módulo de planejamento mestre, o qual solicita os serviços de três módulos subordinados para o cálculo dos melhores planejamentos para compras, produção e distribuição.

O APS utiliza o planejamento hierárquico

Figura 11.4
Processo de planejamento APS

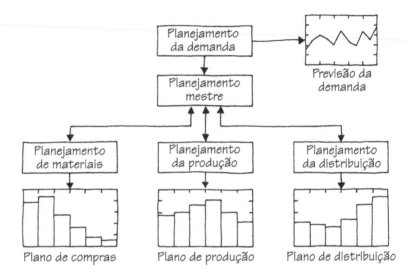

O planejamento repetido descobre a melhor solução

Os três planejadores especializados tentam solucionar o problema concomitantemente, alimentando planejamentos experimentais de volta ao planejador mestre à medida que esses planos tomam forma. O planejador mestre combina esse feedback para reduzir o conjunto de planos possíveis e então solicita um conjunto de planos revisado de seus subordinados. Esse processo repetido continua até que o planejador mestre identifique o plano mais lucrativo para atender a demanda esperada. Depois que os técnicos em planejamento aprovam esse planejamento mestre, os módulos responsáveis por materiais, produção e distribuição transferem seus planos para outro conjunto de módulos (ilustrados na Figura 6.3) que geram programações detalhadas para as operações de compras, produção e distribuição.

O fluxo das alterações ocorre em ambas as direções

Um poderoso recurso do modelo de planejamento APS é a possibilidade de as alterações se propagarem em ambas as direções. Assim como no ERP, uma modificação no planejamento mestre pode sofrer efeito cascata para baixo nos módulos em níveis inferiores, fazendo com que alterem seus planos. Porém, ao contrário do ERP, as modificações nos planos nos níveis inferiores são comunicadas para cima ao planejamento mestre, fazendo com que altere o próprio plano. Esse fluxo bidirecional nos poupa de um enorme trabalho e do exercício de adivinhação. Por exemplo, permite que um gerente de compras modifique o planejamento de compras diretamente e divulgue os efeitos para cima, o que é muito mais eficiente do que fazer com que o planejador mestre execute o sistema repetidamente visando a produzir a modificação desejada de cima para baixo. Esse recurso também significa que os sistemas APS podem ser usados para explorar cenários simulados para descobrir os efeitos potenciais da escassez de materiais, greves e outras interrupções nas operações planejadas.

A explicação para o fato de os sistemas APS serem capazes de encontrar o planejamento da produção mais lucrativo é que eles utilizam modelos matemáticos como os descritos no Capítulo 5 para o cálculo de soluções ótimas. Como esses modelos conseguem lidar com milhares de parâmetros, os sistemas APS são capazes de considerar um número enorme de limitações na produção, incluindo o custo e a disponibilidade de materiais, o maquinário, a mão-de-obra e outros recursos-chave. Por exemplo, você poderia solicitar que a produção se limitasse a determinadas fábricas, que 97% dos pedidos de clientes fossem entregues pontualmente e que não fossem utilizadas horas extras, mas, em seguida, pedir que o modelo encontre o planejamento que satisfaça essas limitações ao menor custo possível. Os sistemas APS também utilizam regras para determinar preferências entre as fábricas quando mais de uma é capaz de lidar com uma execução de produção, aplicar critérios flexíveis na hora de escolher entre meios de transporte e transportadoras e tomar outras inúmeras decisões com base em regras de negócios fornecidas por técnicos de planejamento.

O APS otimiza os planos em relação aos objetivos

Outro interessante recurso dos sistemas APS é que eles respondem com inteligência às situações em que não há materiais, capacidade de produção ou opções de distribuição suficientes para lidar com a carga solicitada. O APS permite que você priorize automaticamente os pedidos com base no tamanho e na lucratividade, na importância do cliente, nas multas por entregas atrasadas e outras considerações semelhantes. O APS também consegue encontrar a combinação de produtos mais lucrativa para qualquer fábrica, decidir quando terceirizar a produção e a distribuição e tomar outras decisões que vão além da programação básica de operações.

O APS conduz o planejamento além da programação

A obtenção das vantagens do APS não pressupõe a descontinuação do uso de seu sistema ERP. Como descreve o Capítulo 6, os dois sistemas costumam ser utilizados em combinação, em especial no planejamento das operações de diversas fábricas dentro da mesma

O APS é geralmente associado ao ERP

cadeia de suprimentos. Para reunir o melhor dos dois, utilize o APS para calcular a solução ótima para a porção da cadeia de suprimentos que você está planejando e, a seguir, transfira esse plano em nível superior para os sistemas ERP em execução em cada fábrica. Essa técnica permite que o sistema APS utilize a lógica comercial para escolher as melhores datas para as execuções ERP, deixando os sistemas ERP responsáveis pelos planejamentos locais de acordo com essas datas. Depois que os sistemas ERP locais gerarem seus planejamentos, os módulos operacionais do sistema ERP suportarão as atividades diárias de cada fábrica.

A associação exige conexões de dados

Para utilizar o APS em combinação com o ERP, é necessário definir conexões de dados para que os sistemas possam interagir entre si (Figura 11.5). Inicialmente, os módulos de planejamento de materiais e produção do sistema APS devem ter acesso às listas de materiais e operações mantidas pelos sistemas ERP para identificar todos os materiais e tarefas do componente. Em seguida, o módulo de planejamento mestre do lado do APS precisa de um caminho para transferir datas para os módulos MPS para oferecer-lhes metas para seu planejamento local. Em terceiro lugar, os módulos de gerenciamento de pedidos dos sistemas ERP devem ser capazes de acessar os serviços ATP (*available to promise*) do sistema APS para aproveitar seus recursos avançados ATP.

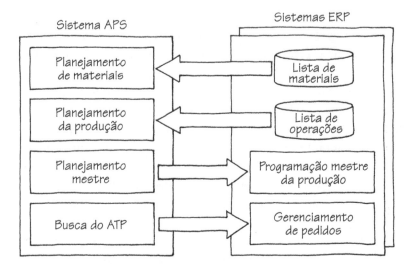

Figura 11.5
Conectando o APS ao ERP

Alguns anos atrás, estabelecer essas conexões de dados era uma árdua tarefa devido à natureza fechada dos sistemas. Entretanto, recentes tentativas de abrir esses sistemas e tornar seus dados disponíveis em formatos-padrão facilitaram consideravelmente essa integração. A atual tendência de incorporar a funcionalidade APS aos pacotes ERP padrão deve acabar tornando as conexões automáticas.

Essas conexões estão se tornando mais fáceis

Validando com Simuladores

Embora os sistemas APS utilizem modelos mais sofisticados de cadeia de suprimentos que os sistemas ERP, os modelos APS ainda estão sujeitos a algumas importantes restrições. A capacidade do APS em gerar soluções otimizadas se deve principalmente à aplicação da programação linear e técnicas matemáticas relacionadas. Conforme descrito no Capítulo 5, a programação linear requer que todas as relações no modelo ocorram de forma linear — a mais bem comportada relação no quadro A do conjunto de relações pouco amigáveis (Figura 4.4). Na extensão da programação linear, conhecida como programação inteira mista, esse pressuposto é abrandado para permitir que algumas relações assumam o padrão de degraus como vemos no quadro D da Figura 4.4, mas os outros tipos de relações não são aceitos.

Os modelos APS apresentam limitações importantes

Essa restrição não significa que você não possa confiar nos cálculos realizados pelos sistemas APS; significa apenas que precisa se conscientizar das limitações ao analisar os resultados. O sistema APS, na verdade, aproxima as relações curvilíneas utilizando as funções lineares mais próximas. Se uma curva está razoavelmente próxima a uma linha reta no intervalo de valores usados em uma sessão de planejamento, uma aproximação linear exercerá um impacto mínimo nos resultados. No caso de relações extremamente não lineares, é possível desmembrar a relação em componentes mais simples (Figura 8.3, que exemplifica como isso funciona) ou aproximá-la pela combinação de uma seqüência de segmentos lineares. Eis por que a existência de relações não lineares em uma cadeia de suprimentos não é um impedimento — simplesmente significa que os modeladores precisam estar atentos a essas relações e lidar com elas devidamente.

As aproximações lineares costumam funcionar bem

O APS presume que os parâmetros são fixos e conhecidos

Outra suposição subjacente à programação linear e similares é que todos os valores de parâmetros são fixos e conhecidos com certeza. Trata-se de uma suposição totalmente irreal em cadeias de suprimentos, que são caracterizadas pela incerteza em todos os estágios. Novamente, porém, as violações a essa suposição não necessariamente invalidam os resultados de uma execução otimizadora: apenas exigem cuidado na hora de interpretar os resultados. Se você possui motivos para acreditar que um ou mais de seus parâmetros-chave se alteram ao longo do tempo, ou que existe variação aleatória suficiente que torne os resultados não confiáveis, é possível compensar tudo isso realizando diversas execuções com valores diferentes para determinar os efeitos da variabilidade em cada parâmetro. Esse pode ser um processo vagaroso, pois requer a execução do modelo sucessivas vezes, mas de fato apresenta uma maneira de proteção contra as violações do pressuposto da invariabilidade.

As simulações estão livres dessas restrições

Em suma, apesar de os modelos utilizados pelo APS serem superiores aos do ERP, eles ainda são limitados em aspectos importantes. Felizmente, os modelos de simulação são totalmente livres dessas restrições. Eles são capazes de representar até mesmo as mais complexas e não lineares relações e podem conciliar qualquer nível ou tipo de variabilidade nos valores dos parâmetros. Por exemplo, um simulador pode explorar os efeitos de permitir que preços, demanda, suprimento e outros parâmetros-chave sofram alterações ao longo do tempo, incluindo variações aleatórias nesses parâmetros de um instante para outro. Como os simuladores incorporam a variabilidade executando processos de série de Monte Carlo, eles geram distribuições de valores esperados para cada resultado em vez de apenas um único número. Na realidade, todas as fontes conhecidas de variabilidade são levadas em conta pelo modelo e podemos confiar que os resultados consideram todas as variações possíveis.

As simulações ajudam a gerenciar o risco

O motivo pelo qual as distribuições são tão importantes é que a variabilidade nas cadeias de suprimentos se traduz diretamente em risco, e um dos objetivos do planejamento é minimizá-lo. Para entender como um simulador pode ajudar a gerenciar o risco, suponha que sua empresa participe da concorrência pela execução de uma produção multimilionária de um produto customizado. Seu sistema APS calcula o planejamento ótimo da produção e seu sistema ERP gera um cronograma detalhado segundo o qual a execução pode ser concluída em cem dias. Mas nenhum desses sistemas considerara a variabilidade; então você executa uma simulação do processo de produção para verificar os efeitos da variabilidade. O resultado é a distribuição de datas de conclusão mostrada na Figura 11.6. Essa distribuição revela que, enquanto a data de conclusão gerada pelo sistema ERP é o único resultado mais provável, sua empresa de fato possui apenas 50% de chance de concluir a execução nessa data. Esse resultado não só o informa que você deve estender a data para reduzir o risco de perder o prazo, mas também comunica exatamente a extensão de prazo necessária. Se você deseja 97% de chance de concluir o trabalho no prazo, por exemplo, deve prometer a conclusão em 140 dias, e não em cem. Depois, tente negociar um bônus pela conclusão antecipada.

Além de ajudá-lo no gerenciamento de riscos, as simulações apresentam outras importantes vantagens. Uma delas é que os modelos de simulação geralmente se apegam com muito mais proximidade ao modelo conceitual subjacente que os modelos mais abstratos utilizados nos sistemas ERP e APS. Além disso, os simuladores incluem ferramentas de animação gráfica que exibem o modelo conceitual na tela do computador durante o projeto e a execução. Isso significa, com você na função de gerente, que seu modelo de negócios fica diretamente visível. É possível visualizar como suas instalações estão dispostas geograficamente, enxergar o fluxo de materiais entre elas, identificar concentrações e gargalos e fazer alterações diretamente na tela para explorar maneiras diferentes de aperfeiçoar a cadeia. Considerando essas vantagens, os simuladores são ferramentas excelentes para compreendermos como a cadeia de suprimentos funciona, experimentando hipóteses com configurações diferentes e descobrindo os efeitos das políticas corporativas que coordenam atendimento, reabastecimento e outras operações.

As simulações oferecem modelos altamente visíveis

Figura 11.6
Incerteza da data
de conclusão

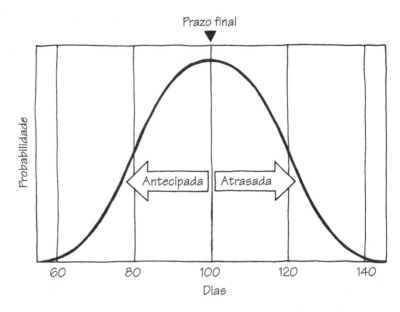

A simulação complementa o ERP e o APS

Mesmo com tantos benefícios, a simulação não substitui nem o APS nem o ERP. Embora os simuladores possam melhorar o planejamento do produto aplicando as técnicas de *hill-climbing* descritas no Capítulo 5, eles são desprovidos da capacidade de buscar soluções ótimas como o fazem os sistemas APS. Os simuladores também não dispõem da capacidade de gerar os cronogramas detalhados do ERP e não oferecem nenhum suporte como o do ERP para as operações cotidianas. Assim como os outros exemplos de modelagem descritos neste livro, não se trata de escolher a melhor ferramenta, mas sim de adotar a melhor combinação de ferramentas para uma determinada tarefa. No caso do planejamento do produto, uma das estratégias mais eficazes é utilizar uma combinação de sistemas ERP, APS e de simulação, conforme ilustra a Figura 11.7. Nessa abordagem, seus planejadores usam o sistema APS para desenvolver um planejamento ótimo, em seguida um simulador para ajustar esse planejamento visando a enfrentar os efeitos da variabilidade, das relações não lineares e de outros fatores que ultrapassam o escopo do APS. Depois transferem essa versão ajustada do planejamento mestre para o conjunto de suporte dos sistemas ERP para o detalhamento da programação e das operações. Não é a forma mais rápida ou barata de criar uma programação, mas o custo dessa estratégia de integração normalmente pode ser justificado se considerarmos o enorme impacto dos fracassos em cadeias de suprimentos sobre o capital operacional e o valor da empresa.

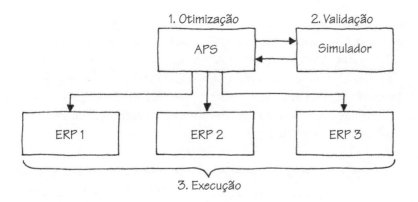

Figura 11.7
Usando um simulador com APS e ERP

Integrando as Programações

As técnicas abordadas nas seções anteriores são projetadas para ajudar uma empresa isoladamente a planejar suas operações de produção, integrando os planejamento entre diversas instalações conforme necessário para promover a coordenação do fluxo de produtos. Mas ainda resta o problema referente à integração dos planejamentos da produção entre diversas empresas na cadeia de suprimentos, harmonizando o fluxo de produtos *entre* e dentro das empresas. Esse problema é diretamente análogo àquele analisado no fim do capítulo anterior, na discussão sobre a previsão compartilhada: quando as empresas planejam suas operações de produção de forma independente, envolvem-se em um número enorme de atividades redundantes, e a probabilidade de haver um entrosamento correto entre seus planejamentos isolados no momento de sua execução é efetivamente zero.

O planejamento interno é apenas o primeiro passo

A Figura 11.8 destaca o problema mais acentuadamente ilustrando os planejamentos gerados em cada empresa relacionados a compra, fabricação e venda para os próximos meses. Como duas dessas três atividades envolvem a interação com parceiros comerciais, os planejamentos de cada empresa incluem prognósticos implícitos com relação ao que as outras empresas comprarão e venderão durante esses mesmos meses. Na verdade, cada empresa levanta suposições sobre os planejamentos das empresas com as quais interage e incorpora essas suposições aos próprios planejamentos, que são, obviamente, alvo de pressupostos de outras empresas. Essa é uma forma ineficaz de conduzir os negócios, além de comprometer seriamente a eficácia da cadeia como um todo. Se a empresa A planeja

O planejamento independente resulta em falhas no produto

comprar dez mil unidades de um produto da empresa B, mas a empresa B planeja vender apenas quatro mil unidades de sua limitada produção para a empresa A, ambas enfrentarão sérios problemas ao tentar colocar seus planejamentos em prática. Nos primórdios da concorrência, era exatamente assim que as transações comerciais se davam, mas no novo mundo da concorrência entre as cadeias esse método pode ser um fiasco.

A incerteza é combatida de ambos os lados

Esses tipos de falha na cadeia de suprimentos custam caro a todos os envolvidos, mas as despesas excedem os óbvios custos de vendas perdidas e estoque parado. Conforme descrito no Capítulo 8, as empresas em toda a cadeia de suprimentos mantêm estoque de segurança para minimizar os riscos de falta de produtos. Esse estoque de segurança é basicamente um estoque morto. Permanece inerte, não contribui em nada para o processo de produção e não agrega nenhum valor ao produto final. Simplesmente fica estagnado, ocupando espaço, protegendo a empresa das incertezas de suprimento e demanda. Agravando ainda mais a situação, essa é uma proteção redundante porque ambas as partes em cada elo mantêm estoque de segurança na tentativa de se resguardar do mesmo risco associado ao suprimento. O fornecedor mantém estoque extra de seus produtos acabados para cobrir a demanda inesperada da parte do cliente e este mantém estoque extra desses mesmos produtos para se prevenir de eventual falta da parte do fornecedor.

Figura 11.8
Planejamento independente

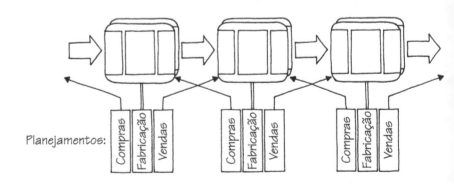

Essa prevenção redundante exemplifica como as práticas-padrão podem resultar em situações perde-perde entre os parceiros comerciais. A Figura 11.9 ilustra a situação pelo diagrama de trade-off apresentado no Capítulo 3; nesse caso, a região perde-perde se localiza acima da linha e não abaixo, pois o diagrama se baseia no custo e não no lucro. Na verdade, a garantia representada pelo estoque de segurança é paga duplamente, o que inevitavelmente eleva o custo total dos produtos embarcados. Se os parceiros comerciais não fizessem nada mais do que concordar sobre o nível total de risco e dividissem a reserva necessária entre eles, poderiam conduzir pelo menos esse aspecto do relacionamento de volta à linha ganha-perde. Talvez isso não seja possível numa situação de mercado aberto, em que muitos clientes compram os mesmos produtos de diversos fornecedores, mas é uma forma natural e direta de eliminar o custo da cadeia de suprimentos que está sendo planejada e gerenciada colaborativamente. Tal redução de custo pode ser alcançada ainda que não ocorra redução da incerteza na quantidade de produtos que irão fluir por um determinado elo.

A redundância na proteção eleva os custos totais

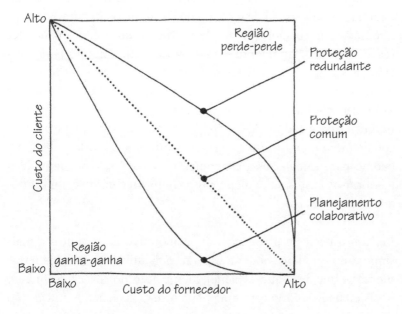

Figura 11.9
Trade-offs nos custos do estoque de segurança

O planejamento colaborativo reduz o custo total

Embora a diminuição da reserva redundante seja um bom começo, os parceiros comerciais podem obter economia muito mais expressiva se trabalharem juntos buscando reduzir a incerteza, em vez de apenas aprimorar a maneira de combatê-la. Como toda a demanda em pauta é dependente, ela pode ser prevista com níveis altos de credibilidade depois que a demanda independente se torna conhecida. O nível de demanda independente pode ser prognosticado pela previsão colaborativa, como mostra o Capítulo 10, e pode ser divulgado em tempo real transmitindo ocorrências de compra de consumidores a montante, como expõe o Capítulo 3. A combinação dessas duas técnicas, em que as previsões conjuntas são constantemente atualizadas com base em padrões de compra emergentes, pode reduzir a demanda independente a um intervalo razoavelmente limitado de valores, permitindo que os planejadores calculem a demanda dependente em cada elo.

As informações reduzem o custo de estoque

Se essa parece uma solução simples, não se iluda — o planejamento conjunto pela cadeia pode ser um processo demorado, frustrante e suscetível a erros. Mas a possível economia proporcionada pela eliminação do excesso de estoque de segurança é extraordinária, e a tentativa de colaboração no planejamento do produto pode oferecer a um relacionamento comercial um forte impulso para a região ganha-ganha, como ilustra a Figura 11.9. Esse é outro exemplo de substituição de estoque por informações: agrupar e divulgar as informações tem um custo, mas muito mais baixo que o de manutenção de estoque. Além disso, os benefícios do planejamento colaborativo não precisam ser apenas intuitivos. Existem técnicas-padrão para calcular essa economia, ou seja, é relativamente fácil justificar os custos do planejamento conjunto com base em economia a curto prazo.

As mesmas ferramentas se aplicam entre as empresas

Em um aspecto, o planejamento colaborativo de produtos é mais simples do que você poderia esperar, pois utiliza as mesmas ferramentas e técnicas que o planejamento interno. Especificamente, os sistemas APS fornecem uma plataforma excelente de integração de planejamento entre as empresas, e os simuladores de cadeia de suprimentos oferecem aos parceiros comerciais a capacidade de construir modelos compartilhados da forma como a cadeia de suprimentos funciona hoje e como poderia funcionar melhor no futuro. Uma das vantagens da criação de modelos compartilhados é que você pode determinar a localização mais lucrativa para qualquer estoque de segurança que necessite ser mantido na cadeia. A curva assimétrica de trade-off da Figura 11.9 mostra essa situação em que é mais barato para o fornecedor manter o estoque do que para o cliente.

Na forma mais simples de planejamento conjunto, cada dupla de parceiros comerciais imediatos gera um planejamento comum para os produtos que irão se movimentar entre as duas empresas. Esse planejamento elo-a-elo é um bom começo, mas pressupõe uma quantidade considerável de trabalho redundante. Pode ainda resultar em ondas de alterações em cascata a montante e a jusante na cadeia, mantendo a cadeia permanentemente desequilibrada e dessincronizada. Por exemplo, se uma empresa a jusante precisasse aumentar seus pedidos planejados em uma determinada semana, ela trabalharia nessa alteração com seus fornecedores imediatos, que então teriam de revisar seu planejamento e se reunir com os próprios fornecedores, e assim por diante. Enquanto isso, uma empresa a montante pode precisar reduzir sua produção planejada nessa mesma semana devido a complicações em uma de suas fábricas, e suas correções desceriam em cascata pela cadeia. Essas ondas de modificações se chocando entre si à medida que sobem e descem em relação à alteração podem desestruturar o processo de planejamento.

O planejamento elo-a-elo não funciona bem

Uma solução muito melhor é expandir o trabalho de planejamento conjunto para que inclua diversos elos na cadeia, como vemos na Figura 11.10. As principais informações acerca das quais todas as partes devem concordar são quais os materiais que se movimentarão pelos elos e em que datas. Todos os outros fatores de planejamento — quantidades individuais de pedidos, cronogramas internos de produção, níveis de estoque de segurança, entre outros — ficam subordinados às informações gerais sobre o movimento de produtos e podem ser planejados em nível local. Se houver mudanças nos movimentos planejados em qualquer estágio, como diminuição de solicitações a jusante ou escassez projetada a montante, todos os parceiros comerciais ficam cientes sobre as modificações de uma só vez e a partir daí podem reiniciar o planejamento imediatamente.

O planejamento multielos é muito mais eficiente

Figura 11.10
Planejamento colaborativo

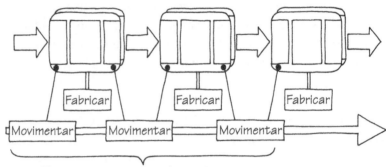

Planejamento conjunto de suprimentos

O planejamento colaborativo não é fácil

Até o momento, o planejamento colaborativo entre as fronteiras de propriedade ainda é exceção, e não regra. É crescente o reconhecimento entre os planejadores de cadeias de suprimentos de que essa é a próxima etapa na integração da cadeia, mas os desafios são extraordinários. No âmbito técnico, a divulgação e a atualização de planejamentos compartilhados exige um meio de comunicação comum e protocolos-padrão para o intercâmbio de dados de produção. A internet é o meio necessário, e os padrões baseados em XML estão começando a surgir. Mas os desafios não se limitam a questões técnicas — o obstáculo mais grave é o problema de compartilhamento de informações. Assim como na previsão colaborativa, o planejamento colaborativo requer a troca de informações estritamente confidenciais, e esse intercâmbio de dados com fornecedores e clientes não é fácil. Mas, considerando suas vantagens competitivas, o planejamento conjunto da produção é inevitável. Os parceiros comerciais que conseguirem superar esses obstáculos serão os primeiros a obter vantagem na nova concorrência entre as cadeias de suprimentos.

A menos que você possua muita experiência em tecnologia da informação, a quantidade de softwares disponíveis para o planejamento da cadeia de suprimentos pode parecer impressionante. No entanto, não é necessário instalar tudo de uma só vez; você pode começar a partir do que já utiliza e paulatinamente incrementar seu kit de ferramentas corporativas até descobrir que a ferramenta certa sempre estará disponível. O ponto de partida é compreender as opções de ferramentas disponíveis e a utilização adequada de cada uma. Tão essenciais como o sistema ERP pode ser

para sua empresa, os modelos realistas de sua cadeia também precisam ser criados, utilizando sistemas APS e simuladores para planejar o fluxo de produtos mais lucrativo em sua cadeia.

Exercícios

1) Que processos são objeto de programação em uma empresa isoladamente?

2) Em que condições é sugerida a aplicação de técnicas de programação para a frente ou para trás?

3) Destaque os principais módulos integrantes de sistemas de programação ERP e de que forma se desenvolve a lógica do sistema.

4) O sistema de programação ERP baseia-se no objetivo de otimizar o uso de recursos da empresa. Explique como isso é conseguido pelo sistema.

5) Quais parâmetros devem ser introduzidos no sistema ERP para que este opere e de onde eles provêem?

6) Relacione as principais vantagens de utilização do sistema ERP e suas limitações.

7) Examine os módulos componentes do sistema APS e sua lógica de operação.

8) Quais as vantagens que o sistema APS acrescenta aos sistemas ERP?

9) Em que condições é interessante utilizar-se de sistemas de simulação na programação dos processos empresariais?

10) Analise o funcionamento coordenado da programação dos processos empresariais através dos três sistemas: ERP, APS e simulação.

11) Exemplifique as possíveis redundâncias que ocorrem quando o planejamento e a programação entre empresas se processam isoladamente.

12) Cite as principais dificuldades encontradas para a programação colaborativa entre as empresas de uma CS.

12

Melhorando o Desempenho

As técnicas de previsão da demanda e planejamento do produto oferecem inúmeras oportunidades de melhorar o desempenho de uma cadeia de suprimentos, mas esses aprimoramentos não ocorrem automaticamente. O principal alicerce de qualquer trabalho de aperfeiçoamento é um conjunto de objetivos comerciais claro e coerente. Sabendo aonde você deseja chegar, é possível descobrir como proceder e então escolher as melhores formas de avaliar seu progresso. Entretanto, os objetivos apenas funcionam se conseguirem orientar a empresa na mesma direção, e por isso precisam ser cuidadosamente alinhados entre si. Finalmente, embora o foco da maioria das tentativas esteja nas melhorias operacionais, a previsão e o planejamento são, por si sós, recursos avançados que você precisa monitorar e aprimorar ao longo do tempo.

Definindo Objetivos

A medida é orientada pelos objetivos

O Capítulo 9 apresentou uma estrutura para compreendermos a ampla gama de medidas disponíveis para monitoramento do desempenho das cadeias de suprimentos e sua organização em termos de medidas de tempo, custos, eficiência e eficácia. Apesar de todas possibilitarem o acesso a algum dado útil, seu verdadeiro valor está na contribuição ao acompanhamento do progresso direcionado a objetivos específicos. Basicamente, necessita de um conjunto de objetivos comerciais claro e coerente para orientar seus esforços canalizados para as melhorias em sua cadeia de suprimentos. Você está tentando reduzir custos? Aumentar a satisfação dos clientes? Fazer seus produtos chegarem ao mercado mais rapidamente? Ampliar sua participação no mercado? Todas as anteriores? Se você não souber qual meta deseja cumprir, nenhuma dose de medidas solucionará seu problema.

Uma vez estabelecidos os objetivos, a medida do progresso em relação a esses objetivos é direta (Figura 12.1). O primeiro passo é escolher um conjunto adequado de medidas para acompanhamento de seu progresso visando a cada objetivo. Para cada medida selecionada, você precisa de um parâmetro de leitura para determinar seu desempenho atual, definir uma meta para seu desempenho futuro e, em seguida, realizar leituras periódicas para acompanhar o progresso em relação a sua meta. Se sua intenção é melhorar a eficiência de seu processo de atendimento, por exemplo, você poderia decidir medir o lead time de atendimento, o custo de processamento do pedido e o número de pedidos registrado por representante de serviços ao cliente. Essa estratégia combateria o problema a partir de três perspectivas diferentes: tempo, custo e eficiência. Cada uma dessas medidas passaria pelo ciclo demonstrado na Figura 12.1.

Toda medida requer uma meta

Como podemos ver por esse exemplo, a aplicação de diversas medidas para cada objetivo pode ajudar a garantir que sua empresa realmente está melhorando o desempenho, e não apenas acumulando resultados. A redução do lead time de atendimento é positiva, mas, se ao mesmo tempo o custo por pedido se eleva, isso quer dizer que a real melhoria na eficiência pode não estar ocorrendo. Igualmente, a medida isolada da produtividade por representante de serviços ao cliente pode não proporcionar um panorama completo, porque seria possível atingir a meta dessa medida dispensando alguns representantes e distribuindo o trabalho entre os funcionários remanescentes, tornando assim o processo de atendimento mais vagaroso. Desse modo, mesmo três medidas podem não ser suficientes nesse caso; talvez seja possível alcançar as três metas forçando todos a trabalhar mais rápido, provocando erros que custam mais que a economia proveniente das melhorias. Se essa for uma preocupação genuína, seria aconselhável incrementar esse grupo de medidas com uma medida de precisão do pedido ou satisfação do cliente.

Múltiplas medidas validam as melhorias

Figura 12.1
Medindo o desempenho

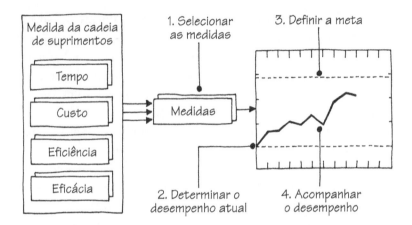

Observe padrões entre as medidas

O exemplo também ilustra a importância de procurar padrões na forma como medidas relacionadas se alteram no decorrer do tempo. Citando outro exemplo, suponha que você está tentando melhorar sua competitividade aumentando o nível de serviço ao cliente (CSL). Se suas medidas de CSL sobem mas as medidas de satisfação do cliente não as acompanham, isso sinaliza que há algo errado, seja com o objetivo, seja com as medidas. Existe a possibilidade de seus clientes realmente estarem insatisfeitos com alguma coisa que não seja o nível de serviço ou talvez você esteja utilizando as medidas erradas de CSL. Mas um padrão inesperado indica que algo está errado e você precisa descobrir o que pode ser.

Mantenha quantidades razoáveis de objetivos

O fato de várias medidas serem necessárias para cada objetivo enfatiza a importância de sempre se lidar com uma quantidade razoável de objetivos por vez. Pesquisas revelam que a maior parte das empresas define números exagerados de objetivos e utiliza pouquíssimas medidas, causando conflitos no direcionamento da companhia e confusão com relação a seu progresso. De acordo com os resultados de um estudo, os líderes de mercado em matéria de desempenho da cadeia de suprimentos costumam concentrar seus esforços em três a cinco áreas-chave, definindo e acompanhando diversas medidas referentes a cada área. Outra característica interessante dessas empresas líderes está no fato de preferirem medidas de eficácia às medidas de eficiência. Por exemplo, 85% medem entregas pontuais, ao passo que apenas 75% medem custos da cadeia de suprimentos e pouco mais da metade (53%) medem a rotatividade dos estoques.

Outro ponto fundamental para o êxito nos aprimoramentos é estabelecer metas realistas e exeqüíveis para cada medida. Imagine que você decida adotar uma medida de pedido perfeito e descubra que seu índice atual é de 82%. Seu objetivo pode ser elevá-lo para 97%, mas alcançar esse nível de aperfeiçoamento em um intervalo de tempo médio provavelmente não seria uma meta realista. Talvez uma estratégia melhor fosse definir algo em torno de 90% após um ano, 95% após outro ano e 97% para o terceiro ano. Assim você obtém uma série de êxitos controlados como ponto de partida, em vez de realizar uma tentativa única e tempestuosa direcionada a sua meta final.

Os objetivos devem ser exeqüíveis

Existem três formas usuais de estabelecer objetivos: buscar uma melhoria percentual em relação ao desempenho atual, realizar um benchmarking com você mesmo em relação à concorrência e usar os modelos formais para descobrir oportunidades de melhorias. A definição de melhorias percentuais é sem dúvida a mais comum das três, provavelmente por ser a mais fácil, mas também existem vantagens importantes na utilização das outras duas técnicas. Por exemplo, se os benchmarks com a concorrência revelarem que você se enquadra entre as melhores empresas do mercado em determinada medida, uma tentativa de elevar essa medida em um percentual alto terá grandes chances de fracassar e poderá levar seu desempenho superior para a ruína também.

Há três maneiras de definir os objetivos

Outro aspecto atraente dos benchmarks por setor é que eles revelam as diferenças entre a concorrência, e diferenças maiores geralmente se traduzem em oportunidades maiores. Os benchmarks de cadeia de suprimentos, ao contrário de outras áreas operacionais, costumam revelar discrepâncias consideráveis em desempenho. A Figura 12.2 ilustra alguns resultados de uma pesquisa que comparou empresas cujo desempenho na cadeia de suprimentos foi classificado como 'bom' a 'excelente' com empresas de desempenho considerado 'insatisfatório'. A diferença entre as empresas não foi por poucos pontos percentuais: as empresas no ponto inferior da escala levavam quase 50% mais tempo para atender seus pedidos e girar seu capital, mantinham estoque praticamente pelo dobro do tempo e registravam o dobro de entregas atrasadas. Trata-se de uma enorme defasagem que representa uma vantagem competitiva e financeira extraordinária para as empresas superiores na escala.

Os benchmarks revelam diferenças no desempenho

Figura 12.2
Alguns dos benchmarks mais comuns

Medida	Classificação das empresas	
	Bom a excelente	Insatisfatório
Lead time	15 dias	21 dias
Tempo do ciclo financeiro	60 dias	95 dias
Entregas pontuais	95%	90%
Giros de estoque	10 giros	6 giros

Os modelos sugerem estratégias inovadoras

A menos comum de todas as técnicas de definição de metas é a aplicação de modelos formais, o que é lamentável, pois essa abordagem pode ser a mais reveladora das três. Se você utiliza um sistema APS ou um simulador para modelar sua cadeia de suprimentos e buscar soluções ótimas, poderá descobrir potencial para alcançar um desempenho inimaginável numa área inesperada. Melhor ainda, em vez de apenas oferecer um feedback geral sobre seu desempenho em relação à concorrência, o modelo mostrará exatamente o que você deve fazer para alcançar esse diferencial. Por exemplo, poderia revelar que a terceirização de todas as suas entregas para a Federal Express duplicaria seu desempenho em diversas medidas-chave, ao mesmo tempo cortando seus principais custos, ainda que as entregas individuais fossem mais caras do que são agora. É claro que a eficácia do modelo depende das suposições que o sustentam, mas é possível testá-lo experimentando a nova idéia em pequena escala e refinar essas suposições com base nos resultados que o modelo apontar.

Evitando Conflitos

Os objetivos costumam gerar conflitos

Depois de escolher suas medidas e definir suas metas, os valores reais que você gravar fornecerão feedback constante sobre seu desempenho em relação a seus objetivos. Em princípio, desde que cada medida se mova na direção desejada, você provavelmente observará estabilidade na melhoria de sua cadeia de suprimentos. Na prática, porém, os objetivos muitas vezes são conflitantes entre si, fazendo com que o progresso direcionado a um objetivo o afaste de outro objetivo. Esse problema ligado aos objetivos conflitantes pode ser particularmente difícil de detectar nas cadeias de suprimentos, uma vez que grupos diferentes dentro da empresa podem definir os próprios objetivos sem nunca perceber que estão gerando conflitos. No entanto, se você não conseguir detectar e eliminar esses conflitos, sua empresa irá trabalhar contra si mesma, empenhando-se bastante mas reduzindo sua capacidade de garantir um progresso efetivo.

A Figura 12.3 demonstra um exemplo simples, mas comum, desse tipo de conflito. Uma equipe de manufatura visa alcançar o objetivo de aumentar os giros de estoque de 14 para 18 e por isso está tentando reduzir seus três estoques. Enquanto isso, a equipe de compras busca a meta de redução de custos de pedido em 10% efetuando pedidos maiores, o que aumenta o estoque de matérias-primas em vez de reduzi-lo. Paralelamente, a força de vendas empurra alucinadamente produtos porta afora para receber bônus por atingir sua meta de vendas trimestral, e precisa de mais produtos acabados para poder oferecer aos clientes mais opções e maior agilidade de entrega. Em vez de conduzir a empresa a um ritmo constante de melhorias, esses objetivos incompatíveis geram uma tensão crônica que move a empresa em direções diferentes. A empresa quer se mover rapidamente, mas, assim como o monstro de Frankenstein, a maior parte de sua energia se dedica a coordenar os próprios movimentos e o melhor que consegue fazer é cambalear.

Os níveis de estoque são um campo de batalha comum

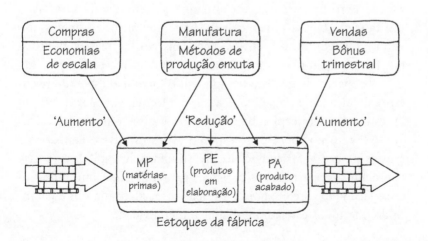

Figura 12.3 Conflitos de objetivos

É preciso alinhar os objetivos entre os departamentos

Fica claro que a única maneira de obter um verdadeiro progresso é alinhando os objetivos entre todos os departamentos envolvidos no gerenciamento da cadeia. Infelizmente, o gerenciamento eficaz da cadeia de suprimentos envolve quase todos os departamentos da empresa, e as tradicionais motivações e práticas desses grupos fazem com que o alinhamento se torne um processo complicado. Em vários casos, nem se sabe como transformar objetivos em pontos comuns. Como os incentivos de vendas, baseados em receita, podem alinhar-se com os objetivos de produção, baseados em custo, qualidade, produtividade e outras medidas? E se o alinhamento de objetivos dentro de uma única empresa é tão complicado assim, como um grupo de empresas independentes espera definir e alcançar objetivos comuns em uma cadeia de suprimentos?

O lucro oferece uma base para o alinhamento

Uma das estratégias para solucionar esse problema é encontrar um objetivo único e comum e utilizá-lo como ponto de partida para mapear todos os objetivos. O candidato óbvio para definir esse objetivo comum é o lucro; se o alcance de um objetivo reduz os lucros em vez de elevá-los, talvez não seja um objetivo benéfico. Obviamente, alguns objetivos podem reduzir os lucros de curto prazo para elevá-los a longo prazo, mas existem fórmulas comerciais padrão para enfrentar essa situação levando em consideração o valor tempo do investimento de capital.

Os objetivos conduzem aos lucros em três níveis

Na verdade, é útil pensar nos objetivos localizados em três níveis, correspondendo aos níveis de gerenciamento usados para organizar este livro: operações, planejamento e projeto (Figura 12.4). Para justificar os objetivos operacionais, basta demonstrar aumento nas vendas ou redução nos custos. Para objetivos de planejamento, é possível comparar o valor presente líquido dos lucros futuros com custos mais imediatos para demonstrar o lucro real esperado resultante do alcance do objetivo. Da mesma forma, você justificaria os investimentos em capital para melhorar o projeto da cadeia calculando o retorno sobre o investimento nesses ativos. Feitos esses ajustes para o valor tempo do investimento de capital, é preciso conseguir mapear todos os objetivos para a moeda comum dos lucros, facilitando a comparação de seus respectivos méritos e garantindo que todos estejam alinhados à lucratividade.

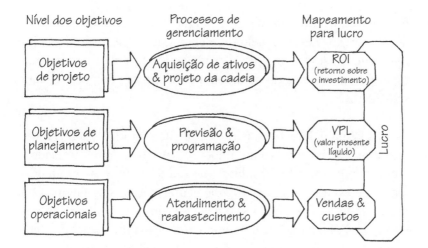

Figura 12.4
Mapeando os objetivos para o lucro

O mapeamento de objetivos para o lucro é simples em princípio, mas na prática pode rapidamente se tornar tão complexo que a única forma de compreender o impacto conjunto dos objetivos sobre o lucro é modelar a cadeia com esses objetivos posicionados e observar o que acontece. Para ter uma idéia da rapidez com que os conflitos surgem, considere o simples modelo conceitual de receita e despesa mostrado na Figura 12.5. Esse sistema comercial possui quatro inputs, todos monitorados, e um único output, o lucro. Conforme indicam os dois tipos de linhas de conexão do lado direito da figura, o lucro sobe com aumentos de receita e desce com aumentos de despesas. A receita, por sua vez, pode ser elevada aumentando-se os preços unitários ou o volume de vendas e as despesas podem ser reduzidas diminuindo-se os custos de capacidade ou de material. Até aqui, tudo bem; está perfeitamente claro em que direção girar o botão para aumentar os lucros.

O mapeamento de lucro revela conflitos

Bem, quase tudo — há um pequeno conflito, considerando que o aumento no preço além de um determinado ponto desestimula os compradores e reduz o volume de vendas, como indica o elo negativo entre preço e volume. Isso significa que o preço exerce efeitos conflitantes sobre a receita: a preços baixos, o aumento do preço aumenta a receita; a preços altos, o aumento do preço reduz a receita. O ponto em que os lucros atingem um pico seria, é claro, um bom preço a ser estipulado para um produto. Mas qual é esse preço? Depende das especificidades do modelo: os valores dos

Os preços naturalmente envolvem um trade-off

parâmetros, os formatos das relações individuais, e assim por diante. Pelo menos nesse modelo simples, a redução do custo de materiais sempre elevará seu lucro, mas não existe uma regra simples capaz de nos dizer como o aumento ou a redução do preço afetará seus lucros.

Acrescentar medidas complica os trade-offs

Esta não é uma descoberta particularmente profunda: todo gerente sabe que o preço envolve um trade-off entre o lucro por unidade e o número de unidades vendidas. Mas o modelo se torna um pouco mais interessante com a adição de alguns objetivos. A Figura 12.6 mostra o mesmo modelo básico de lucro com três medidas comuns de desempenho de cadeia de suprimentos: lead time, índice de atendimento e estoque. É óbvio como essas medidas aparecerão nos objetivos da cadeia de suprimentos; quase todas as empresas gostariam de reduzir seus lead times, melhorar seus índices de atendimento e diminuir seus níveis de estoque. Mas esses objetivos são compatíveis?

Figura 12.5
Modelo básico de receita e despesa

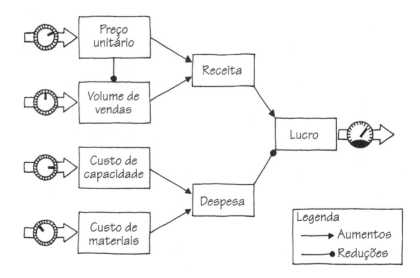

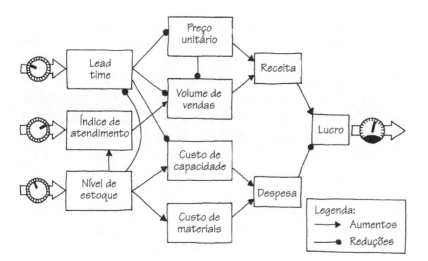

Figura 12.6
Alinhando as medidas ao lucro

Considere os efeitos dos níveis de estoque. Como podemos ver pelas conexões do lado esquerdo do diagrama, níveis altos de estoque aumentam o custo de capacidade e de material, ou seja, a redução do estoque definitivamente reduziria as despesas. Mas a manutenção de mais estoque permite índices de atendimento mais altos e lead times mais curtos, e é exatamente nesse ponto que se localiza o conflito dos objetivos. É claro que existem outrs modos de melhorar os lead times e os índices de atendimento. Você poderia, por exemplo, reduzir os lead times instalando os estoques mais perto dos clientes, mas isso elevaria os custos de capacidade, pois exigiria mais instalações de armazenagem. E assim por diante. Em suma, simplesmente não existe nenhuma maneira de prever os efeitos das mudanças em qualquer uma dessas medidas sem uma compreensão detalhada do sistema como um todo. Ainda que seja 'óbvia' a direção em que se deve girar o botão, qualquer modificação que você realizasse poderia terminar prejudicando o lucro em vez de incentivar sua melhoria.

É difícil prever os efeitos sobre o lucro

Há uma grande lição a ser aprendida com esse pequeno modelo: não existem fórmulas simples de melhorar sua cadeia de suprimentos. A redução dos lead times, a melhoria nos índices de atendimento e o aumento no número de giros podem promover aprimoramentos consideráveis no desempenho, mas também causar mais prejuízos do que benefícios. Cada uma dessas medidas possui uma definição ótima, e essas definições interagem de forma com-

Apenas os modelos conseguem revelar metas ideais

plexa. A única maneira de melhorar sua cadeia de suprimentos com segurança é modelá-la e permitir que o modelo procure as definições que resultarão no lucro máximo. A partir disso, é possível usar essas definições como metas para cada medida em vez de escolher metas arbitrárias ou simplesmente dedicar o maior esforço possível no que parece ser a direção correta. Se o modelo afirmar que você deve aumentar os giros de estoque de dez para 15, então não ultrapasse 15; forçá-los para 20 pode ser tão ruim para sua empresa quanto mantê-los em dez.

A definição de objetivos é uma questão de equilíbrio

Essa lição pode ser difícil de digerir. Ao longo da história dos negócios, os gerentes fizeram julgamentos subjetivos sobre as medidas que melhorariam o desempenho de seus grupos e, em seguida, trabalharam com essas medidas escolhidas da melhor forma possível. Essa fórmula tradicional para o sucesso foi abalada nas últimas décadas com o advento da tecnologia da informação. Os modelos matemáticos e de simulação hoje revelam a verdadeira complexidade dos sistemas de negócios, evidenciando a complexa interdependência entre objetivos e medidas, cujos méritos próprios um dia pareceram bastar. Hoje, o caminho para a excelência não está na melhoria das medidas de desempenho individuais, como giros de estoque e índices de atendimento, mas na aplicação de modelos formais buscando encontrar o melhor equilíbrio entre essas medidas.

Alinhando Incentivos

A motivação para as mudanças requer incentivos

Em suma, a melhoria do desempenho de sua cadeia de suprimentos envolve a utilização de modelos formais para encontrar os níveis de desempenho que maximizem o lucro, definindo os objetivos para que se movam no sentido desses níveis e adotando medidas sistemáticas de acompanhamento do progresso. Esse panorama de sucesso está quase completo, mas ainda falta uma parte significativa: motivar seu pessoal para o alcance dos objetivos. Como todo gerente experiente sabe, não basta definir objetivos e forçar as pessoas a trabalhar de acordo com eles. É preciso oferecer incentivos que as recompensem por fazerem as escolhas certas, e esses estímulos precisam ser poderosos o suficiente para produzir mudanças significativas no comportamento.

Até hoje, os incentivos não são muito bem administrados no gerenciamento da cadeia de suprimentos. Os funcionários quase sempre recebem incentivos não sincronizados com os objetivos corporativos, e seus incentivos raramente são associados ao desempenho da cadeia de suprimentos. Um estudo recente revelou algumas estatísticas desanimadoras: apenas 25% das empresas dos Estados Unidos aplicam incentivos baseados no desempenho da cadeia de suprimentos; quase todos esses incentivos se baseiam em medidas internas de desempenho e não são vinculados ao desempenho da cadeia como um todo; a maioria das empresas opta pelas medidas erradas de seus incentivos; e seus incentivos quase nunca estão alinhados de forma a estimular o comportamento coerente. O uso de incentivos nitidamente carece de algumas modificações profundas.

Os incentivos precisam estar alinhados aos objetivos

Vamos analisar um exemplo da intensidade necessária para essas mudanças. Em vez de o sistema de comissões se basear no total de vendas, por que não baseá-lo na contribuição sobre os lucros? Se todos os seus produtos são igualmente lucrativos, não fará nenhuma diferença. Mas, se, como na maioria das empresas, quase todo o seu lucro se origina de 20% dos produtos (Capítulo 13), por que não incentivar a equipe de vendas a comercializar os produtos que realmente trazem retorno para você? Isso não só melhoraria seus resultados financeiros como motivaria sua força de vendas a apoiar iniciativas orientadas pelo lucro às quais, em outras circunstâncias, ela poderia se opor. Essas iniciativas incluiriam o aumento nos preços de produtos que não cobrem seus custos ou a manutenção de estoque de produtos acabados dentro de limites razoáveis. Tudo o que puderem fazer para aumentar a lucratividade dos produtos que comercializam significará dinheiro indo para o próprio bolso.

Alguns incentivos podem mudar significativamente

Depois de aceitar o lucro como denominador comum entre os objetivos, surgem oportunidades interessantes de reavaliação das políticas cuja existência você talvez nem tivesse percebido. A pergunta é: qual é a política que gerencia a seqüência com que você processa sua entrada de pedidos? A menos que sua empresa seja uma exceção, você possui uma política não definida e implícita de processá-los na ordem em que chegam. Uma pesquisa recente indicou que a realização de uma pequena mudança — o atendimento dos pedidos de acordo com seu potencial lucrativo, em vez de baseado na ordem de chegada — poderia aumentar os lucros médios em 18% ao

Nenhuma política deve escapar da análise

ano. A maioria dos gerentes ficaria empolgadíssima com essa oportunidade de salto nos lucros a partir de uma ínfima modificação, mas eles simplesmente jamais teriam essa idéia, a menos que já estivessem examinando cada política e sua respectiva contribuição para os lucros.

O alinhamento de incentivos é uma poderosa ferramenta

O alinhamento de incentivos é uma disciplina complexa com alicerces matemáticos robustos, mas a mensagem comercial é simples: é preciso ter certeza de que os ganhos pessoais de todos sejam coerentes com seus objetivos como empresa. A boa notícia é que os incentivos realmente funcionam; com raras exceções, os funcionários de sua empresa se comportarão de maneira que maximizem suas recompensas individuais, independentemente de como essas recompensas são definidas. Se você conseguir alinhar os incentivos de sua empresa de forma que todos apontem na mesma direção, criará uma força poderosa que pode conduzir a empresa a níveis de desempenho sem precedentes. Se permitir que esses incentivos se orientem em direções diferentes, toda essa energia será canalizada contra si mesma e a oportunidade de alcançar um desempenho exemplar será perdida.

A melhoria no desempenho engloba quatro etapas

Adicionada a parte que faltava — o alinhamento de incentivos pela organização —, o quadro se completa: o alcance do máximo desempenho de sua empresa requer a passagem por quatro etapas distintas (Figura 12.7). Primeiro, utilize modelos de negócios para identificar a combinação de metas de desempenho que maximizem os lucros. Em segundo lugar, estabeleça objetivos exeqüíveis que aproximem sua empresa da configuração ideal. Em terceiro lugar, motive seus funcionários para que busquem esses objetivos fazendo com que os incentivos que recebem dependam do cumprimento das metas. Em quarto lugar, defina um programa sistemático de medida para acompanhar seu progresso em cada objetivo. Como vemos pela ilustração, os resultados dessas medidas oferecem o feedback necessário para orientar o programa inteiro: eles determinam o tamanho das recompensas em incentivos, indicam qual o progresso que está conseguindo no sentido de alcançar suas metas e fornecem um feedback crucial sobre o modelo de negócios para que você possa aperfeiçoá-lo ao longo do tempo.

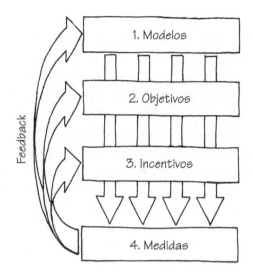

Figura 12.7
Melhorando o desempenho

Para melhorar o desempenho de uma cadeia de suprimentos, o processo ilustrado na Figura 12.7 deve ser aplicado não apenas em sua própria empresa, mas na cadeia como um todo. Um dos grandes insights do moderno gerenciamento de cadeias de suprimentos é que as melhorias em um único elo da cadeia geralmente prejudicam os outros elos de modo que acabam anulando os benefícios localizados. Os programas corporativos descritos no Capítulo 3 exemplificam muito bem esse princípio pelo qual normalmente se solucionam problemas da cadeia de suprimentos transferindo-os para outros integrantes da cadeia. Para que a cadeia se aprimore como um todo, seus integrantes precisam estar dispostos a sacrificar essas vantagens localizadas visando ao benefício superior de fazer parte de uma cadeia bem-sucedida. Num primeiro momento, isso parece remeter a algo semelhante a um tipo de altruísmo corporativo, mas não é; existem formas de fazer com que todos os envolvidos se beneficiem, e a descoberta dessas formas é a chave para construir uma cadeia competitiva.

O alinhamento deve abranger diversas empresas

É justamente aí que a idéia de mapear todos os objetivos visando ao lucro realmente se torna importante. Em poucas palavras, o lucro pode ser o único objetivo que todas as empresas numa cadeia têm em comum. Se seus lucros individuais puderem ser alinhados aos lucros totais da cadeia, então passa a ser de interesse de todas as empresas trabalhar para o benefício da cadeia. Se não estiverem alinhados, inevitavelmente irão se orientar em direções distintas e reduzirão o desempenho da cadeia.

Os lucros alinham os objetivos entre a cadeia

Lucros compartilhados sempre exigem trade-offs

A intenção não é afirmar que o elemento competitivo das relações comerciais pode ser totalmente eliminado; a discussão sobre a teoria dos jogos no Capítulo 3 deixou isso muito claro. Em vez disso, o objetivo deve ser neutralizar o elemento competitivo movendo as relações para a região ganha-ganha e distribuindo os ganhos igualmente. É mais difícil visualizar essa função de trade-off quando diversas empresas estão envolvidas, porque o gráfico bidimensional mostrado na Figura 3.10 precisaria ser expandido em muitas dimensões, com um eixo separado para cada empresa. Mas você não necessita visualizar o resultado — esses diagramas servem para explicar o conceito, mas na verdade não são utilizados na prática. Imprescindível mesmo é construir um modelo compartilhado da cadeia, otimizar esse modelo para maximizar o lucro total ao longo da cadeia e então negociar a distribuição desse lucro.

Aperfeiçoando o Planejamento

Os processos de planejamento também precisam de melhorias

Embora os exemplos citados nas seções anteriores sejam focados nos objetivos de desempenho operacional, este é apenas um dos três níveis de objetivos mostrados na Figura 12.4. O nível operacional normalmente recebe mais atenção em se tratando de desempenho porque as recompensas pelas melhorias surgem imediatamente, mas há o perigo de manter tanta concentração nas operações que podem escapar oportunidades ainda melhores criadas pelo projeto e planejamento de sua cadeia. Sim, você pode aumentar seu nível de serviço aos clientes mantendo o estoque mais perto deles, mas isso exige níveis de estoque mais altos, ou seja, um objetivo operacional está apenas em conflito com outro. Por outro lado, se você conseguir melhorar sua capacidade de prever as exigências de seus clientes e programar os suprimentos para que cheguem apenas aonde são necessários, talvez consiga melhorar seu nível de serviço e ainda *reduzir* seu estoque total. Isso equivaleria a ganhos para ambas as medidas.

A previsão precisa rastrear erros

A previsão possibilita um excelente ponto de discussão. Como qualquer pessoa em sua empresa poderia informá-lo sem hesitar, a primeira regra referente à tarefa de calcular previsões é: elas estão sempre erradas. Não importa quanto sua previsão dos componentes sistemáticos da demanda seja boa, há sempre um componente aleatório que não pode ser previsto. Considerando essa limitação inerente, melhorar as previsões não significa eliminar completamente os erros. Na verdade, o objetivo é fazer com que o erro residual seja o menor possível, eliminando qualquer viés direcionado ao excesso ou deficiência na previsão da demanda. Para a concretização desse objetivo, são necessárias duas medidas, uma para medir a amplitude dos erros de previsão e outra para monitorar o viés. Ambas as medidas são calculadas a partir de um conjunto de previsões comparáveis, tais como previsões de um determinado produto em diferentes áreas de vendas.

Os especialistas em previsão possuem inúmeras estatísticas valiosas de análise da amplitude dos erros, mas para fins de gerenciamento sua melhor escolha provavelmente é o **desvio absoluto médio percentual** (*mean absolute percentage error* — Mape). Explicando brevemente, o Mape indica quantos pontos percentuais as previsões tendem a ficar fora da marca, independentemente de serem altas ou baixas demais. Controlando o Mape ao longo do tempo, é possível visualizar se você está tendo sucesso na redução do tamanho dos erros ou garantir que um procedimento confiável de previsão não o decepcione. Na Figura 12.8, o produto A possui um erro de previsão moderado mas estável, ao passo que o produto B possui um erro menor em média, mas depois parece ficar descontrolado. Como ilustra esse exemplo, uma das vantagens da utilização de uma medida baseada em porcentagens é que ela transforma as amplitudes dos erros em unidades-padrão, anulando quaisquer diferenças devido ao volume real de vendas.

O Mape (DAM percentual) monitora a dimensão dos erros

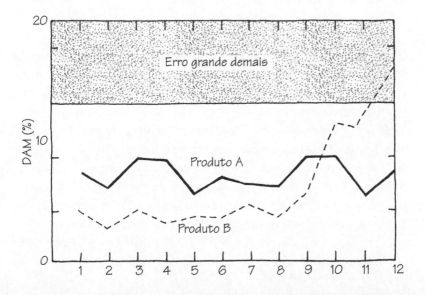

Figura 12.8
Medindo a amplitude dos erros de previsão

O rastreamento de sinal monitora o viés

Para monitorar o *viés* dos erros de previsão, o **rastreamento de sinal** (*tracking signal*) é uma ótima escolha para os gerentes porque, como o Mape, expressa o viés em unidades-padrão que não dependem do volume de vendas. Quando não há viés, o rastreamento de sinal é igual a zero. Um sinal positivo significa que a maioria dos erros ocorreu porque a demanda excedeu a previsão, ao passo que um sinal negativo significa que a demanda ficou abaixo da previsão. A Figura 12.9 mostra que o produto A, que é estável em termos de amplitude de erros, não está se saindo muito bem na medida Mape porque exibe um viés crescente em relação à previsão de uma demanda maior que a efetiva. O produto B, que demonstra erros cada vez maiores, saiu-se bem na medida Mape porque ainda não demonstra nenhuma tendência de superar ou ficar abaixo da marca.

As medidas de erro possuem limites automáticos

Os gráficos das figuras 12.8 e 12.9 ilustram como os erros de previsão são monitorados, mas não é realmente necessário desenhar esses gráficos na prática. Em vez disso, os especialistas em previsões estabelecem limites nessas medidas, como indicam as áreas sombreadas nos diagramas, e deixam que seus sistemas de previsão os alertem para previsões que extrapolam os limites. O uso desses limites automáticos facilita o acompanhamento do progresso visando aos objetivos de melhoria do processo de previsão — basta definir o limite para o nível desejado e o software o avisará sempre que você o exceder. Os limites mostrados nas figuras 12.8 e 12.9 são relativamente normais para produtos volumosos. Manter o Mape em dígitos únicos é bom sinal, e um rastreamento de sinal maior que quatro a seis pontos a partir de zero é motivo de preocupação.

Enfrente as violações de acordo com a técnica

O que fazer quando uma medida de erro de previsão exceder um de seus limites? A resposta depende da técnica de previsão que você estiver utilizando. Se a amplitude ultrapassa os limites e você está baseando suas previsões em pesquisa de mercado, precisará melhorar a credibilidade de seus dados com o aumento do tamanho de suas amostras. Se está utilizando o método Delphi e obtendo um viés coerente em relação ao excesso de previsão, deveria conversar com os integrantes da equipe de previsões sobre a origem de tanto otimismo. Se está aplicando as técnicas de séries temporais, então um desmembramento na amplitude ou no viés está lhe dizendo que chegou a hora de considerar o uso de um modelo mais poderoso.

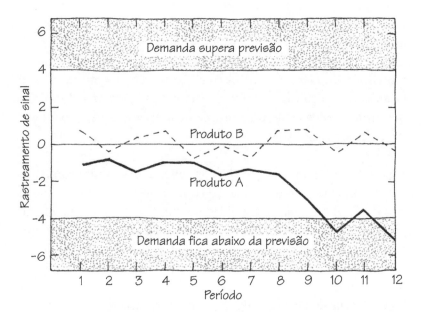

Figura 12.9
Medindo o viés nos erros de previsão

A decomposição de um método de previsão nem sempre é negativa. Suponha que você tenha obtido êxito na previsão da demanda de um produto baseando-se em médias de execução de um conjunto de anos, mas agora o componente de erro está aumentando a cada mês e o rastreamento de sinal atingiu oito. Isso apenas significa que a demanda desse produto era estática mas passou a crescer, e você precisa adicionar um componente de tendência a seu modelo de previsão para ajustar esse aumento. A obrigação de ajustar uma técnica de previsão porque as vendas estão decolando é o tipo de problema com que a maioria dos gerentes adoraria deparar.

As falhas na previsão podem ser positivas

Ao contrário dessas técnicas consagradas de monitoramento dos erros de previsão, muito pouca atenção foi dedicada à medida dos erros de programação. No entanto, os mesmos princípios se aplicam, e a melhor abordagem é medir sistematicamente a amplitude e o viés dos erros de programação, estabelecendo limites em ambos para acionar alarmes quando qualquer dos dois erros atinge proporções muito grandes. O problema mais comum é que as programações são constantemente perdidas, às vezes com tanta regularidade que os planejadores — e seus gerentes — se tornam fatalistas. Mas fatalismo é a reação errada a essa situação. Se houver um viés coerente no processo de programação, ele pode e deve ser corrigido, quem sabe apenas com a adição de uma correção nas datas indicadas pelo processo de planejamento. Essa é uma prática co-

A programação também requer o monitoramento

mum, mas normalmente assume uma forma para omitir 'fatores disfarçados', os quais os planejadores tentam esconder da gerência. Uma abordagem muito melhor é tratar as datas de conclusão como 'previsões' de eventos futuros que são inerentemente incertos e desenvolver técnicas comuns e sistemáticas para transformar o output dos sistemas de programação em previsões exeqüíveis das datas reais de conclusão.

A previsão flui naturalmente na programação

A previsão e a programação são comumente observadas como atividades isoladas e são coordenadas por grupos diferentes, mas o fato é que existe uma continuidade natural entre ambas na qual o processo de previsão flui harmoniosamente para o processo de programação. Em vez de prever a demanda para um determinado intervalo de tempo, e então criar cronogramas para atender a demanda, uma técnica mais eficaz seria fazer uma previsão contínua que informasse constantemente os cronogramas que dela dependem. Assim, a incerteza pode ser eliminada da previsão em cada período à medida que esse período se aproxima, permitindo que você afine as execuções de produção conforme se aproxima de suas datas de início.

Utilize os erros de previsão na criação dos cronogramas

Embora não seja uma prática usual, outra técnica útil é usar a análise dos erros de previsão para melhorar a qualidade do processo de programação. Se você sabe que existe um viés crescente visando a superestimar a demanda de uma determinada linha de produtos, por exemplo, certamente faz sentido restringir a produção programada de forma correspondente. Mais importante ainda, a amplitude do erro de previsão oferece dados para o gerenciamento de riscos na programação da produção. Sabendo que suas previsões para um determinado produto são normalmente erradas em 20%, você precisa manter estoque de segurança e capacidade de reserva substancialmente maiores do que no caso de um produto cujo erro de previsão atinge 5%.

Melhorar o desempenho de uma cadeia de suprimentos não é uma tarefa fácil, mas a nova concorrência entre as cadeias significa que esse é um problema que você precisa solucionar. A principal dica que você não deve esquecer deste capítulo é que não existem respostas simples nem fórmulas mágicas para eliminar o excesso de tempo e

custos. As tentativas de reduzir os lead times e acelerar o fluxo de estoque, entre outros objetivos usuais, podem ser parte de uma solução global, mas também podem agravar o problema. Se você busca uma orientação clara que o mantenha no caminho do sucesso, preste atenção a esta afirmação: a única forma segura de aprimorar sua cadeia de suprimentos é modelando-a e permitindo que o modelo pesquise as configurações que irão gerar o maior lucro. Aproveite o fato de essa ser uma mensagem difícil de ser aceita pela maioria dos gerentes e beneficie-se disso: aceite e oriente-se por essa idéia enquanto os outros ainda a estão digerindo.

Exercícios

1) Utilizando o modelo da Figura 12.1, demonstre algumas situações reais de objetivos traçados e as medidas de performance adotadas para avaliação.

2) Por que utilizar várias medidas para avaliação do mesmo objetivo?

3) O benchmark é uma técnica bastante útil na definição dos objetivos empresariais. Como pode ser implantado?

4) Com base na Figura 12.2, estabeleça as possíveis implicações de cada medida de desempenho para a empresa de alta e baixa performance.

5) Explique a idéia de conflito de objetivos funcionais dentro da própria organização.

6) Usando a Figura 12.6, que revela a interdependência entre as medidas de avaliação de desempenho, examine que conseqüências uma redução no lead time de entrega dos produtos causaria nas demais medidas.

7) O que significa alinhamento dos incentivos aos recursos humanos da empresa aos objetivos da CS?

8) O monitoramento das previsões é uma das formas de melhorar o planejamento. Como são definidos as medidas DAM (desvio absoluto médio) e o rastreamento do sinal para um modelo de previsão?

9) Qual a utilidade do monitoramento do modelo de previsão adotado? O que fazer quando o DAM ou o rastreamento do sinal indicar em valores maiores que os esperados?

PARTE V

Projeto

PARTE I: Desafios	1	A Nova Concorrência	2	As Regras do Jogo	3	Vencendo como um Time
PARTE II: Soluções	4	Cadeias de Suprimentos como Sistemas	5	Modelando a Cadeia de Suprimentos	6	Softwares de Cadeia de Suprimentos
		Demanda		**Suprimento**		**Desempenho**
PARTE III: Operações	7	Atendendo à Demanda	8	Mantendo o Suprimento	9	Avaliando o Desempenho
PARTE IV: Planejamento	10	Prevendo a Demanda	11	Programando o Suprimento	12	Melhorando o Desempenho
PARTE V: Projeto	13	**Controlando a Demanda**	14	**Projetando a Cadeia**	15	**Maximizando o Desempenho**

13

Controlando a Demanda

Este capítulo assinala a transição para o nível mais alto de gerenciamento da cadeia de suprimentos: a tomada de decisões sobre projetos que essencialmente determinam os recursos e as limitações de sua cadeia. O primeiro passo no projeto de uma cadeia de suprimentos é compreender o padrão de demanda que essa cadeia deve atender. Esse padrão de demanda é formado pela interseção das exigências dos clientes, conforme descrito na primeira seção, e das limitações dos produtos, expostas na segunda seção. Embora a demanda não se forme por teorias, a terceira seção apresenta diversas técnicas que podem ser usadas para aperfeiçoar a configuração da demanda para que se ajuste à sua cadeia, incluindo algumas técnicas que de fato melhoram a demanda por meio de sua redução. A última seção analisa o fenômeno de ampliação da demanda e revela que grande parte dessa ampliação é causada por práticas-padrão no gerenciamento da cadeia de suprimentos que podem facilmente ser modificadas para estabilizar o fluxo de demanda.

Conhecendo o Cliente

Com os softwares modernos, o projeto das cadeias de suprimentos se tornou muito mais fácil que no passado. No lugar de complexos e demorados cálculos de distâncias, custos, tempos, tamanhos de pedidos e outras quantidades, os planejadores hoje podem utilizar softwares para gerar esses valores automaticamente, com base em análises geográficas da demanda e do suprimento. Tendo essas poderosas ferramentas à disposição, os gerentes de cadeias de suprimentos conseguem manter sua atenção focada em tarefas mais elaboradas referentes à análise da demanda, definição de objetivos e identificação de limitações.

A maior parte do projeto é feita em softwares

O ponto de partida desse processo é realizar uma análise geográfica da demanda. Essa análise pode se resumir à elaboração de um gráfico das localizações dos clientes em um mapa ou pode ser tão complexa quanto associar dados de perfil de clientes com números de densidade populacional divididos em estratos por renda ou outras características. Se seus clientes são grandes empresas e você atende apenas algumas dezenas delas, pode trabalhar diretamente com localizações individuais dos clientes. Se seus clientes somam milhares, você precisará agrupá-los em regiões de serviços e usar os dados das regiões nas análises. Existem várias técnicas de distribuição de clientes em regiões, mas o meio mais fácil é a utilização de códigos postais. Uma norma prática comum é agregar os clientes em cerca de 150 a 200 regiões, cada uma representada por um ponto central de serviços. Esse é um número gerenciável de localizações para fins de planejamento e não introduz mais que cerca de 1% de erro na estimativa dos custos totais de transporte.

Os padrões de compras dos clientes influenciam os requisitos

Além de analisar o volume e o tipo de produtos comprados pelos clientes, é importante examinar seus verdadeiros padrões de compras. A análise deve se concentrar em cinco fatores principais, como mostra a Figura 13.1: o volume total de produtos que o cliente compra por período, a freqüência dos pedidos, o tamanho dos lotes em cada pedido, a variedade de produtos incluídos em cada pedido e o nível de serviço ao cliente (CSL) necessário para mantê-lo satisfeito. Citando dois extremos, as instalações de produção just-in-time (JIT) podem precisar de entregas diárias em lotes pequenos de combinações de produtos extremamente específicas e também definir rígidos limites para índices de atendimento e tempos de entrega. Na outra ponta da escala, os distribuidores por atacado podem fazer pedidos pouco freqüentes de grandes quantidades de produtos, solicitar uma combinação de produtos diferentes a cada pedido e estabelecer exigências muito menos rigorosas quanto ao tempo de entrega. Esses dois tipos de clientes definiriam demandas muito distintas em uma cadeia de suprimentos. Por exemplo, os clientes JIT seriam mais bem atendidos por centros de distribuição de alta produtividade localizados próximo a suas fábricas, ao passo que os distribuidores poderiam ser satisfatoriamente atendidos por uma instalação de armazenagem centralizada e versátil.

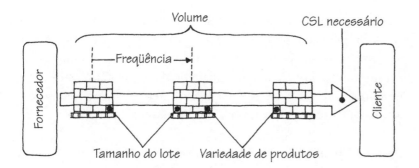

Figura 13.1
Padrão de compra do cliente

A análise das exigências de nível de serviço ao cliente (CSL) de clientes individuais pode ajudá-lo a identificar oportunidades de maior economia em sua cadeia de suprimentos. Algumas empresas se orgulham de estabelecer um alto padrão de CSL e aplicar esse padrão globalmente, porém oferecer um nível de serviço superior ao que os clientes realmente precisam pode ser um desperdício se considerarmos as enormes despesas associadas à manutenção de altos CSLs (Capítulo 8). Uma estratégia mais lucrativa seria variar o CSL de acordo com as necessidades individuais dos clientes, eliminando o desperdício do 'excesso de atendimento' aos clientes com poucas exigências e, ao mesmo tempo, evitando também oferecer um serviço insatisfatório a clientes extremamente exigentes (Figura 13.2). Se sua intenção é ser reconhecido pela excelência nos serviços, você provavelmente desejará manter seu CSL no intervalo superior da zona satisfatória, como vemos na ilustração, mas, se sua competição se baseia principalmente em preço, então o intervalo de 'serviço adequado' o ajudará a manter seus custos baixos.

O CSL variável pode ser lucrativo

Depois de analisar seus clientes quanto aos padrões de compra, o próximo passo é procurar correlações entre o modo como compram e sua localização. Por exemplo, a prática comum de definição de regiões com base no número de clientes em cada área só funciona se a demanda for razoavelmente bem distribuída em relação a eles. É normalmente o que acontece quando os clientes são consumidores finais, mas raramente quando os clientes são empresas. Conforme descreve o Capítulo 10 (Figura 10.5), a distribuição do volume de vendas entre os clientes corporativos muitas vezes segue o padrão de Pareto: os principais 20% são responsáveis por 80% das vendas e os 50% menos significativos, por apenas 5%. Se seus clientes exibem algo semelhante a esse grau de inclinação, talvez seja útil fatorar a localização de seus principais clientes em sua

Verifique se os padrões variam por região

análise geográfica da demanda. Se seus maiores clientes estão todos localizados em grandes cidades ou próximo a elas, por exemplo, isso pode significar que 90% de sua demanda está agrupada em um número relativamente pequeno de locais. Caso esses clientes também sejam aqueles que exigem CSLs altos, você fica sabendo exatamente onde posicionar seus armazéns por região.

Os clientes devem mobilizar apenas alguns grupos

Durante a análise dos hábitos de consumo de seus clientes, não se esqueça de que são os padrões abrangentes que interessam, e não diferenças peculiares. Talvez sua base de clientes seja homogênea o bastante para um simples desmembramento da demanda por região captar todas as informações necessárias. Se for esse o caso, isso é excelente porque significa que você pode projetar toda a cadeia para satisfazer um único conjunto de exigências, ou seja, o melhor ponto de partida possível para criar uma cadeia de suprimentos exemplar. A maior probabilidade é que seus clientes se enquadrem em um número relativamente pequeno de tipos baseados em seus hábitos e exigências. Nesse caso, é necessário projetar uma cadeia que seja flexível o suficiente para atender os diferentes conjuntos de necessidades sem incorrer custos desnecessários. De fato, talvez você precise projetar duas ou mais cadeias de suprimentos que possam operar em um grupo de instalações comum.

Figura 13.2
Definindo o nível de serviço ao cliente

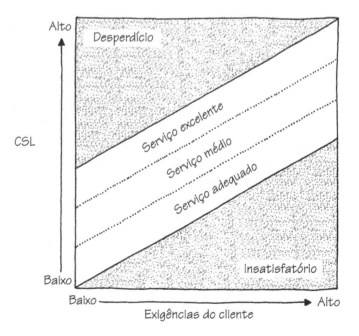

Por exemplo, suponha que suas análises revelem que os clientes se enquadram em três grandes segmentos, os quais você denominou tipos A, B e C considerando suas personalidades corporativas. Os clientes do tipo A são fábricas JIT que compram kits de peças específicas e exigem lead times de um dia com tolerância de 30 minutos para as entregas. Suas exigências são rígidas, mas estão dispostos a colaborar na previsão e programação para ajudá-lo a atender essas exigências. Os clientes do tipo B são na maioria fábricas de produção em volumes pequenos que compram produtos menos especializados com lead times de dois a três dias, e os clientes do tipo C produzem sob encomenda e se satisfazem com lead times de uma a duas semanas.

As necessidades dos grupos podem ser muito diferentes

Se você projetar uma única cadeia de suprimentos que trata os três grupos da mesma forma, o resultado mais provável será você enviando entregas constantes para os clientes do tipo A na tentativa de tornar essas entregas mais rápidas que o volume de seus produtos, e você poderá ainda descobrir que a estrutura de custos da sua cadeia torna seu produto caro demais para muitos de seus clientes do tipo C. Porém, se você criar instalações e procedimentos especializados do tipo mostrado na Figura 13.3, talvez consiga manter todos satisfeitos a um custo razoável. Nesse projeto específico, os clientes do tipo A são atendidos por armazéns pequenos próximos a suas fábricas, realizando entregas totalmente pontuais em contêineres reutilizáveis de kits de peças. Os clientes do tipo B são atendidos por empresas de entregas expressas, como UPS ou FedEx, a partir de um armazém central e os clientes do tipo C, por uma rede convencional de centros de distribuição regionais.

Cada grupo pode receber um serviço especializado

Analisando o Produto

Além das exigências impostas pelos clientes relacionadas aos produtos e sua entrega, as qualidades dos produtos em si impõem limites na forma como são embalados, transportados e armazenados. Como mostra a Figura 13.4, essas exigências podem ser compreendidas se observarmos três considerações principais: forma, densidade e risco.

Qualidades intrínsecas impõem limites

Figura 13.3
Cadeias de suprimentos justapostas

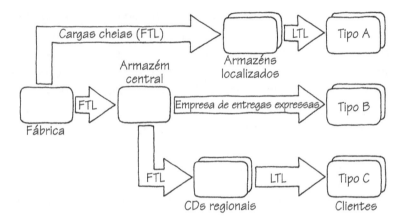

A remessa de materiais a granel é mais barata

Com relação à forma, a principal preocupação é se o produto deve ser enviado a granel ou embalado. O envio e a armazenagem de materiais a granel são muito mais baratos que o manuseio de sacas. Por exemplo, custa cerca de US$ 0,77 por tonelada enviar açúcar a granel do Havaí para o continente, comparados com mais de US$ 20 por tonelada para transportá-lo em sacas. Quando os suprimentos são enviados a granel, o estado do produto é uma consideração-chave, pois sólidos, líquidos e gasosos diferem significativamente na forma como são transportados. Por exemplo, alguns líquidos e gases podem ser transportados por dutos, permitindo o transporte mais barato por unidade enviada em um fluxo constante e seguro. O estado também é importante para produtos embalados porque líquidos e gases geralmente precisam de embalagens relativamente caras, como tanques, barris, garrafas ou tonéis, e as preocupações econômicas ou ambientais podem determinar que essas embalagens sejam retornáveis para reutilização.

Figura 13.4
Qualidades intrínsecas do produto

A densidade, expressa como a relação entre peso e volume, também é uma importante consideração no projeto da cadeia de suprimentos. O transporte de produtos de densidade baixa é mais caro porque os veículos e os contêineres ficam cheios antes de atingir o peso-limite permitido, preenchendo o espaço disponível antes de alcançar sua capacidade total de carregamento. Quando a baixa densidade é resultante da forma como o produto é fabricado, como é o caso de lâmpadas e ceifadeiras, a densidade efetiva é muitas vezes elevada por meio da entrega de produtos em um estado parcialmente montado. Uma propriedade estreitamente relacionada à densidade é a razão valor/peso do produto: à medida que essa razão aumenta, o custo relativo do transporte diminui e mais opções se tornam economicamente viáveis. Quando o carbono é transportado na forma de carvão, normalmente é levado por frete lento e não ultrapassa seu ponto de destino. Quando é transportado na forma de diamantes, é levado via aérea e circula pelo mundo todo.

Densidades baixas aumentam o custo de transporte

Diversas qualidades relacionadas ao risco podem exigir manuseio, embalagem, transporte e armazenagem especiais. Itens frágeis exigem uma embalagem adicional para evitar quebra durante o transporte e a armazenagem. Produtos perecíveis correm o risco de estragar, determinando limites no intervalo de tempo em que podem ficar em trânsito ou armazenados, e alguns precisam de refrigeração constante para conservar seu frescor. Produtos perigosos, como gases explosivos e inflamáveis, apresentam um tipo mais sério de risco e costumam exigir manuseio especial para cumprir regulamentações governamentais. Todos esses tipos de risco elevam o custo de transporte, e os produtos de alto risco são quase sempre transportados separadamente de outros produtos para isolar esses custos adicionais.

O risco eleva os custos de transporte

Além dessas qualidades intrínsecas, o projeto da cadeia deve levar em conta se os produtos com que lida são padronizados ou personalizados. O grau de personalização pode variar de produtos padronizados fora da prateleira para aqueles projetados especificamente para um único cliente (Figura 13.5). Em geral, mais personalização desloca a fronteira push-pull a montante na cadeia. Produtos padronizados permitem que a fronteira seja posicionada próximo ao cliente, assim esses produtos podem ser fabricados para

A personalização modifica a fronteira push-pull

estoque e empurrados totalmente a jusante na cadeia antecipadamente à demanda. No outro extremo, produtos completamente personalizados podem mover a fronteira push-pull totalmente para cima aos fornecedores se a escolha dos materiais depender do projeto. Mover essa fronteira a montante reduz a necessidade de estoque porque os produtos são puxados pela demanda imediata em vez de serem empurrados a jusante na cadeia com base na previsão (Capítulo 2), mas isso também aumenta a complexidade do processo de atendimento e exige mais flexibilidade nas instalações a montante e a jusante na cadeia.

A variabilidade na demanda pressiona a cadeia de suprimentos

Outra importante consideração é a variabilidade na demanda dos produtos ao longo do tempo. É mais fácil lidar com produtos com demanda constante e previsível porque suas exigências são bem conhecidas e a cadeia pode ser projetada de acordo com essas exigências. Se a demanda varia, mas o faz de uma forma previsível, adiciona mais tensão à cadeia, porém ainda é gerenciável. Por exemplo, produtos sazonais exercem uma enorme pressão em suas cadeias no período que antecede seu pico de vendas. É possível lidar com essas tensões próximas ao pico nivelando a produção ao longo do ano, formando estoque antecipadamente à estação. Essa abordagem reduz o custo de produção, mas o faz empurrando o problema a jusante na cadeia na forma de capacidade extra de armazenagem para manter estoque acumulado.

Figura 13.5 Exigências de personalização

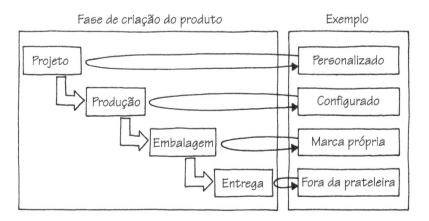

Uma abordagem melhor para enfrentar a variabilidade sazonal é usar produtos com estações diferentes para serem contrabalançados, distribuindo a pressão na cadeia de suprimentos o mais igualmente possível no decorrer de um ano. Isso tende a ocorrer naturalmente no mercado de vestuário, em que as modas verão e inverno se equilibram ao longo do ano. Outros produtos contrabalançáveis podem ser menos óbvios, mas ainda assim identificados. O clássico exemplo disso é o da fábrica que alterna a produção entre removedores de neve e cortadores de grama, aproveitando os componentes e as operações comuns para minimizar o custo das adaptações semestrais.

Produtos sazonais podem ser contrabalançados

Os produtos mais difíceis de lidar são aqueles com demanda altamente variável que não pode ser prevista com coerência. Essa situação é mais comum com novos produtos, que possuem pouco ou nenhum histórico de vendas e cujas vendas são orientadas por tendências ou modas. Como explica o Capítulo 10 (Figura 10.8), esses produtos possuem um ciclo de vida que se inicia com baixa demanda e tímido crescimento, atravessa um período de rápido crescimento, atinge um pico e, em seguida, percorre um declínio gradual. Como ilustra a Figura 13.6, a incerteza na demanda desses produtos também muda sistematicamente no mesmo intervalo de tempo: a demanda por produtos recém-lançados é extremamente incerta, e essa incerteza só começa a diminuir à medida que todo o mercado aceita o produto e a taxa de crescimento começa a declinar. Apenas depois que o produto se firma em seu período de pico de vendas é que as vendas se tornam razoavelmente previsíveis.

É mais difícil lidar com os novos produtos

Considerando a alta incerteza da demanda de novos produtos, é difícil saber quantos produtos fabricar ou quanta capacidade dedicar à produção e estoque. Até o momento em que o produto se aproxima de seu pico de vendas e começa a exibir um padrão estável, a cadeia de suprimentos desse produto precisa manter níveis altos de estoque de segurança para enfrentar vendas superiores ao esperado. Além disso, uma considerável capacidade em excesso deve ser mantida em reserva para aumentar a produção rapidamente caso o produto decole. Muitas empresas concretizaram o sonho de lançar um produto excelente no mercado para em seguida observar o sucesso instantâneo ser abalado por escassez crônica, custos excessivos e problemas de qualidade à medida

A incerteza requer capacidade em excesso

que sua cadeia de suprimentos lutava para lidar com uma explosão na demanda. Mas os enganos no outro sentido podem resultar em problemas igualmente devastadores, incluindo o estoque em excesso, fábricas ociosas e grande número de devoluções. Lidar com novos produtos é um dos problemas mais complicados nas cadeias de suprimentos e constitui uma preocupação fundamental na discussão sobre estratégia de cadeia de suprimentos no próximo capítulo.

Produtos agregados de acordo com as exigências

No projeto de cadeias de suprimentos, os produtos ficam sujeitos à mesma limitação que os clientes no que se refere ao número de produtos que podem ser planejados independentemente. Em geral, se você comercializa mais de 200 produtos diferentes, precisa agregá-los para manter os números gerenciáveis. Por exemplo, uma cadeia de lojas de desconto com 20 mil produtos pode organizá-los em cem grupos com 200 produtos em média em cada grupo. Ao contrário dos clientes, normalmente agrupados por região, os grupos de produtos devem basear-se em padrões de demanda, utilizando os mesmos grupos que já foram usados para agregar a previsão e a programação (capítulos 10 e 11).

Figura 13.6
Incerteza na demanda no ciclo de vida do produto

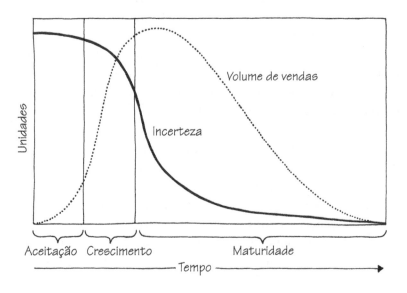

Cuidado ao usar grupos de marketing

Para algumas empresas, os padrões de demanda que distinguem seus grupos de produtos são suficientemente bem alinhados com famílias de produtos convencionais, de modo que essas famílias podem ser usadas para agregar produtos no momento de projetar a cadeia. No entanto, não se sabe isso de antemão. As famílias de produtos em geral se baseiam na similaridade da produção ou consumo e não na semelhança de seus padrões de demanda, e as famílias muitas vezes combinam produtos com exigências muito diferentes para a cadeia de suprimentos. Por exemplo, o marketing pode decidir agrupar os produtos de maneira que incentivem a venda cruzada (*cross selling*), como acessórios com produtos que os complementam — bolsas com sapatos, por exemplo, ou brocas e furadeiras. Em muitos casos, esses acessórios possuem cadeias de suprimentos muito distintas das cadeias de produtos complementares e não devem ser agrupados na hora de projetar a cadeia.

Analise produtos de grande saída separadamente

No momento de decidir como agregar os produtos para fins de projeto, é importante — como sempre — levar em conta o volume de vendas dos produtos. Se uma análise de Pareto revelar que 20% de sua linha de produtos é responsável por 80% de suas vendas, você precisa aproveitar esse dado para projetar sua cadeia de suprimentos. Por exemplo, seria interessante conseguir gerenciar produtos de grande saída separadamente, obtendo economia de escala por entregá-los em paletes cheios ou cargas cheias. Outra opção seria conseguir transferir os outros 80% de seus produtos para um sistema de armazenagem centralizado, permitindo que evitem os centros de distribuição regionais. Isso cortaria o número de SKUs que você precisa rastrear e enfileirar nos centros de distribuição regionais (CDs) em um quinto, possibilitando que você agilize as operações em seus CDs e, ao mesmo tempo, elimine estoques cuja rotatividade é baixa. Ainda que o sistema centralizado exigisse o uso de meios mais rápidos de entrega para alguns pedidos, a economia nos custos gerada pela eliminação dos CDs renderia economia líquida significativa.

Configurando a Demanda

É possível melhorar a qualidade da demanda

A discussão sobre a demanda até este momento de certa forma manifestou uma perspectiva reativa, ressaltando a importância de compreender a natureza da demanda e projetar a cadeia correspondentemente. Mas é possível assumir uma postura mais proativa em relação à demanda, configurando-a ativamente para que se ajuste a seus objetivos, em vez de trabalhar dentro das limitações por ela impostas. O exemplo óbvio disso é o uso de técnicas de marketing de aumento da demanda, mas essa não é a única abordagem para a configuração da demanda e pode nem ser a mais indicada. Na verdade, algumas das técnicas mais eficazes para melhorar a demanda no fundo envolvem sua *redução*, pelo menos no curto prazo.

Escolha seus clientes para que se ajustem à sua cadeia

Uma das medidas mais importantes para a melhoria da configuração da demanda é garantir que você esteja atendendo os clientes certos. Não importa quanto o projeto de sua cadeia de suprimentos seja bom, ele não conseguirá atender as necessidades de todo tipo de cliente. Se o principal objetivo é eliminar tempo e custo de sua cadeia, será bastante difícil atender as necessidades de clientes que exigem entregas rápidas e atendimento perfeito em resposta a pedidos imprevisíveis. Se você aceitar o desafio, pode se ver enviando a maior parte dos pedidos a esses clientes, atendendo-os com prejuízos líquidos e rompendo o restante de seu fluxo de produtos nesse processo. Da mesma forma, se você optar por uma estratégia baseada em serviços flexíveis e produtos personalizados, não faz sentido tentar atender clientes que compram fluxos constantes de produtos padronizados. Você jamais conseguirá combinar os preços de um fornecedor barato e ainda ganhar dinheiro com esses clientes.

Muitos clientes prejudicam os lucros

A busca implacável por receita costuma impedir as empresas de enxergar os malefícios causados pelo atendimento com prejuízo aos clientes. De fato, muitas nem sabem quais clientes estão gerando seus lucros. Se você executasse uma análise de Pareto em sua própria base de clientes usando os lucros como medida, e não as vendas, se surpreenderia em saber que apenas 20% de seus clientes geraram 80% de seus lucros? Se a sua resposta for sim, prepare-se para o choque: a situação pode ser muito pior que essa. Ao contrário das vendas, os lucros podem atingir o intervalo negativo, permitindo que a inclinação seja ainda mais severa. Uma empresa descobriu que seus 20% de clientes principais eram responsáveis não por 80%, mas por 225% de seus lucros. Seus próximos 60% de clientes oscilavam em torno do ponto de equilíbrio e os 20% inferiores na verdade *reduziam* os lucros em espantosos 125%. Para essa empresa, um projeto de cadeia de suprimentos que fizesse com que esses clientes não lucrativos fossem negociar em outra praça contribuiria substancialmente para os resultados financeiros, mesmo que não trouxesse nenhuma melhoria para o desempenho da cadeia.

A idéia de afastar clientes pode soar como uma heresia; porém, se essa medida produz aumentos expressivos nos lucros, talvez seja a única opção sensata. É claro que seria grosseiro simplesmente contatar alguns clientes e informá-los de que você não quer mais que eles o procurem, mas existem mecanismos mercadológicos que podem alcançar o mesmo objetivo e promover resultados ainda melhores. Se for possível identificar a causa de sua perda de dinheiro com alguns de seus clientes, talvez você precise modificar seus custos ou seus preços de forma a tornar esses clientes lucrativos. Geralmente, são os clientes que determinam as maiores demandas por desempenho e que também exigem as maiores concessões em preços. Uma forma de combater esse comportamento punitivo é estabelecer uma estrutura de demarcação de preços em camadas baseada em níveis de serviço e então se recusar a oferecer descontos nos melhores serviços. Essa abordagem concede total liberdade de escolha a seus clientes: eles podem fazer com que você obtenha lucros ou podem desviar seus negócios para um dos concorrentes de sua empresa.

A demarcação de preços em camadas pode afastar os não lucrativos

O afastamento dos causadores de perdas nos lucros é apenas metade da solução; a outra metade é evitar esses clientes no futuro. A maneira mais simples de fazer isso é garantir que suas mensagens de marketing e vendas consigam atrair o tipo certo de cliente, o que significa ser claro em relação à sua competência diferenciada. Seguindo a tradicional prática de prometer tudo aos clientes — o serviço mais rápido e os melhores produtos pelo menor preço —, eles naturalmente irão esperar que você cumpra suas promessas custe o que custar. Informando-os com sinceridade no que você se sobressai, eles o escolherão pelas razões corretas e ambos tomarão a dianteira.

Utilize vendas direcionadas para evitar problemas futuros

É preciso alinhar os incentivos em todos os níveis

Ser seletivo em relação a seus clientes surpreenderá alguns gerentes, que julgarão ser uma idéia radical, mas não é mais radical do que ser seletivo em relação a seus fornecedores. Como descreve o Capítulo 12, a chave para obter uma cooperação sustentada na cadeia de suprimentos está no alinhamento dos incentivos a todos. Se você atrair clientes cujas necessidades e expectativas não correspondem aos recursos de sua cadeia de suprimentos, o alinhamento desses objetivos se tornará extremamente difícil. Infelizmente, a prática de vender a qualquer um que compre é profundamente arraigada, o que exige um alinhamento cuidadoso de incentivos dentro de sua própria organização visando à alteração desse comportamento. Basear as comissões de vendas em lucro em vez de receita, conforme sugerido no Capítulo 12, pode ser um bom começo. Outras idéias referem-se a recompensar o departamento de marketing apoiando-se na qualidade e não na quantidade de leads — e tornar o alinhamento das exigências dos clientes essencial para a definição de um lead qualificado.

Descontinue produtos que prejudicam a cadeia de suprimentos

Assim como atender os clientes certos é fundamental para a configuração da demanda, ser seletivo em relação aos produtos que você comercializa também é crucial. No passado, as decisões relacionadas aos novos produtos costumavam ser tomadas sem considerar as limitações da cadeia de suprimentos, uma vez que a entrega dos produtos era uma função relativamente inferior. Na nova competição entre as cadeias, a venda de produtos que não se ajustam à cadeia de suprimentos é uma decisão difícil de justificar. Não se trata apenas de movimentar esses produtos específicos pela cadeia de maneira lucrativa; o problema mais grave é que suas exigências podem evitar que a cadeia inteira alcance o auge do desempenho. Se você precisa manter equipamentos especiais em todas as suas instalações dedicados apenas a um pequeno e pouco lucrativo segmento de sua linha de produtos, talvez seja hora de considerar a idéia de descontinuar essa linha. Se sua meta for competir com outras cadeias baseando-se em custo, seria interessante reavaliar alguns de seus mais novos produtos que exigem capacidade e estoque de segurança em excesso.

Busque produtos que se adaptem à sua cadeia

Assim como no caso do afastamento de clientes não lucrativos, a descontinuação de produtos que não se ajustam à sua cadeia de suprimentos é apenas metade da solução; a outra metade é garantir que todos os produtos novos estejam bem ajustados à sua cadeia. Se suas metas incluem tornar sua cadeia mais flexível e responsiva às mudanças nas necessidades, então você deve aproveitar sua capacidade de ajustar a demanda variável e buscar produtos inovadores que outras cadeias não são capazes de gerenciar de forma lucrativa. Melhor ainda, utilize as análises da cadeia de suprimentos para ajudá-lo a projetar novos produtos, possibilitando uma inovação não só no produto em si, mas também na forma de introduzi-lo no mercado. As seções do Capítulo 15 referentes ao projeto de produtos e o uso do adiamento devem supri-lo com ótimas idéias de como proceder nesse sentido.

A atual ênfase na melhoria da eficiência das cadeias de suprimentos pode omitir o fato de que as maiores oportunidades ainda estão na inovação. Como mostra a Figura 13.7, a maior parte do capital investido na melhoria da cadeia de suprimentos é gasto na automatização das operações, um investimento relativamente seguro com um ROI fácil de ser estimado. A menor quantidade de capital é gasta na fase de desenvolvimento, em que há maior oportunidade de inovação. A grande ironia aqui é que a inovação oferece um potencial de retorno muito mais significativo. Para ganhar alguns pontos de participação de mercado, definitivamente exclua alguns pontos de seus custos. Mas para dominar seu mercado é preciso fazer algo a que a concorrência não consiga se equiparar apenas aumentando a eficiência.

A inovação proporciona o maior potencial

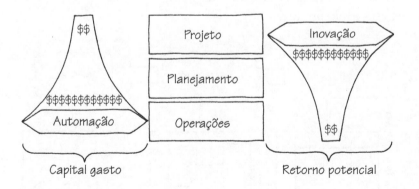

Figura 13.7
A ironia do ROI

Estabilizando a Demanda

A estabilização da demanda reduz custos

Além de se concentrar nos clientes e produtos que se ajustam à sua cadeia de suprimentos, também é possível configurar a demanda estabilizando-a. Conforme vimos no Capítulo 2, a variabilidade é um dos problemas mais dispendiosos nas cadeias de suprimentos, principalmente quando é ampliada no movimento a montante na cadeia. Tudo o que puder ser feito para estabilizar o fluxo da demanda na cadeia melhorará seu desempenho e lhe oferecerá uma vantagem significativa sobre as cadeias que enfrentam níveis mais altos de variabilidade.

O maior problema é o acúmulo de demanda

A maior fonte de variabilidade nas cadeias de suprimentos é um fenômeno denominado **acúmulo de demanda**, em que um fluxo constante de demanda é dividido em blocos arbitrários que aparecem como oscilações repentinas na demanda. Na Figura 13.8, um varejista vende produtos a uma taxa diária constante, mas só reabastece seu estoque quando este atinge um ponto fixo de reposição. Quando finalmente faz o pedido de reposição, ele agrupa as solicitações aguardando o próximo nível de embalagem de fornecimento para evitar o manuseio de itens individuais, e então aguarda um pouco mais se estiver perto da próxima quebra de quantidade na estrutura de descontos do distribuidor. O distribuidor segue uma política semelhante, mas aguarda mais tempo e compra em grandes quantidades para conseguir obter melhores preços. Quando finalmente faz o pedido, a quantidade é tão grande que esgota o estoque de produtos acabados do fabricante e desencadeia outra execução de produção.

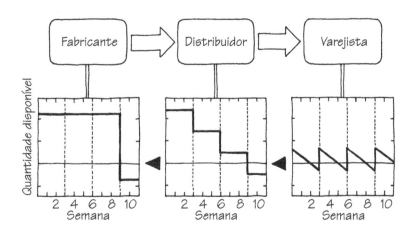

Figura 13.8 Acúmulo de demanda

Como esse exemplo ilustra, o acúmulo distorce o sinal de demanda de duas formas. Primeiro, descarta o tempo, atrasando o sinal de demanda à medida que se move a montante. Se o fabricante observa apenas esse sinal de demanda de chegada, só saberá que seu produto está sendo vendido depois de nove semanas de vendas. Em segundo lugar, ele amplia o sinal aparente. Quando finalmente o fabricante recebe as informações sobre a demanda, elas chegam em um pedido tão grande que o fabricante precisa acelerar a produção para enfrentar a oscilação. Se o produto continua a ser vendido a uma taxa constante, a cadeia irá se estabilizar gradualmente. Mas mesmo a menor das variações nas vendas irá continuar sendo ampliada a montante na cadeia, resultando no famigerado 'efeito chicote' que exerce um impacto devastador nos fornecedores a montante na cadeia (Capítulo 2).

O acúmulo distorce o tempo e a amplitude

Como podemos ver por esse exemplo, o acúmulo de demanda é normalmente um subproduto de práticas rotineiras como desconto por quantidade, política econômica de reabastecimento, embalagem por volume e execução de produção em lotes. Todas elas são práticas de negócio saudáveis, desenvolvidas para o aproveitamento de economia de escala. O fato de que essas práticas também criam problemas nas cadeias de suprimentos é um dado altamente contraditório mas extremamente importante. Aparentemente existe uma tensão básica entre economia de escala e o harmonioso fluxo de demanda a montante na cadeia.

O acúmulo é resultante de economias de escala

Existem outras causas de acúmulo de demanda não relacionadas à economia de escala. Uma delas é a **compra antecipada**, em que os clientes compram produtos antecipadamente à necessidade para aproveitar preços vantajosos. Esses preços podem ser resultantes de flutuações naturais no mercado, mas ocorrem normalmente devido a promoções por parte dos fornecedores. Outra culpada é a criação de reserva, em que os clientes compram mais do que precisam para se proteger da escassez atual ou potencial. A criação de reserva pode exercer efeitos especificamente maléficos na demanda porque contém um círculo de feedback positivo: a reserva aumenta a escassez, que por sua vez aumenta a reserva, e assim por diante. Em alguns casos, como a falta de chips na indústria de eletrônicos, essa auto-ampliação pode transformar uma escassez relativamente pequena em uma crise mundial.

Outras práticas podem resultar em acúmulo de demanda

Tente basear os descontos no volume total

Isso quer dizer que é preciso desistir de todas as suas práticas de negócio já estabelecidas para estabilizar a demanda? Não, mas de fato é necessário modificar essas práticas para reduzir o incentivo ao acúmulo de demanda. Por exemplo, tente basear os descontos por quantidade no volume total em vez de baseá-los no tamanho dos pedidos individuais. Isso continua incentivando os clientes a comprar em quantidade, mas elimina o incentivo ao aumento recíproco excessivo. O resultado provavelmente será um número maior de pedidos menores, o que reduzirá sua economia de escala no processamento do pedido. No entanto, esse problema pode ser solucionado simplificando o gerenciamento de pedidos, como os programas corporativos descritos no Capítulo 3 demonstram amplamente.

Modifique outras práticas para reduzir o acúmulo

Vamos analisar mais dois exemplos de como modificar práticas comuns visando reduzir o problema do acúmulo. Em vez de basear os preços promocionais na quantidade adquirida por seus clientes, tenha como parâmetro a quantidade que eles vendem aos clientes *deles*. A utilização desse valor de **sell-through** reduz a compra antecipada e ajuda a garantir que promoções realmente movam o produto a jusante na cadeia em vez de apenas empurrá-lo para o próximo elo. Da mesma forma, é possível reduzir a reserva pelo sistema **turn-and-earn**, em que os clientes só podem comprar produtos escassos em proporção a suas vendas externas. Isso desestimula os clientes a 'apostar' com o sistema, inchando seus pedidos na esperança de aumentar suas distribuições.

Lance mão de promoções para estabilizar a demanda

Uma das técnicas mais eficazes é usar promoções para estabilizar a demanda em vez de inflá-la. A Figura 13.9 mostra uma previsão da demanda dos clientes com um forte declínio durante um período de cerca de seis semanas. Os fabricantes normalmente reagiriam a esse tipo de queda reduzindo a produção durante a queda brusca ou mantendo a produção constante e armazenando em estoque. As duas alternativas possuem seus custos e benefícios, mas há uma terceira opção que pode ser mais indicada para ambas: efetuar uma promoção durante a queda, elevando a demanda o suficiente para consumir a produção referente a um cronograma de produção estável. Mesmo que a maior parte do aumento da demanda seja resultante da compra antecipada, não há problema porque, nesse caso, a compra antecipada está funcionando para estabilizar a demanda, e não distorcê-la.

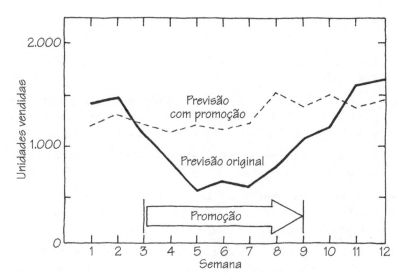

Figura 13.9
Harmonizando a demanda com promoções

O controle da demanda substituindo seu mero gerenciamento é uma arma poderosa na competição entre as cadeias, mas não é uma arma fácil de dominar. Além de conhecer seus clientes e compreender como os produtos da sua empresa se ajustam às necessidades desses clientes, é preciso estar disposto a promover modificações difíceis em relação a quais são os clientes e produtos corretos para sua cadeia, além de mudar as práticas de negócio fortemente arraigadas em sua cultura corporativa. Mas esse controle nunca é conquistado instantaneamente, e todas essas mudanças não precisam ocorrer de uma só vez. Se você simplesmente conseguir mudar seu pensamento sobre a demanda libertando-se de uma visão reativa e convencional e buscando assumir uma postura mais proativa, entendendo que é possível configurar a demanda para que se ajuste às vantagens competitivas de sua cadeia de suprimentos, já estará um passo à frente da maioria dos gerentes.

Exercícios

1) Ao se projetar a CS, o cuidado em conhecer as necessidades dos clientes é uma das principais preocupações gerenciais. Que aspectos devem ser prioritariamente relacionados?

2) Estabeleça os critérios de definição de grupos de clientes e produtos no projeto da CS em função do conhecimento das necessidades dos clientes. Considere os padrões da demanda e a clas-

sificação de clientes e produtos pela análise de Pareto, entre outros aspectos.

3) Como alinhar o projeto da CS em função das necessidades dos clientes?

4) O produto logístico a ser movimentado pela CS implicará opções de projeto. Quais as características a serem examinadas pelo projeto da CS e de que forma elas influem nas decisões?

5) Outros aspectos requeridos pelos produtos podem ser analisados ao se projetar a CS. Cite alguns e comente suas implicações.

6) Algumas táticas podem ser usadas em conjunto com a área de marketing para melhorar a demanda. Enumere algumas e comente suas implicações no projeto da CS.

7) A estabilização da demanda é uma das necessidades para melhorar a performance na CS. Examine como o acúmulo da demanda na CS pode influir nessa estabilização.

8) Uma das formas de estabilização da demanda é a aceitação de contratos com descontos anuais de vendas. Como explicar sua utilidade?

9) De que forma as táticas *sell-through* e *turn-and-earn* podem contribuir com a estabilização da demanda?

10) Como você vê as dificuldades de aplicação das táticas estudadas neste capítulo?

14

Projetando a Cadeia

O primeiro passo no projeto de uma cadeia de suprimentos é o desenvolvimento da estratégia da cadeia. O elemento principal dessa estratégia, descrito na primeira seção, é decidir como fazer o trade-off entre flexibilidade e eficiência. Depois de definida a estratégia, o próximo passo é analisar a situação de sua cadeia de suprimentos atual e identificar opções para melhorá-la, como aborda a segunda seção. O terceiro passo é utilizar modelos matemáticos e de simulação para avaliar as opções que você identificou e desenvolver o projeto que melhor satisfaça seus objetivos. Essa etapa final é extremamente automatizada, mas não deixe que ela o engane — a ferramenta mais poderosa para o projeto da cadeia de suprimentos ainda são seus próprios conhecimentos relacionados à natureza de seu negócio, e é fundamental que você esteja ativamente envolvido no processo inteiro.

Escolhendo uma Estratégia

Na nova competição entre as cadeias, o sucesso depende do desenvolvimento e da execução de uma estratégia clara para sua cadeia. Esse ainda não é um insight comum; a própria idéia de que as cadeias de suprimentos precisam de uma estratégia surpreenderia muitos gerentes. Isso até pode ser compreensível. No passado, quando a logística era vista como uma função de apoio, o gerenciamento da cadeia era primordialmente uma questão de encontrar a melhor forma de movimentar aquilo que a empresa escolhesse vender. Mas na nova concorrência as prioridades se inverteram: se você não conseguir fabricar e entregar os produtos de uma maneira adequada e lucrativa, não interessa muito quanto seu projeto e comercialização sejam bons. Tal inversão posiciona as decisões de cadeias de suprimentos no coração da estratégia corporativa.

A estratégia é relativamente nova para as cadeias de suprimentos

Poucas empresas traçam uma estratégia

As cadeias de suprimentos saltaram do quarto dos fundos para a sala da diretoria tão rapidamente que a maioria das empresas só agora começou a desenvolver estratégias. Recorde-se da pesquisa que mencionei no Capítulo 1: 91% dos executivos nas empresas de manufatura classificaram o gerenciamento da cadeia de suprimentos como vital para seu sucesso, mas 59% desses executivos afirmaram que suas empresas *não possuíam uma estratégia* que visasse a melhoria de suas cadeias de suprimentos. A pesquisa não perguntou quantos executivos nas empresas que realmente tinham uma estratégia achavam que a estratégia era boa ou quantos sentiam que estavam sendo bem-sucedidos na implementação de sua estratégia. No entanto, a pesquisa de fato revelou que apenas 2% dos executivos classificaram suas cadeias de suprimentos como 'excelentes', ou seja, não deve haver muitos satisfeitos em nenhuma das duas contagens.

A falta de estratégia é uma grande oportunidade

Essa disseminada falta de estratégia é o que faz o gerenciamento da cadeia de suprimentos ser o palco de atividades hoje. Os riscos são altos e os parâmetros são baixos; logo, as oportunidades comerciais são enormes. Resumidamente, não é preciso desenvolver uma estratégia perfeita para vencer esse jogo. Se você conseguir reunir uma estratégia razoavelmente boa e implementá-la com solidez, sairá muito à frente da concorrência. Além disso, desenvolver uma estratégia de cadeia de suprimentos não é especificamente uma tarefa desafiadora. Os principais pontos podem ser descritos em poucos parágrafos.

O trade-off central se dá entre eficiência e flexibilidade

Muitas considerações estão envolvidas no desenvolvimento de uma estratégia de cadeia de suprimentos, mas uma preocupação específica predomina em relação a todas as outras — o trade-off entre flexibilidade e eficiência. A maioria dos gerentes, se questionada quanto à opção por uma cadeia flexível ou eficiente, responderia sem pestanejar: 'ambas'. Infelizmente, o trade-off básico entre elas faz com que a manutenção das duas qualidades seja uma meta irreal. O aumento da flexibilidade geralmente exige que a empresa eleve o estoque de segurança e mantenha capacidade de reserva para atender a demanda inesperada, ao passo que o aumento da eficiência exige que essas duas reservas sejam reduzidas ao mínimo. É possível definir qualquer equilíbrio entre ambas, mas não se pode eliminar o trade-off.

Entretanto, o trade-off entre eficiência e flexibilidade não é absoluto. A situação é comparável aos trade-offs entre parceiros comerciais descritos no Capítulo 3, e a utilização de um diagrama de trade-off produz uma curva semelhante. Como ilustra a Figura 14.1, existem posições 'ganha-ganha' intermediárias que permitem que as duas qualidades sejam combinadas em um certo nível. Mas há também uma fronteira superior, denominada **fronteira de eficiência**, que limita o total de ambas. À medida que novas práticas melhoram os recursos das cadeias de suprimentos, essa fronteira é empurrada para fora, reduzindo a necessidade de ajuste entre flexibilidade e eficiência. Contudo, você sempre estará limitado pela fronteira atual e precisará escolher o ponto mais vantajoso ao longo dessa fronteira.

A fronteira de eficiência define o que é possível

A principal consideração na hora de decidir a posição de sua empresa ao longo dessa curva de trade-off é sua **estratégia de posicionamento** corporativa. No setor de manufatura, o posicionamento se baseia principalmente em três características: produto, preço e serviço. O objetivo de sua empresa deve ser demarcar uma posição defensável no mercado com base em algum tipo de combinação dessas qualidades. Se uma empresa dominante em seu mercado estivesse solidamente estabelecida como a fornecedora mais barata, por exemplo, você provavelmente desejaria se diferenciar baseando-se na qualidade de seus produtos ou serviços.

O trade-off depende de um posicionamento sólido

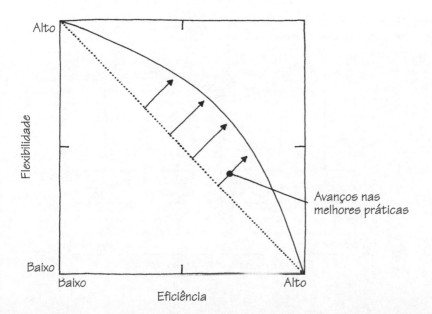

Figura 14.1
Análise de séries temporais

É impossível evitar a obrigação da escolha

A demarcação de uma posição para sua empresa envolve ainda outro trade-off entre as qualidades concorrentes. Nos últimos anos, surgiu a tendência de imaginar que é possível sobressair nas três qualidades — como repete o mantra 'mais rápido, mais eficaz e mais barato' —, mas a realidade comercial afirma que essas qualidades inevitavelmente possuem um trade-off entre si. O melhor produto custa mais para ser fabricado e o melhor serviço custa mais para ser oferecido; na realidade, é impossível oferecer qualquer dessas duas opções em combinação com preços mais baixos e ainda esperar obter lucros. A adoção da estratégia cuja meta é ser o melhor nas três qualidades significa o mesmo que não ter estratégia alguma.

O posicionamento sólido configura a estratégia da cadeia de suprimentos

A sua escolha de uma estratégia de posicionamento estabelece fortes limitações na forma como você realiza o trade-off entre eficiência e flexibilidade em sua cadeia de suprimentos (Figura 14.2). Se sua intenção é ser o líder nos preços baixos, a única saída viável é construir a cadeia mais eficiente e econômica possível; se não o fizer, irá fatalmente perder sua posição para alguma empresa que conseguir espremer mais custos eliminando-os de sua cadeia. Se você criar uma reputação pela qualidade de seu serviço, precisará de uma cadeia extremamente flexível que possa distribuir os produtos rápida e confiavelmente mesmo sob as condições mais incertas. Se escolher a posição intermediária e enfatizar a qualidade de seus produtos, sua escolha dependerá da natureza desses produtos; se forem novos, será necessária uma cadeia mais flexível para enfrentar a incerteza da demanda do que se os produtos forem maduros com vendas estáveis.

Figura 14.2
A influência do posicionamento corporativo

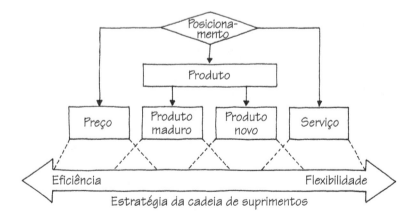

É difícil definir e manter uma estratégia exclusiva e clara para sua cadeia de suprimentos, e se puder não a complique. Mas talvez não haja escolha: se você possui uma combinação de clientes e produtos que simplesmente não se ajustam a uma única estratégia e não está em condições de afastar os que não se adaptam, talvez tenha de implementar duas ou mais estratégias em sua cadeia de suprimentos. Um exemplo no Capítulo 13 (Figura 13.3) demonstrou como atender três grupos de clientes com exigências incompatíveis definindo três caminhos diferentes pela mesma cadeia de suprimentos, sendo que cada um reflete uma estratégia diversa de distribuição dos produtos. Um sistema semelhante de sobrepor as cadeias de suprimentos pode ser aplicado no caso de famílias de produtos incompatíveis.

É possível ter estratégias sobrepostas

Algumas empresas muito bem-sucedidas utilizam múltiplas estratégias de cadeia de suprimentos. O Wal-Mart movimenta seus produtos usando uma combinação de centros de distribuição, cross docks e entregas diretas, dependendo do produto, e vende esses produtos combinando relacionamento com fornecedores convencionais, VMI (estoque gerenciado pelo fornecedor, do inglês *vendor-managed inventory*) e consignação. Mas o fato de o Wal-Mart conseguir lidar com todas essas combinações não significa que você também conseguirá, e a tentativa de imediatamente combinar múltiplas estratégias pode impedir que você realmente sobressaia em alguma delas. O Wal-Mart desenvolveu sua combinação de estratégias somente depois de conquistar a liderança em uma única estratégia cujo alicerce estava na busca implacável pela eficiência. É mais provável obter êxito se você também partir de uma estratégia única e clara e dominá-la antes de incrementá-la com técnicas complementares.

Parta do simples e aperfeiçoe baseando-se no que deu certo

Explorando suas Opções

Uma vez definida a principal estratégia, é preciso estabelecer o escopo do projeto. Se sua empresa é verticalmente integrada, de forma que a maior parte de sua cadeia de suprimentos fica sob seu controle direto, o escopo pode naturalmente passar de seus fornecedores imediatos para seus clientes imediatos. Se não for esse o caso, provavelmente será preciso incluir os clientes de seus clientes e os fornecedores de seus fornecedores para alcançar grandes

A próxima etapa é definir o escopo do projeto

melhorias. Quanto maior for a parte da cadeia que você conseguir integrar pelo novo projeto, maior a oportunidade de construir uma cadeia de suprimentos competitiva. Mas cuidado para não ampliar demais o escopo; podem ocorrer reduções no retorno à medida que mais empresas são adicionadas à criação do projeto, e as despesas adicionais resultantes da tentativa de gerenciar um número excessivo de relacionamentos podem facilmente arruinar os benefícios da integração expandida.

Concentre-se na atividade principal da cadeia

Um teste de razoabilidade para o escopo do projeto é o grau de ramificações. Relembrando o Capítulo 2, os fornecedores muitas vezes se organizam em filas (Figura 2.10). Se você lidar com apenas alguns dos fornecedores da fila 1, eles precisam ser incluídos no projeto. Se sua base de fornecedores completa eventualmente for pequena, talvez faça sentido também incluir os fornecedores da fila 2. Mas em algum ponto a expansão dos fornecedores se tornará tão imensa que ampliar o projeto para a inclusão de uma fila adicional aumentaria gravemente o número de partes envolvidas (Figura 14.3). Esse elo na cadeia é normalmente o mesmo ponto em que os produtos se tornam mercadorias genéricas compradas principalmente com base em preço, ou seja, não há muita vantagem em incluir esses fornecedores em algum caso. A mesma lógica se aplica pelo lado do cliente.

Figura 14.3
Definindo o escopo do projeto

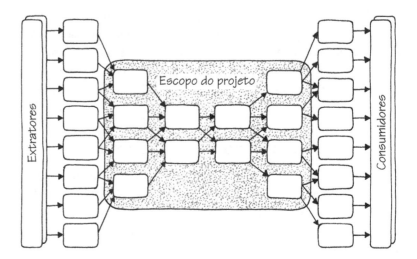

Depois de definir um escopo aproximado para seu projeto, é preciso decidir quais empresas dentro desse escopo você gostaria de ter como parceiras em suas tentativas de aprimorar a cadeia. Se o projeto abranger apenas algumas empresas, não há problema em envolvê-las na totalidade. Mas isso raramente ocorre, e na maioria dos casos a colaboração ficará limitada às empresas que manifestarem maior influência sobre o desempenho da cadeia. Os gerentes de cadeias de suprimentos geralmente sabem quais são os principais integrantes, mas ainda assim pode haver dificuldade nas escolhas. Veja a seguir alguns requisitos a serem observados:

Selecione os parceiros de dentro do escopo

1. **Volume de negócios.** Os candidatos mais óbvios são seus maiores clientes e fornecedores, uma vez que são responsáveis pela maior parte de seus negócios e, portanto, representam as maiores oportunidades de melhorias.
2. **Valor agregado.** Quanto mais um fornecedor ou cliente contribui para a qualidade de seus produtos ou para a facilidade com que se movimentam pela cadeia até a chegada ao consumidor final, mais importante é envolvê-lo no processo do projeto.
3. **Interdependência.** Um pequeno cliente que depende de você para adquirir produtos personalizados terá muito mais probabilidade de contribuir para um projeto bem-sucedido do que um grande cliente que compra peças comuns. O mesmo vale para o lado do fornecedor.
4. **Estratégia comum.** Se sua estratégia se baseia na eficiência, inclua empresas com habilidade comprovada para operar uma cadeia enxuta. Se a estratégia se fundamenta na flexibilidade, concentre-se nas empresas que prosperam em inovações.
5. **Disponibilidade para parceria.** Não há muita utilidade em desenvolver um projeto integrado se seus parceiros comerciais não estiverem predispostos a fazer o investimento necessário para aperfeiçoar a cadeia.

A elaboração das decisões sobre quais seriam os melhores parceiros no projeto de uma cadeia de suprimentos oferece uma ótima oportunidade de reavaliar seu próprio papel dentro da cadeia. Seja devido à herança da integração vertical, seja como resultado de fu-

Considere sua própria competência central

sões e aquisições, muitas empresas continuam a realizar as funções da cadeia de suprimentos que outras poderiam executar de maneira muito mais lucrativa. À medida que essas funções se especializam cada vez mais, torna-se mais importante que cada empresa se concentre em sua competência central, reservando para si apenas as funções em que verdadeiramente sobressai.

O projeto pode esclarecer suas habilidades

A parte mais difícil da identificação de sua competência central é admitir não ser o melhor em tudo o que faz. Em vez de tentar definir sua competência central em termos abstratos, como a maioria das empresas o faz, permita que o processo de projeto proporcione dados consistentes sobre seus pontos fortes e fracos. A técnica é simples: inclua opções de terceirização em todas as funções, com exceção das mais centrais, e deixe que essas opções 'concorram' contra suas habilidades internas para saber quais geram a melhor cadeia. Se todos os melhores projetos terceirizarem uma determinada função, isso é sinal de que essa função provavelmente não faz parte de sua competência central.

Comece modelando a cadeia de suprimentos atual

O ponto de partida de um novo projeto é um modelo operacional da cadeia de suprimentos em sua atual situação. Você pode delegar essa tarefa aos modeladores profissionais, mas, pela minha experiência, obterá resultados muito melhores se reunir uma equipe de gerentes operacionais para primeiramente esboçar um modelo conceitual, de preferência com o auxílio de um mediador experiente. Embora as ferramentas de software possam ser úteis durante essas reuniões de desenvolvimento de modelos, a mais poderosa ferramenta é uma grande lousa. O objetivo dessa atividade é fazer com que todos compreendam como a cadeia realmente funciona em sua atual estrutura, e isso geralmente ocorre mais rápido quando todos os gerentes envolvidos conseguem observar e trabalhar com os mesmos diagramas.

Os gerentes criam os melhores modelos iniciais

Por que deve ficar a cargo dos gerentes construir o primeiro modelo? Em primeiro lugar, a maior parte do conhecimento sobre o modo como a cadeia funciona está em sua cabeça, e fazer com que construam um modelo juntos é uma maneira rápida e eficiente de absorver esse conhecimento. É também um ótimo meio de descobrir divergências em seus pontos de vista; se perguntarmos a dez gerentes como sua cadeia funciona, receberemos pelo menos dez respostas diferentes, e quanto antes essas diferenças forem solucionadas, melhor. A técnica também reúne gerentes de organizações diferentes para que trabalhem em conjunto, como uma equipe, permitindo que influenciem o projeto futuro desde o início e, ao mesmo tempo, construam os relacionamentos que tornarão possível a mudança organizacional. Finalmente, o fato de os gerentes operacionais desenvolverem o modelo quase sempre revela oportunidades comerciais que jamais ocorreriam aos técnicos modeladores.

Uma estratégia comprovada de criação do modelo conceitual é usar uma combinação de diagramas e descrições simples. A Figura 14.4 mostra um exemplo extremamente simplificado do tipo de diagrama resultante dessas reuniões. O exemplo é de um fabricante fictício de fechaduras, a Amlock, que opera com quatro fábricas e dois centros de distribuição (CDs). As setas indicam o fluxo básico de materiais, mas não revelam todos os detalhes; é aí que surgem as descrições. Os componentes básicos de uma fechadura com chave são fabricados em Huntsville, em seguida as peças do mecanismo da fechadura são enviadas para Dayton e o restante para uma das duas fábricas mexicanas para a montagem primária. As unidades montadas e os cilindros para fechaduras com chave retornam para Huntsville, onde são submetidos à montagem final e enviados para os CDs. As fechaduras sem chave utilizam um subconjunto da cadeia: elas não passam por Dayton e algumas são completamente montadas nas fábricas mexicanas e enviadas diretamente para os CDs.

Opte por diagramas e descrições simples

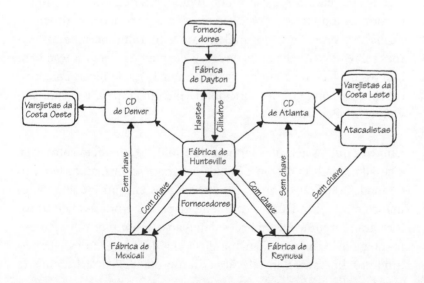

Figura 14.4
Um modelo conceitual simples

Procure oportunidades de melhoria do desempenho

Depois de os gerentes se reunirem para a criação do modelo e concordarem sobre o modo de funcionamento da cadeia, é hora de procurarem oportunidades de melhorá-la. Se a cadeia precisa de capacidade adicional, como isso deve ser alcançado? As fábricas em operação podem ser ampliadas ou seria melhor fechar algumas delas e construir outras? Seria sensato transferir parte das operações de uma fábrica para outra? Existe alguma forma de encurtar a distância percorrida pelos materiais em movimento na cadeia? O exemplo da Amlock apresenta oportunidades de explorar todas essas e outras opções. Se a empresa precisar de mais capacidade, pode considerar a expansão das fábricas mexicanas, acrescentando uma terceira fábrica ou fechando ambas caso a preferência seja por uma instalação maior e mais eficiente. Assim como a transferência de operações, é possível transferir o processo de montagem para Huntsville e fechar a fábrica de Dayton. Outra opção seria mudar a montagem final para o México, livrando-se da necessidade de as fechaduras com chave percorrerem o longo trajeto de volta a Huntsville antes de serem enviadas aos CDs.

O objetivo é apenas explorar opções

O propósito da exploração dessas alternativas não é tomar decisões, mas assinalar as opções que devem ser avaliadas no modelo formal. Essa é uma disciplina difícil de ser mantida, porque os gerentes costumam se entusiasmar com suas idéias de melhorias e desejam vê-las integrando o projeto final. Por exemplo, os gerentes da Amlock podem ficar tão fascinados com a idéia de transferir a montagem final para o México a ponto de pararem de analisar outras opções. Essa pode ser uma idéia excelente, mas não há sequer informações suficientes no modelo conceitual que permitam decisões sobre os custos e vantagens reais de qualquer modificação nem há possibilidade de analisar várias combinações de idéias para descobrir qual configuração funcionaria melhor. É para isso que servem os modelos formais.

Os modeladores reúnem informações detalhadas

Uma vez que os gerentes tenham concluído seu modelo conceitual e gerado uma lista das opções que gostariam de avaliar, os técnicos de modelação transformam seus resultados em um modelo matemático ou de simulação. A primeira etapa desse processo de transformação é reunir informações detalhadas sobre todos os elementos do modelo conceitual, incluindo os elos de fornecedores, clientes, produtos, operações, instalações e transporte. A Figura 14.5 ilustra algumas informações que normalmente seriam necessárias, mas os dados reais dependem das características da cadeia de suprimentos e do tipo de modelo usado. Por exemplo, se as operações possuem o mesmo custo e a mesma duração em todas as instalações, essas propriedades podem ser anexadas às próprias operações. Caso contrário, os modeladores irão precisar de números separados para cada instalação, como vemos na tabela.

Além dos dados sobre elementos existentes da cadeia de suprimentos, os modeladores precisam de informações detalhadas das opções a serem analisadas: precisam saber os custos envolvidos na mudança da capacidade de cada instalação, os limites menores e maiores de capacidade de cada uma, o custo de fechamento das instalações em operação ou construção de novas instalações, e assim por diante. Se você deseja explorar suas opções de movimentação de novos produtos pela cadeia, os modeladores precisarão de previsões de demanda, listas de materiais, locais de produção planejados e informações semelhantes sobre cada novo produto em processo de análise.

Os modeladores também analisam cada opção

Projetando a Cadeia

A estratégia está definida, a cadeia atual está diagramada e descrita e as opções estão sobre a mesa: é chegada a hora de construir um modelo formal da cadeia. Se você ainda não fez sua opção, agora terá de escolher entre um otimizador matemático ou um simulador. Um simulador pode ser um próximo passo natural se sua cadeia for complexa e você ainda estiver tentando captar o modo como ela funciona. Mas, se você estiver pronto para avançar para as decisões, um otimizador o ajudará mais na escolha da melhor configuração possível. Nesta próxima discussão, partirei do pressuposto de que você escolheu um otimizador e então, no final da seção, acrescentarei alguns comentários sobre o uso dos simuladores. O objetivo não é explicar como usar qualquer um desses sistemas — sua equipe de modelagem se encarregará disso —, mas fornecer informações suficientes sobre o processo de forma que você possa oferecer aos modeladores a orientação de que precisam e compreender os resultados que eles lhe revelam.

Os melhores projetos se originam de otimizadores

Figura 14.5
Inputs para um modelo formal

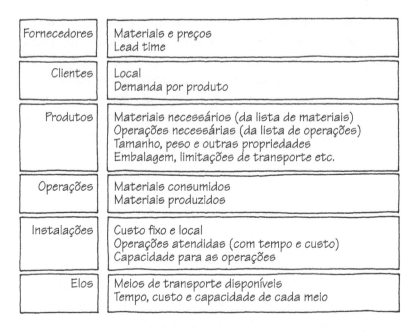

Fornecedores	Materiais e preços Lead time
Clientes	Local Demanda por produto
Produtos	Materiais necessários (da lista de materiais) Operações necessárias (da lista de operações) Tamanho, peso e outras propriedades Embalagem, limitações de transporte etc.
Operações	Materiais consumidos Materiais produzidos
Instalações	Custo fixo e local Operações atendidas (com tempo e custo) Capacidade para as operações
Elos	Meios de transporte disponíveis Tempo, custo e capacidade de cada meio

Os otimizadores apresentam-se em várias formas

Os otimizadores aparecem de diversas maneiras. São a tecnologia fundamental subjacente aos sistemas de planejamento e programação avançados (APS), são comuns em ferramentas de projeto de cadeia de suprimentos independentes e podem ser adquiridos — ou até descarregados de graça pela internet — como modelos embutidos de outros sistemas de modelagem. Se você possui o Microsoft Excel, já tem um em sua área de trabalho. Selecione Ferramentas e, em seguida, Solver no menu principal e encontrará um pequeno mas poderoso otimizador. Se estiver curioso sobre o modo como os otimizadores funcionam, o teste com o Solver do Excel é uma maneira excelente de se familiarizar com a tecnologia.

Otimizadores projetam a partir de limitações

Basicamente, o otimizador é um sistema com um grande número de inputs e um único output — o melhor projeto para sua cadeia de suprimentos considerando os inputs (Figura 14.6). Todos, com exceção de um input, assumem a forma de **limitações**, um jargão de otimizadores para equações matemáticas que descrevem a cadeia atual e suas opções de modificação. O outro input é a **função objetivo**, uma fórmula que os modeladores criam para que reflitam seus objetivos de projeto. O otimizador utiliza as limitações como inputs e usa uma variação da programação linear para descobrir o projeto que mais bem satisfaz os objetivos, gerando o projeto satisfatório como seu output. Seu papel nisso tudo é oferecer aos modeladores as informações de que precisam para preparar as limitações e a função objetivo, e então revisar o projeto resultante junto com eles.

Embora as limitações sejam todas expressas no mesmo formato matemático, é muito útil imaginá-las classificadas em quatro categorias, como vemos na Figura 14.6. As limitações de demanda são previsões do volume de produtos que precisam ser entregues em cada região geográfica, conforme descrito no Capítulo 13. As limitações de recursos oferecem informações detalhadas sobre os produtos, instalações e outros elementos de sua cadeia de suprimentos atual, como mostra a Figura 14.5. As opções representam as alternativas que você gostaria que fossem exploradas pelo otimizador, tais como modificação na capacidade de algumas fábricas ou abertura de novas fábricas. As restrições expressam quaisquer limitações que você deseja inserir no projeto, incluindo o nível necessário de serviço ao cliente, o nível de capacidade de reserva que você gostaria de manter e a quantidade de dinheiro disponível para melhorias de capital.

Existem diversos tipos de limitações

A função objetivo representa a quantidade que se deseja otimizar no projeto. Se você fizer com que os modeladores utilizem o custo total para a função objetivo, o otimizador irá analisar todas as configurações possíveis para encontrar o projeto que atenda a demanda esperada pelo menor custo. Se solicitar que o modelo otimize o índice de atendimento do pedido, o projeto que receber terá o índice mais alto que você puder alcançar, independentemente do custo.

A função objetivo evidencia a meta

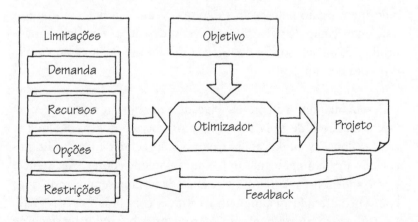

Figura 14.6
Utilizando um otimizador

Não é possível solicitar objetivos conflitantes	Esses exemplos nos levam a uma questão importante: e se você quiser que o projeto otimize duas ou mais quantidades, tais como custo *e* índice de atendimento? A resposta mais direta afirma que isso não é possível porque essas duas quantidades são conflitantes entre si — o aumento do índice de atendimento eleva o custo, e a redução de custos pode diminuir os índices de atendimento. O máximo que se pode almejar é um bom equilíbrio entre ambas, considerando sua importância relativa para você, e existem técnicas de otimização que podem ajudá-lo a equilibrar dois ou mais objetivos entre si. Uma solução mais simples é expressar uma das duas quantidades como uma limitação, deixando o modelo livre para otimizar a outra quantidade. Neste exemplo, o procedimento comum é tratar o índice mínimo de atendimento como uma limitação e permitir que o modelo otimize em relação ao custo. Se o resultado revelar que o alcance de um índice de atendimento de, vamos supor, 97% é caro demais sob as melhores condições, basta simplesmente solicitar aos modeladores que descubram quanto você poderia economizar reduzindo-o em um ou dois pontos.
Custo e lucro são bons objetivos	O custo é a escolha usual para a função objetivo pois, conforme descrito no Capítulo 12, ele naturalmente alinha outros objetivos comerciais. No entanto, a utilização do custo realmente costuma favorecer benefícios operacionais imediatos em detrimento de melhorias de longo prazo, e ele ignora completamente o impacto do projeto na receita. A meu ver, a função objetivo ideal é o 'denominador comum' ilustrado no lado direito da Figura 12.4: o lucro projetado sobre um período de tempo específico, incluindo ajustes no valor tempo do investimento de capital. Entretanto, a opção pelo lucro e não pelo custo exige que o modelo lide com fatores adicionais como demarcação de preços, descontos e custos de não-produção, ou seja, o uso do lucro como função objetivo ainda não é prática comum.
O projeto da cadeia de suprimentos é um processo interativo	O desenvolvimento do projeto da cadeia de suprimentos não é uma tarefa realizada de uma só vez; é um processo que normalmente requer diversas etapas apenas para compreender todas as limitações. O procedimento natural é que os modeladores executem o otimizador sobre o conjunto inicial de dados, revisem os resultados com você e então modifiquem os inputs com base nessa revisão. Esse processo de refinamento oferece uma boa oportunidade de

formular todas aquelas interessantes questões 'hipotéticas'. Quanto custaria elevar o nível de serviço ao cliente em três pontos? O que aconteceria se você duplicasse o orçamento para a nova construção? Como o projeto mudaria se você oferecesse ao otimizador a opção de fechar três de suas antigas fábricas e terceirizasse sua produção? O otimizador pode responder a todas essas e a outras dúvidas.

Você poderia também executar experiências 'simuladas' para descobrir como o projeto se manteria diante de variações na demanda e no suprimento. Lembre-se de que os otimizadores tratam todas as limitações como valores fixos, o que não constitui uma suposição realista. Para compreender os efeitos da variabilidade da demanda e do suprimento, é preciso testar o projeto sobre um intervalo de valores para cada um e observar seu desempenho. Se seus padrões de demanda são relativamente estáveis e sua estratégia é criar uma cadeia enxuta, talvez sejam necessários apenas alguns experimentos 'simulados' para ter certeza de que seu projeto é sólido diante de uma variabilidade razoável. Se você está projetando uma cadeia flexível especificamente para lidar com a alta variabilidade, porém, seria aconselhável realizar mais uma etapa de simulação do projeto.

Teste o projeto em relação à demanda variável

As limitações dos otimizadores matemáticos são claramente complementadas pela força das ferramentas de simulação. Conforme descreve o Capítulo 5, os simuladores podem atribuir distribuições de valores possíveis a parâmetros em vez de pressupor um valor fixo e único para cada um. As simulações são executadas várias vezes, escolhendo um número aleatoriamente a partir da distribuição adequada todas as vezes que precisam de um valor para um parâmetro. Assim, os simuladores oferecem uma análise detalhada dos efeitos da variabilidade, resultando numa indicação nítida sobre a possibilidade de o projeto ser sólido diante das típicas variações na demanda, no suprimento, na capacidade e em outros parâmetros. A outra importante vantagem dos simuladores é que não são limitados a relações lineares. Por exemplo, se você estiver preocupado com o fato de que as quebras de preços e outros efeitos da quantidade introduzem relações não lineares, um modelo de simulação pode informá-lo se essas relações não lineares estão afetando seus resultados.

As simulações validam um projeto diante da variabilidade

Utilize ambos os tipos de modelo para obter o melhor projeto

Se as simulações são assim tão superiores nesse ponto, por que não usá-las no lugar dos otimizadores? Exatamente por não disporem da capacidade de buscar soluções ótimas. Por isso os simuladores são complementos dos otimizadores e não substitutos. Uma boa maneira de combinar os dois tipos é usar um otimizador para gerar um ou mais modelos possíveis e então usar um simulador para um teste definitivo desses modelos em condições de variabilidade e não linearidade (Figura 14.7). Essa estratégia também utiliza da melhor forma a capacidade de *hill-climbing* dos modelos de simulação (Capítulo 5). Depois de posicionar um modelo de simulação na região da solução desejada, ele pode ajustar os valores de um ou mais parâmetros-chave de acordo com suposições mais realistas. Em suma, usar um simulador junto com um otimizador proporciona o que há de melhor em ambas as ferramentas: o otimizador fica com o trabalho pesado de seleção a partir de milhões de projetos possíveis e o simulador realiza o trabalho mais delicado de validar e refinar as melhores possibilidades.

Um novo projeto deve compensar o investimento

A hora da verdade chega quando o projeto otimizado está concluído e pronto para comparação com a cadeia de suprimentos atual. A conversão de uma cadeia de suprimentos em operação para um novo projeto é uma tarefa dispendiosa, disruptiva e arriscada para todos os envolvidos, por isso o ROI que se espera obter com essa conversão precisa ser significativo para justificar a mudança. A parte de investimento desse cálculo inclui os custos iniciais de conversão — a aquisição de novas instalações e equipamentos, os custos de educação e treinamento, e outras despesas — e os custos contínuos do gerenciamento conjunto da nova cadeia como um sistema integrado. O retorno engloba a economia total nos custos operacionais juntamente com qualquer aumento nas vendas esperado como conseqüência.

Figura 14.7
Refinando o projeto

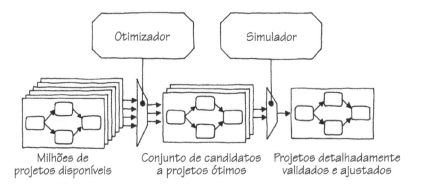

A base de cálculo do retorno sobre o investimento esperado não é o desempenho da cadeia de suprimentos atual em sua operação no mercado, mas sim os números projetados para essa cadeia à medida que avança para o futuro, incluindo os efeitos de todos os fatores externos e internos analisados no Capítulo 10 (Figura 10.7). Essa é uma importante distinção que pode muito bem determinar o voto de Minerva na decisão pela realização da mudança. Um ROI baseado no pressuposto de um mercado estático com concorrência estável pode indicar que há pouco a ser ganho com a mudança de suas práticas atuais. Mas, se o mercado exige desempenho crescente a custos baixos, ou se seus concorrentes já estão integrando suas cadeias de suprimentos e elevando as exigências do mercado inteiro, uma previsão realista poderia mostrar que suas vendas afundarão se você não aprimorar a cadeia. Nesse caso, aquilo que inicialmente parecia uma idéia de equilíbrio pode na verdade ser uma decisão que definirá a continuação ou não das operações de sua empresa.

O ROI deve basear-se no desempenho futuro

A capacidade dos sistemas de projeto da cadeia de suprimentos de encontrar soluções ótimas oferece-lhe uma poderosa ferramenta para a melhoria de sua cadeia, mas não se esqueça de que a ferramenta mais poderosa de todas ainda é sua experiência como gerente. Os otimizadores só podem avaliar as opções que você lhes oferece, ou seja, a qualidade do projeto que você obtém é reflexo direto da qualidade de sua própria avaliação da empresa. Portanto, é fundamental que você e seus colegas gerentes coordenem o processo de criação do projeto, incentivando os modeladores a experimentar alternativas que jamais lhes ocorreriam com base em suas práticas atuais. É por isso também que você precisa acompanhar as melhores práticas de negócios atuais no mercado, uma vez que essas são as técnicas que lhe permitem continuar avançando os limites do que pode alcançar em seu projeto. O próximo e último capítulo aborda quatro dos mais empolgantes desenvolvimentos na fronteira do gerenciamento da cadeia de suprimentos.

Exercícios

1) Que interesses empresariais podem ser relacionados à introdução do estudo da CS à estratégia empresarial? Aponte algumas oportunidades competitivas no aprimoramento da CS.

2) Os objetivos de flexibilidade e eficiência da CS podem ser considerados conflitantes? Explique as razões.

3) Como explicar a questão de posicionamento estratégico da CS no mercado? Que escolhas devem ser feitas?

4) Caracterize um exemplo de seu conhecimento em que seja nítido o alinhamento estratégico em eficiência e flexibilidade.

5) O que pode ser caracterizado como múltiplas estratégias de CS em uma empresa? Como administrá-las?

6) Justifique critérios que você utilizaria na escolha de parceiros em sua CS. Você aplicaria etapas de desenvolvimento nos relacionamentos?

7) De que forma os modelos conceituais e a participação dos gerentes podem facilitar a definição estratégica da CS?

8) Posicione-se em uma organização e desenvolva um modelo conceitual básico para sua CS, adotando alguns fornecedores e clientes possíveis no projeto. Utilize descrições complementares para melhor entendimento de suas decisões.

9) No exemplo anterior, identifique os inputs necessários e as restrições impostas para que o sistema otimizador (tipo APS) possa encontrar a melhor solução.

10) De que forma é possível melhorar seu modelo de projeto e captar as respostas às variabilidades?

11) Justifique o fato de a maioria das funções objetivo dos modelos otimizadores usados no projeto de CS se referirem a custos.

15

Maximizando o Desempenho

O Capítulo 14 descreveu como o trade-off estratégico entre eficiência e flexibilidade é limitado pela fronteira de eficiência e forneceu uma maneira de identificar o melhor ponto operacional nessa fronteira a partir de uma estratégia específica de cadeia de suprimentos. Mas a fronteira de eficiência é constantemente deslocada adiante por novas técnicas e tecnologias (Figura 15.1), daí as oportunidades de obtenção de vantagem competitiva estão sempre aumentando. O último capítulo analisa quatro maneiras pelas quais os líderes das cadeias de suprimentos avançam a fronteira de eficiência hoje: acelerar o movimento de estoque pela cadeia, centralizar o risco por meio da formação de 'estoques virtuais' em diversas localidades, desenvolver produtos que se adaptem especificamente à cadeia de suprimentos e adiar o máximo possível a diferenciação entre os produtos na cadeia.

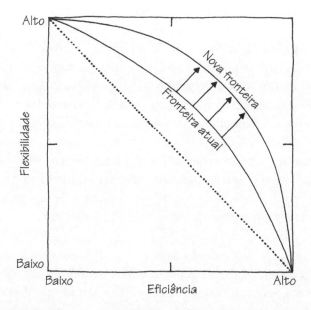

Figura 15.1
Avançando a fronteira

Aumentando a Velocidade

A aceleração colabora com a flexibilidade e a eficiência

Uma das maneiras mais simples de avançar a fronteira de eficiência é acelerar o fluxo de produtos por sua cadeia. A aceleração melhora a eficiência porque o estoque não permanece na cadeia por tanto tempo, o que reduz os custos de manutenção desse estoque. Ao mesmo tempo, o aumento da velocidade do estoque aprimora a flexibilidade, pois reduz o tempo necessário para modificar o que está na 'pipeline' em resposta à instabilidade da demanda. Se seu estoque demora seis semanas para passar da produção ao consumidor, então sua combinação de produtos sempre estará atrasada em relação à demanda por dois meses. Por outro lado, se o estoque leva seis dias no trajeto entre a produção e o consumidor, é possível modificar essa combinação em uma semana.

Transporte mais rápido aumenta a velocidade

Uma forma óbvia de aumentar a velocidade é passar a adotar um meio de transporte mais rápido. Se você envia produtos para outros países por navio e possui a alternativa de usar frete aéreo, poderá obter um lucro líquido graças a essa mudança. Mas o custo do transporte mais rápido é quase sempre alto, ou seja, é difícil empurrar a fronteira muito longe apenas aumentando a velocidade do estoque. Para gerar um lucro líquido, os custos mais altos de transporte devem ser mais do que compensados pelos benefícios financeiros de redução dos custos de manutenção, aumento nas vendas, redução de depreciações ou alguma combinação desses fatores.

O processamento mais inteligente é a melhor abordagem

Uma forma muito mais eficaz de aumentar a velocidade é pela melhoria na forma como a cadeia lida com produtos que *não estão* em movimento. Apesar de todo o trabalho dedicado à melhoria na eficiência das cadeias de suprimentos nas últimas décadas, o estoque ainda passa a maior parte do tempo inerte esperando algo acontecer. Conforme citado no Capítulo 9, um estudo da indústria automobilística na Inglaterra revelou que os componentes de aço passavam 97% do tempo ociosos. Seu estoque pode não ser assim tão moroso, mas se você reunir os dados e calcular os resultados de alguns de seus componentes talvez descubra que não está muito melhor.

Será necessária alguma reengenharia do processo

Em suma, o melhor método para aumentar a velocidade do estoque não é movê-lo mais rapidamente quando ele realmente se movimenta, mas fazer com que passe mais tempo em movimento. Alcançar esse objetivo é muito mais difícil do que simplesmente mudar o meio de transporte; é preciso realizar estudos sistemáticos sobre o modo como o estoque se movimenta pela cadeia, analisar cada local onde ele pára e buscar maneiras de fazer com que se movimente novamente. Para atingir velocidades significativamente mais altas, talvez seja necessário fazer uma reengenharia de suas operações de cadeia de suprimentos, aplicando as técnicas de JIT, produção enxuta e disciplinas afins.

É possível obter uma breve noção dos pontos em que a lentidão ocorre apenas observando o tamanho das filas de matérias-primas que se formam nas instalações, tanto nos galpões de recebimento como em frente às estações de trabalho individuais. Na Figura 15.2, a grande fila na instalação F indica que essa instalação é um gargalo, ao passo que a fila vazia na instalação I mostra que está sendo retida pela instalação F. Ao deparar com um gargalo, sua primeira escolha é procurar uma forma de aumentar a produção dessa operação, seja adicionando capacidade, seja aprimorando a operação em si. Se for impossível descobrir uma maneira de corrigir o gargalo, tente retornar para as operações a montante que o alimentam (instalação C no exemplo). Pode parecer contraditório acelerar o fluxo de estoque desacelerando algumas operações, mas esse é exatamente o efeito que você conseguirá. Deixando de empurrar o estoque na cadeia enquanto não houver um caminho livre, você estará garantindo que o estoque irá se movimentar mais rapidamente depois que ele de fato ingressar na cadeia.

Grande parte do desperdício se encontra nas filas

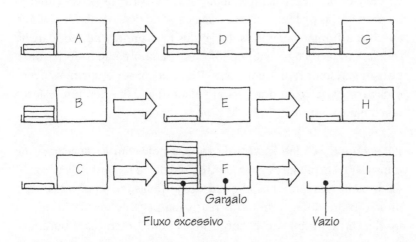

Figura 15.2
Procurando filas

Livre-se de atividades que não agregam valor

Para obter uma visualização mais reveladora do modo como o estoque gasta seu tempo, solicite que alguém registre o tempo consumido pelo estoque em cada localidade dentro da cadeia e coloque os resultados num gráfico de tempo de processamento como o da Figura 9.11. Melhor ainda, avance mais uma etapa nessa estratégia fazendo uma distinção entre as atividades que agregam e as que não agregam valor. As únicas atividades que agregam valor são as que modificam o produto, de forma a aumentar sua utilidade para o cliente, normalmente modificando seu formato ou sua localização, aproximando-o das necessidades do cliente. O estudo que mostrou o estoque na indústria automobilística inglesa permanecendo ocioso por 97% do tempo também revelou que, quando o estoque *estava* em movimento, menos de um terço do tempo era gasto agregando valor. Por pior que pareça essa situação, ela ainda pode tornar-se mais grave, já que algumas atividades acabam na verdade *reduzindo* o valor. No exemplo da Amlock do Capítulo 14, o tempo gasto pelas fechaduras no trajeto para as fábricas no México na realidade reduz seu valor porque as distancia dos consumidores que, no final das contas, irão comprá-las.

Sistemas de rastreamento facilitam esse processo

Acompanhar a movimentação de milhares de produtos por sua cadeia de suprimentos para identificar gargalos e operações improdutivas pode ser uma tarefa extremamente trabalhosa, mas nessa área a tecnologia pode aliviar imensamente esse fardo. Conforme descrito no Capítulo 6, os sistemas de rastreamento, os sistemas de visibilidade da cadeia de suprimentos e os softwares de gerenciamento de ocorrências podem eliminar a maior parte desse árduo trabalho e avisá-lo automaticamente sobre quaisquer pontos de lentidão na cadeia. As tecnologias de identificação, como códigos de barras e transmissões por radiofreqüência (RF), podem ser ainda mais avançadas para fazer com que essa atividade não exija nenhum esforço por meio da automatização do processo inteiro.

Os transmissores são tão pequenos quanto um grão de areia

Por exemplo, os fabricantes de roupas hoje têm a capacidade de imprimir transmissores por radiofreqüência do tamanho de um grão de areia diretamente nas etiquetas costuradas em suas peças, uma inovação que lhes permite rastrear cada peça de vestuário de sua fábrica no exterior até o ponto-de-venda. Nesse caso, porém, a tecnologia pode ser avançada demais para o mercado — a Benetton anunciou recentemente que, contrariando relatórios anteriores, *não* colocaria essas etiquetas em suas roupas. Os clientes da empresa se sentiram incomodados pela idéia de que ela pudesse rastrear *seus* movimentos quando estivessem vestindo as roupas, apesar da garantia da Benetton de que desativaria as etiquetas nas lojas.

Embora a tentativa de aumentar a velocidade esteja primordialmente dirigida ao fluxo de estoque, existem vantagens a serem obtidas pela aceleração do fluxo de demanda e de caixa. Quanto mais rápido a demanda se movimenta a montante na cadeia, mais rapidamente os fornecedores a montante podem responder às modificações nessa demanda. Além disso, a aceleração do sinal de demanda é uma das formas mais eficazes de eliminar a ampliação da demanda, que é a fonte de muita inconstância nas cadeias de suprimentos. Finalmente, a aceleração do fluxo de caixa reduz o custo total da dívida pela cadeia, aumentando ainda mais a eficiência sem prejudicar a flexibilidade. Um bom exemplo é o da Cisco Systems, que utiliza o pagamento instantâneo em sua cadeia de suprimentos para ajudar os fornecedores a compensar os custos da entrega feita prontamente. Moral da história: ao analisar formas de aumentar a velocidade de sua cadeia de suprimentos, considere os fluxos de demanda e de caixa, além do fluxo de suprimentos.

Acelere os fluxos de demanda e caixa ao longo da cadeia

Centralizando o Risco

A segunda técnica para o avanço da fronteira de eficiência é a **centralização do risco**. A idéia básica da centralização do risco é combinar o gerenciamento de estoques, que normalmente seriam controlados separadamente para que a variabilidade na demanda pudesse ser administrada, com um volume menor de estoque de segurança. Para entender como isso funciona, observe a Figura 15.3, que compara os níveis de estoque necessários para atender 97% do nível de serviço ao cliente (CSL) com os três estoques regionais ou apenas um estoque único e centralizado. No caso dos estoques regionais, cada região precisa manter 150 unidades de um produto disponíveis para cumprir a meta de CSL, totalizando 450 unidades. Com um estoque centralizado, apenas 300 unidades são necessárias.

A centralização do risco reduz as necessidades de estoque

A vantagem se origina da compensação pelas variações

Qual a causa dessa diferença? A explicação mais adequada exigiria uma imersão em estatística, mas a resposta mais rápida afirma que as variações locais na demanda tendem a se anular. Na Figura 15.3, a variabilidade aleatória pode fazer com que a demanda seja alta na primeira região, média na segunda e baixa na terceira, ou pode resultar em qualquer outra combinação de níveis de demanda, mas é relativamente pouco provável que seja alta nas três regiões ao mesmo tempo. Se os estoques das três regiões forem reunidos, então o mesmo estoque de segurança pode cobrir o risco de demanda alta em qualquer uma das três regiões, reduzindo as necessidades de estoque total. Dependendo das condições, é possível reduzir os estoques — e, conseqüentemente, os custos de manutenção — em 25% a 35% por meio da centralização do risco.

A centralização física não é necessária

É claro que a decisão de centralizar os estoques envolve mais do que apenas as necessidades por estoque de segurança. Pode ser impossível atingir seu CSL-alvo sem manter estoque próximo a seus clientes, ou os custos da utilização de transporte mais rápido podem ser maiores que a economia devido à manutenção de menos estoque. Mas a centralização do risco não requer que o estoque esteja efetivamente situado no mesmo local. Essa estratégia apenas exige que sejam gerenciados como um grupo comum. Isso pode ser feito por meio de diversas técnicas, incluindo o estoque em níveis, fontes múltiplas de fornecedores, transbordo e entrega direta, conforme as explicações dos próximos parágrafos.

Figura 15.3
Centralização do risco

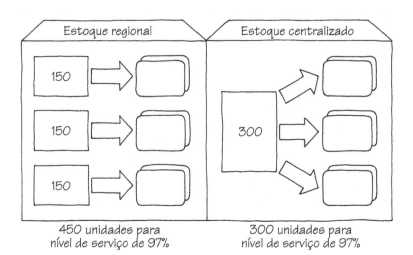

Como descreve o Capítulo 2, muitas redes de distribuição possuem diversos níveis ou camadas. Por exemplo, os produtos podem partir de um armazém único e centralizado, movimentando-se por vários centros de distribuição regionais e, em seguida, para um número imenso de lojas amplamente distribuídas (Figura 15.4). Embora seja possível que cada uma dessas instalações gerencie seu estoque de maneira independente, isso raramente acontece, pois é muito mais eficiente gerenciá-lo coletivamente como um **estoque em níveis**. Nesta abordagem, o conjunto de instalações partindo da instalação central até a loja varejista é tratado como um grupo comum, com o estoque central oferecendo suporte para o estoque regional, que por sua vez oferece suporte ao estoque da loja. Enquanto os atrasos na obtenção de estoque do nível acima na cadeia são toleráveis pelo cliente, o estoque total em um sistema de níveis pode ser reduzido de forma expressiva pela centralização do risco.

O estoque em níveis suporta a centralização do risco

Como podemos ver pela Figura 15.4, a organização mais comum em um sistema de distribuição por níveis é cada instalação ser atendida por uma única instalação a montante. Tal estrutura simplifica a administração do sistema, mas limita a economia que pode ser obtida pela centralização do risco. Se cada instalação puder receber produtos de duas ou mais instalações a montante, então os estoques dessas instalações automaticamente formam uma centralização que reduz a necessidade de estoque de segurança. A Figura 15.5 ilustra isso mostrando uma variação da abordagem de centralização ilustrada na Figura 15.3. Em vez de atender as três regiões a partir de um único armazém central, cada região é atendida por seu próprio armazém, mas os armazéns se sustentam entre si no caso de haver escassez. Isso permite que o estoque total seja reduzido para 300 unidades, assim como no estoque centralizado, mas mantém a proximidade do cliente das instalações regionais.

A fonte múltipla de fornecedores também centraliza o risco

Remessas feitas a partir de instalações mais remotas demoram mais tempo no percurso e são mais caras; nesse caso, pode não ser economicamente viável sustentar todos os elos possíveis entre armazéns e regiões. A solução para esse problema é dividir as instalações em associações separadas mas sobrepostas, como mostra a Figura 15.6. A maioria dos benefícios da centralização do risco é alcançada com os primeiros poucos integrantes em cada grupo, portanto a sobreposição de grupos consegue manter o número de

As instalações são agrupadas em associações sobrepostas

elos em um nível razoável e ainda proporcionar reduções significativas no estoque. A estratégia funciona mesmo que a entrega dos produtos a partir de instalações mais distantes resulte em prejuízo líquido em qualquer venda específica. Como essas ocorrências são relativamente raras, elas são mais do que recompensadas pelas economias nos custos de manutenção.

O transbordo oferece vantagens semelhantes

Os benefícios da centralização do risco também podem ser conquistados por meio do **transbordo**, em que as instalações em um determinado nível da cadeia trocam estoque entre si. Essa técnica é mais cara que a fonte múltipla de fornecedores, porque os produtos percorrem em média trajetos mais longos, mas às vezes essa é a única opção. Isso é o que acontece nitidamente no âmbito do varejo, pois não existem instalações a jusante que recebam remessas consolidadas, e é exatamente nesse caso que o transbordo é mais utilizado. As lojas costumam ser organizadas em centralizações de risco justapostas baseadas na proximidade, como ilustra a Figura 15.6, e cada um recebe acesso eletrônico ao estoque do outro. Isso possibilita às lojas lidar com a escassez garantindo aos clientes que o produto que desejam está em estoque e estará disponível a curto prazo, normalmente no dia seguinte.

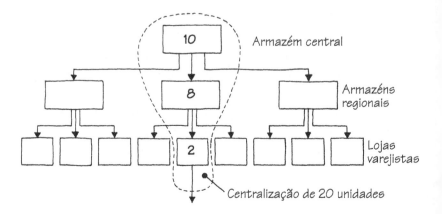

Figura 15.4
Sistema de estoque em níveis

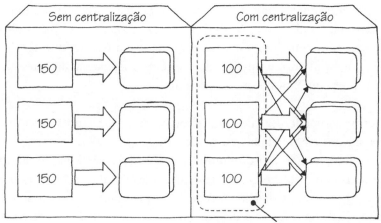

Figura 15.5
Centralizando o risco em diversas regiões

Há ainda outra forma de alcançar a centralização do risco, denominada **entrega direta**, em que um ou mais elos de uma cadeia de suprimentos são totalmente evitados. Na Figura 15.4, por exemplo, um pedido maior pode ser entregue diretamente a partir de um armazém central para uma loja varejista, evitando o armazém regional. Como esse exemplo sugere, é possível pensar na entrega direta como uma variável do estoque em níveis no sentido de que as instalações a montante sustentam o estoque das instalações a jusante. A vantagem da entrega direta é que ela evita todo o custo de movimentação até as instalações intermediárias, incluindo o tempo e a despesa de descarregamento, armazenagem, separação e recarregamento de mercadoria. A entrega direta costuma ser utilizada para lidar com grandes entregas que atingem limites de transporte, como as entregas em carga cheia (*full truckload deliveries* — FTL), independentemente de uma instalação mais próxima possuir os produtos em estoque ou não. Essa prática não só elimina o custo local de manutenção como reduz os custos totais de entrega beneficiando-se das taxas de FTL. Outra vantagem dessa prática está no fato de as instalações de armazenagem a jusante não precisarem lidar com grandes pedidos, conseguindo reduzir seus estoques cíclico e de segurança sem prejudicar os níveis de serviço.

A entrega direta reduz inúmeros custos

A centralização do risco é uma ótima ferramenta para avançar a fronteira de eficiência, pois o agrupamento pode ser mapeado de acordo com qualquer combinação de eficiência e flexibilidade, dependendo de sua estratégia. Se você almeja estabelecer uma cadeia mais eficiente, pode cortar os níveis de estoque em até um terço

A centralização do risco pode ser aplicada com qualquer estratégia

sem comprometer seu nível de serviço. Se sua estratégia se fundamenta na flexibilidade, é possível responder a maiores flutuações na demanda sem aumentar os estoques. Se a intenção for estabelecer um equilíbrio, é possível aperfeiçoar ambas as qualidades em qualquer combinação que se preferir.

A eficácia depende da demanda não correlata

Mesmo tão poderosa, a centralização do risco não é uma panacéia, e a alavancagem obtida com ela depende da natureza da demanda. Se a demanda de um produto for altamente estável, então, antes de mais nada, você não precisa de muito estoque de segurança, ou seja, há pouco a ganhar com a redução desse estoque. Aprofundando mais nessa questão, se a demanda nas diversas regiões tende a subir e descer juntamente, então a centralização do risco não será muito eficaz, porque a escassez em uma região provavelmente será acompanhada pela escassez em outras regiões. Isso não significa que a centralização do risco não possa ser usada nessas condições. Na verdade, o fato é que essa técnica produz os maiores benefícios quando a demanda é incerta e relativamente independente entre uma região e outra.

Figura 15.6
Centralizações de risco justapostas

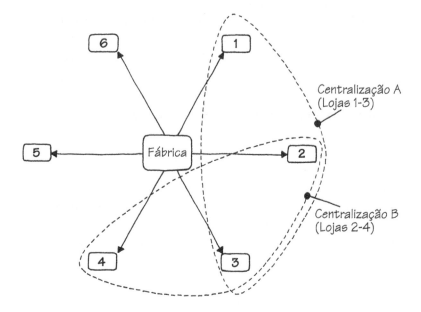

Outro cuidado com relação a essa técnica é que ela pode ser muito mais difícil de ser gerenciada do que um sistema de distribuição padrão em níveis. Em vez de sempre receber produtos de uma única instalação a montante, uma instalação pode puxar os produtos de diversas instalações no nível acima, ignorar totalmente esse nível e ser atendida a partir de uma instalação mais a montante, ou designar instalações pares dentro de seu próprio nível. Complicando ainda mais, cada uma dessas alternativas pode ser limitada aos grupos centralizados cuja sociedade varia em cada instalação (Figura 15.6). Gerenciadas adequadamente, essas alternativas de fornecimento podem deslocar a fronteira de eficiência para muito além de seus limites atuais. Gerenciadas de forma inadequada, podem deixar a empresa caminhando aos tropeços na mediocridade, aquém da fronteira.

A centralização do risco pode ser difícil de administrar

Projetando o Produto

Durante a década de 80, houve um grande esforço por parte das empresas de manufatura em projetar produtos mais fáceis de fabricar. Esse esforço, conhecido como *projeto para manufatura* e *engenharia simultânea*, foi um ponto de partida significativo diante das antigas práticas, em que os engenheiros desenvolviam um produto e incumbiam a manufatura de descobrir como fabricá-lo. Levando em consideração os requisitos de manufatura durante o processo de desenvolvimento do projeto, as empresas que adotaram essa abordagem puderam simplificar a produção, reduzir custos e aprimorar a qualidade.

O projeto para manufatura simplificou a produção

Hoje, o projeto para manufatura é levado para fora das quatro paredes da fábrica e aplicado às cadeias de suprimentos inteiras. O novo movimento — denominado **projeto do produto** — considera a seqüência completa de operações e movimentos necessários para transformar matérias-primas em produtos prontos para o uso. Muitas das técnicas são levadas diretamente do projeto para a manufatura; a única modificação está na mudança do foco de uma única empresa para um conjunto de empresas. Outras técnicas oferecem soluções exclusivamente dedicadas aos problemas das cadeias de suprimentos.

Esse esforço hoje abrange toda a cadeia de suprimentos

A simplificação e a homogeneização são as principais técnicas

Duas das técnicas mais básicas são a simplificação e a homogeneização. O objetivo da simplificação é reduzir o número de opções de montagem por meio da eliminação de alternativas desnecessárias, mesmo que isso eleve um pouco o custo dos componentes. Por exemplo, pode custar um pouco mais fabricar uma fonte de alimentação que funcione em 110 ou 220 volts, mas essa pequena modificação é capaz de reduzir pela metade o número de produtos que precisam ser fabricados, entregues e armazenados. Da mesma forma, o objetivo da homogeneização é diminuir o número de componentes semelhantes, reduzindo as opções disponíveis aos projetistas. Em vez de permitir que todos os projetistas tenham inúmeras opções de porcas e parafusos, por exemplo, uma cadeia pode padronizar um pequeno conjunto de opções e solicitar que os projetistas trabalhem apenas com essas alternativas. Isso pode fazer com que alguns produtos possuam fixadores maiores que o necessário, mas por outro lado também agiliza a produção reduzindo a variedade de materiais e diminui os custos de compra reunindo estoques que, do contrário, seriam gerenciados separadamente.

A modularização aumenta as opções e reduz o custo

Uma técnica mais ambiciosa implica o uso da modularidade no projeto do produto. Em vez de projetar cada novo produto partindo do zero, os engenheiros desenvolvem os produtos como montagens de componentes conectáveis, utilizando componentes existentes onde for possível. Assim como na simplificação e na homogeneização, essa técnica pode aumentar um pouco o custo do produto individual, pois requer interfaces que não seriam necessárias a um produto que utilizasse componentes dedicados. Mas esses custos podem ser mais do que compensados pela economia originada da reutilização dos mesmos componentes em muitos produtos diferentes. A modularidade também pode aumentar o número de opções ao cliente, permitindo diversas configurações a serem montadas a partir de um conjunto relativamente pequeno de componentes.

A modularidade suporta a produção simultânea

Outra vantagem da modularização é que os fabricantes podem produzir os módulos de um produto simultaneamente em vez de fabricar o produto inteiro seqüencialmente. Essa produção paralela encurta os lead times, melhorando o serviço prestado ao cliente, além de reduzir os custos de manutenção de estoque. A fabricação paralela também proporciona maior flexibilidade na escolha dos locais de produção, oferecendo aos fabricantes a opção de utilizar instalações especializadas para os diversos componentes.

Se os projetistas souberem aproveitar o máximo da modularização, os fabricantes poderão desenvolver um grande número de produtos a partir de um mínimo de componentes. Poderão então fabricar e entregar esses componentes em volume substancial, diminuindo seus custos para os níveis da produção em série, e ainda fornecer um produto acabado altamente personalizado atendendo as necessidades do consumidor final. Foi isso que aconteceu na indústria de PCs, e esse é o motivo pelo qual a Dell consegue vender computadores fabricados sob encomenda a preços de máquinas fabricadas em série.

A modularização resulta em personalização barata

Outra técnica importante é desenvolver os produtos pensando na conveniência da embalagem. Conforme descrito no Capítulo 13, o transporte de produtos de baixa densidade é extraordinariamente caro, pois esses produtos lotam os veículos antes que estes atinjam sua capacidade máxima de pesagem. Cada vez mais esses produtos têm sido desenvolvidos de uma maneira modular que permite que a montagem final seja adiada até quase o final da cadeia. Um exemplo particularmente interessante disso são os móveis prontos para montar (*ready-to-assemble* — RTA), como escrivaninhas e prateleiras, cuja montagem final é realizada pelo consumidor. Tal inovação reduziu o custo de transporte a ponto de os móveis RTA serem freqüentemente enviados a todas as partes do mundo.

O projeto do produto inclui a embalagem

No caso de produtos destinados ao varejo, outra técnica utilizada no projeto do produto diz respeito à garantia de que ele será bem exibido nas lojas. Por exemplo, jogos eletrônicos são muitas vezes desenvolvidos para que possam ser utilizados dentro da embalagem, assim os clientes podem testá-los antes de efetuar a compra. Outro exemplo é o efeito que o Wal-Mart exerce nas dimensões das embalagens: a loja tem uma preferência tão forte por produtos que caibam em suas prateleiras de 35 centímetros que muitos fornecedores reprojetaram seus produtos para que coubessem em embalagens com 35 centímetros de medida. Mesmo quando não há embalagem primária, as características de apresentação exercem um impacto enorme no projeto. Por exemplo, grandes itens de plástico, como tonéis,

A apresentação do produto também passou a ser uma preocupação do desenvolvimento

contêineres para armazenagem e móveis para jardim, hoje são projetados para que sejam encaixados um ao outro na hora do empilhamento, reduzindo o precioso espaço na loja necessário para exibir esses produtos cuja relação valor/volume é baixa.

O projeto colaborativo está se tornando comum

Outra técnica é envolver os fornecedores no projeto de um produto. Antigamente, os fornecedores tinham pouca ou nenhuma influência no projeto das pré-montagens que fabricariam. Seus clientes simplesmente lhes entregavam um projeto e eles tinham de fabricar os produtos de acordo com suas especificações, ainda que se tratasse de um projeto malfeito. Hoje existe muito mais colaboração no projeto, com fornecedores sendo consultados sobre recursos, técnicas de fabricação e custeio visando a melhorar o produto final. O programa Score da Chrysler, descrito no Capítulo 1, condensou os resultados espetaculares que podem ser obtidos pela transformação de relacionamentos antagônicos entre os fornecedores em verdadeiras parcerias de desenvolvimento.

As cadeias de suprimentos agora orientam a manufatura

A iniciativa de projeto do produto é significativa em inúmeros aspectos, um dos quais é a mudança implícita na importância relativa de manufatura e gerenciamento da cadeia de suprimentos. Pela tradição, as funções de transporte e logística eram subordinadas à manufatura. Basicamente, a manufatura fabricava o que queria fabricar e no momento que achasse oportuno, e cabia à logística supri-la com os materiais necessários e retirar os produtos acabados de suas mãos. Hoje, os papéis estão sendo invertidos e a manufatura tem sido vista como peça de uma máquina muito maior, ou seja, a cadeia de suprimentos. Na nova organização das atividades, as necessidades e os desejos da equipe de manufatura são muitas vezes subordinadas às exigências da cadeia de suprimentos como um todo.

Isso gera resistência ao projeto do produto

Tal inversão de papéis é uma conseqüência natural da nova competição entre as cadeias de suprimentos, mas é uma conseqüência que poucas empresas internalizaram até o momento. O principal obstáculo para o projeto do produto não são as exigências da técnica em si, mas a dificuldade que muitos gerentes de produção enfrentam para se ajustar às mudanças nas prioridades. Esse é um dos motivos pelos quais qualquer tentativa de reprojetar a cadeia de suprimentos deve ser aceita, apoiada e ativamente gerenciada pelos executivos que encabeçam a empresa.

Adiando a Diferenciação

A inovação mais empolgante no movimento com vistas ao projeto do produto é uma técnica conhecida por **adiamento** ou **diferenciação adiada**, ou ainda mais raramente denominada *freeze-point delay*. A idéia básica é fabricar produtos em formato genérico na manufatura, enviá-los aos centros de distribuição próximos aos destinos e então realizar as operações finais que resultam em um produto específico (Figura 15.7). Essa técnica desloca a fronteira de eficiência porque proporciona maior economia de escala na produção e no transporte, e ainda aumenta a flexibilidade da empresa para que responda à instabilidade da demanda.

A configuração final pode ser feita localmente

A história clássica de sucesso do adiamento tem como protagonista a linha de impressoras DeskJet da Hewlett Packard. A HP se beneficiava das crescentes vendas dessas impressoras e a produção em sua fábrica de Vancouver aumentava acompanhando com exatidão o planejamento para atender a crescente demanda. O problema era que as impressoras precisavam ser configuradas de maneira diferente para o mercado de cada país, e a empresa não raro deparou com a escassez de algumas configurações e o excesso de estoque de outras. Uma única fábrica atendia o mundo inteiro e as impressoras eram enviadas de navio; então não havia nenhuma maneira de a HP ajustar seu mix de configurações com rapidez suficiente para solucionar o problema. Em vez disso, a empresa reprojetou as impressoras para permitir que a configuração por país fosse feita em seus respectivos centros de distribuição. Essa modificação possibilitou que a HP fabricasse impressoras genéricas em grande volume, as enviasse em grande quantidade e adiasse a configuração final até o momento em que elas estivessem bastante próximas de seus mercados-alvo.

A HP é o exemplo clássico

O caso da HP ilustra diversas vantagens da técnica de adiamento. Em primeiro lugar, permite que os produtos sejam especializados para diferentes mercados sem comprometer a economia de escala na produção e no transporte. Essa vantagem é de extrema importância; nos mercados de hoje orientados pelo consumidor, os fabricantes precisam oferecer produtos em uma variedade cada vez maior, o que está resultando na perda de economia de escala associada aos grandes lotes de produção. O adiamento possibilita uma saída para

O adiamento aumenta a economia de escala

esse dilema, permitindo que a especialização seja feita próxima ao cliente. A fábrica retoma a economia de escala produzindo grandes lotes de produtos genéricos e os clientes continuam a obter a variedade que procuram.

O adiamento oferece um tipo de centralização do risco

Outra vantagem do adiamento é que ele aproveita a centralização do risco para minimizar as necessidades de estoque. Conforme descrito anteriormente neste capítulo, a centralização do risco reduz a necessidade de manter estoque de segurança agrupando diversos estoques, fazendo com que as variações locais na demanda sejam anuladas entre si. O adiamento consegue o mesmo efeito combinando eficazmente os estoques de uma família inteira de produtos em um único grupo, reduzindo consideravelmente o estoque total que deve ser mantido em cada região.

A técnica se apóia na previsão com menos intensidade

Nessa mesma linha, outra vantagem é que a produção pode basear-se em previsões agregadas, que são sempre mais exatas que as previsões detalhadas (Capítulo 10). De fato, a técnica de adiamento permite que as variações de um produto genérico sejam puxadas na cadeia impulsionadas pela demanda imediata em vez de serem empurradas abaixo na cadeia com base em previsões incertas e no âmbito do produto individual. Ao mesmo tempo, o adiamento proporciona uma maneira econômica de aumentar o nível de personalização por meio de variações menores a serem determinadas ao longo de toda trajetória até o ponto-de-venda.

Figura 15.7
A técnica de adiamento

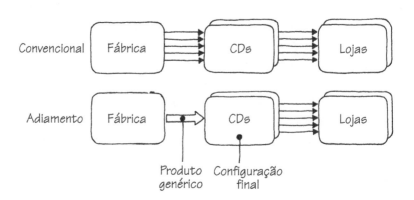

O adiamento é uma forma de projeto do produto, e raramente pode ser realizado sem a utilização de algumas das técnicas mais básicas descritas na seção anterior. Mais importante ainda, ele exige que os produtos sejam desenvolvidos e fabricados de forma modular, facilitando a montagem da configuração final nas instalações a jusante na cadeia. No caso de periféricos de computadores, por exemplo, pode ser necessário reprojetar a fonte de alimentação como um módulo embutido, em vez de inseri-lo no gabinete, ou transferir a lógica que diferencia os periféricos de PC e Mac das placas-mãe para um conector externo.

O adiamento conta com o projeto do produto

Assim como o projeto do produto em geral, a técnica de adiamento pode exigir algumas complexas mudanças organizacionais. Um dos obstáculos encontrados pela estratégia de adiamento da HP foi a resistência de seus centros de distribuição à idéia de se envolverem na montagem final, ou seja, uma atividade muito diferente das operações de armazenagem e manuseio com as quais já estavam acostumados. Se os centros de distribuição não dispõem de espaço, equipamentos ou habilidades necessárias para efetuar a montagem final, a mudança para o adiamento pode resultar em aumento no número de defeitos, atrasos e outros problemas de fabricação.

O papel dos centros de distribuição muda

Mesmo que a transformação dos centros de distribuição em fábricas de montagem final não seja uma opção viável, o adiamento ainda pode ser adotado na fábrica principal. Nesse caso, a técnica se baseia exclusivamente no tempo e não resulta em nenhuma economia a jusante em relação à fábrica. Entretanto, o aumento na flexibilidade originado do adiamento da diferenciação ainda pode justificar a mudança. Citando um exemplo clássico, a Benetton modificou a seqüência das operações envolvidas na produção de seus agasalhos, tingindo a blusa pronta em vez de tingir a lã antes da tecelagem. Embora essa modificação tenha elevado o custo da produção em 10%, ela gerou lucro líquido porque permitiu que a empresa respondesse com muito mais agilidade às emergentes preferências por cores.

O adiamento também se aplica às fábricas

Por outro lado, se o processo final de configuração for relativamente simples, ou se os varejistas possuírem habilidades especiais, é possível estender o adiamento até o momento da compra (Figura 15.8). É isso que normalmente ocorre com os eletrônicos, que po-

O adiamento pode chegar até o consumidor

dem precisar ser configurados com cabos ou adaptadores especiais, mas também pode acontecer na venda de bicicletas, que costumam ser configuradas especialmente para cada consumidor. É possível ainda que a configuração final seja feita na própria casa do consumidor, como é o caso dos sistemas de home theater. Mas a modularização precisa ser muito bem-feita para que essa opção seja viável, e isso pode ser rapidamente comprovado por qualquer pessoa que já tenha tentado desvendar as funções de sete controles remotos diferentes.

Nem sempre o adiamento reduz os custos

O adiamento oferece diversos benefícios potenciais, mas não gratuitamente. Além dos problemas organizacionais e de qualidade que podem surgir quando as operações de montagem são empurradas a jusante na cadeia de suprimentos, essas operações a jusante quase sempre têm custo maior que as efetuadas na fábrica. Além disso, a modularização do produto e a redefinição da seqüência das operações podem por si só elevar o custo de fabricação, independentemente do local onde a montagem final ocorre. Todos esses custos precisam ser compensados para que a técnica consiga gerar qualquer economia líquida.

Figura 15.8
Opções de adiamento

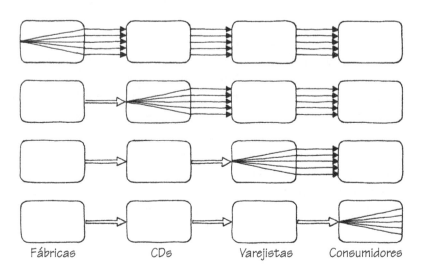

O adiamento funciona melhor quando duas condições são cumpridas: quando uma grande variedade de configurações pode ser derivada de uma base comum de produtos e quando a demanda entre essas configurações é difícil de prever. Esse é geralmente o caso de produtos novos, como os de vestuário e os eletrônicos, que costumam ser fornecidos em diversos estilos, tamanhos e cores e são sujeitos a modas e preferências. Mas, como comprova a história da DeskJet, mesmo produtos relativamente comuns como impressoras podem apresentar uma variabilidade na demanda suficiente para tornar essa técnica vantajosa.

A técnica funciona melhor com grande variedade

A estratégia mais eficaz é utilizar o adiamento seletivamente entre as linhas de produtos, adotando-o apenas onde as vantagens ultrapassam o custo. Melhor ainda é aplicá-lo seletivamente *dentro* de uma linha de produtos. Nesta variação da técnica, continua-se a diferenciar uma parte suficiente do produto na fábrica para satisfazer o nível mínimo de demanda esperado de cada variação e então utiliza-se o adiamento para a porção incerta da demanda, quando a centralização do risco age em seu benefício. Essa abordagem proporciona o melhor resultado possível: você mantém o volume de sua produção em suas fábricas onde é mais fácil e barato gerenciá-la, reduz os estoques em suas instalações a jusante e melhora sua capacidade de responder à demanda inesperada no ponto-de-venda. Essa combinação de vantagens oferece um ótimo exemplo de como deslocar a fronteira de eficiência para um novo território.

O adiamento seletivo é uma ótima estratégia

Cada uma das técnicas descritas neste capítulo — aumento da velocidade, centralização do risco, projeto do produto e adiamento da diferenciação — pode representar uma vantagem expressiva para você em relação a seus concorrentes, mas não as considere como iniciativas independentes. Tente imaginá-las como peças necessárias para melhorar sua cadeia e procure modos de combinar duas, três ou até quatro delas para obter o máximo de vantagens possíveis. Melhor ainda, reflita sobre como essas quatro iniciativas ampliam a fronteira de eficiência e, em seguida, tente descobrir maneiras de avançá-la ainda mais. A adoção dessas técnicas pode posicioná-lo no topo do gerenciamento da cadeia de suprimentos, mas a invenção de novas técnicas é a forma

mais garantida de transformar sua empresa em uma legítima líder de mercado.

Exercícios

1) De que forma o aumento da velocidade no fluxo de produtos na CS poderá melhorar o seu desempenho?

2) Exemplifique algumas ações que poderão melhorar a velocidade do fluxo logístico na CS.

3) Analise o papel da informatização logística na velocidade de travessia dos materiais na CS.

4) Qual o significado da idéia de centralização do risco dos estoques?

5) Elabore algumas idéias que permitam ou facilitem ao gerenciamento de risco dos estoques.

6) Com base na Figura 15.3, explique como você entende a redução de estoques proporcionada pelo gerenciamento do risco nesse caso.

7) Analise as possíveis implicações de técnicas de modularização, simplificação e de embalagem do projeto do produto no desempenho de uma CS.

8) Exemplifique alguns casos de uso de estratégia de adiamento ou de diferenciação adiada do produto na CS, identificando as eventuais vantagens e possíveis dificuldades.

9) Analise os casos da Siemens, da Gillette e da Amazon do Capítulo 1 e identifique as melhorias de desempenho conseguidas, procurando justificativas com os conhecimentos adquiridos neste capítulo.

10) Analise o caso da Dell Computer do Capítulo 1 e identifique as condições que permitiram à empresa adotar técnicas de adiamento.

Observações sobre as Fontes

As fontes indicadas apenas com o nome dos autores estão descritas nas Leituras Sugeridas.

Capítulo 1
A Nova Concorrência

3   A história da Siemens CT foi retirada do perfil da *Industry Week* dos vencedores do Best Plants Awards de 2002, que pode ser encontrado no site www.industryweek.com/iwinprint/bestplants.

4   A reestruturação da cadeia da Gillette está descrita em "10 Best Supply Chains", *Supply chain technology news*, out. de 2002.

4   O melhor estudo do programa Score da Chrysler pode ser encontrado no artigo escrito por Jeffrey H. Dyer, "How Chrysler created an american keiretsu", *Harvard Business Review*, jul./ago. 1996.

5   A reconstrução da cadeia de suprimentos da Apple é descrita por Doug Bartholemew em "What's really driving Apple's recovery?", *Industry Week*, 15 mar. 1999.

6   As melhorias na cadeia da Amazon.com são descritas em "How Amazon cleared that hurdle", *Business Week*, 4 fev. 2002.

6   A porcentagem de 5% de margem da Dell foi extraída do artigo imperdível escrito por Miles Cook e Rob Tyndall, "Lessons from the leaders", *Supply Chain Management Review*, nov./dez. 2001.

8   A definição de Michael Hammer sobre cadeia de suprimentos consta em seu livro *A agenda: o que as empresas devem fazer para dominar esta década*, São Paulo: Campus, 2001.

9   Os problemas com a cadeia de suprimentos da Kmart são abordados em dois artigos: "IT difficulties help take Kmart down", *Computerworld*, 28 jan. 2002; e "Now in bankruptcy, Kmart struggled with supply chain", *Information Week*, 28 jan. 2002.

10 Os problemas da Nike com a instalação do i2 são tratados em "Supply chain debacle", *Internet Week*, 1º mar. 2001.

10 Uma análise sobre a depreciação do estoque da Cisco pode ser encontrada no artigo de Paul Kaihla, "Inside Cisco's $2 billion blunder", *Business 2.0*, mar. 2002.

11 A análise da Georgia Tech sobre os problemas de cadeia de suprimentos é relatada no artigo de Vinod R. Singhal e Kevin B. Hendricks, "How supply chain glitches torpedo shareholder value", *Supply Chain Management Review*, jan./fev. 2002.

13 A análise dos custos da cadeia de suprimentos como função do PIB foi realizada pelo Annual State of Logistics Report, de Robert Delaney, de 2001, "Understanding inventory — stay curious", apresentado em 10 de junho de 2002 no National Press Club em Washington D.C. O relatório pode ser encontrado no site www.cassinfo.com/bob.html.

13 A vantagem dois-para-um nos custos entre empresas medianas e superiores foi extraída de artigo de Miles Cook e Rob Tyndall, "Lessons from the leaders", *Supply chain management review*, nov./dez. 2001.

13 Uma pesquisa indicando que a lacuna entre empresas medianas e superiores quanto aos custos de cadeia de suprimentos está aumentando foi obtida de um estudo da KPMG relatado por Derek Slater em "By the numbers", *CIO Magazine*, fev. 2000.

14 O exemplo da principal empresa de eletrônicos é de Miles Cook e Rob Tyndall, "Lessons from leaders", *Supply Chain Management Review*, nov./dez. 2001.

15 A lista de pressões nas cadeias de suprimentos é descrita pelo National Research Council, em *Surviving supply chain integration: strategies for small manufacturers*, Washington, DC: National Academy Press, 2000, p. 28.

15 A pesquisa com executivos é citada por George Taninecz em "Forging the chain", *Industry Week*, 15 maio 2000.

18 A citação do National Research Council pode ser encontrada em seu texto *Surviving supply chain integration: strategies for small manufacturers*, Washington, DC: National Academy Press, 2000, p. 24.

Capítulo 2
As Regras do Jogo

28 O exemplo da fabricação de bancos da Johnson Controls é descrito no livro de Robert Handfield e Ernest Nichols, Jr. *Introduction to supply chain management*, Upper Saddle River, NJ: Prentice Hall, 1999, p. 8.

37 A auditoria da maior varejista que precisou de US$ 200 milhões em estoque de segurança é descrito no artigo de Miles Cook e Rob Tyndall, "Lessons from leaders", *Supply chain management Review*, nov./dez. 2001.

Capítulo 3
Vencendo como um Time

44 A interrupção nas linhas de produção da Toyota é abordada no livro dos autores Rushton, Oxley e Croucher, p. 223.

44 A escassez causada por enchente é descrita no texto do National Research Council *Surviving supply chain integration: strategies for small manufacturers*, Washington, DC: National Academy Press, 2000, p. 32.

44 Os efeitos dos ataques terroristas de 11 de setembro de 2001, incluindo os custos de fechamento de fábricas e medidas da Ford para redução de riscos, são descritos no artigo "Sept. 11 attacks reveal supply-chain vulnerabilities", *ZDNet Tech Update*, 10 out. 2001.

44 O uso pela Honda de mais de um fornecedor é abordado no livro dos autores Rushton, Oxley e Croucher, p. 223.

49 Os problemas de implementação do CPFR são analisados por Carol Sliwa em "CPFR clamor persists, but adoption remains slow", *Computerworld*, 28 jun. 2002.

49 O estudo dos níveis de estoque realizado na Ohio State é relatado por James Gintner e Bernard LaLonde em "An historical analysis of inventory levels: an exploratory study", nov. 2001. O artigo está disponível no site www.manufacturing.net. A citação foi extraída da mesma fonte.

51 As estatísticas sobre a escala das operações do Wal-Mart foram obtidas no artigo de Owen Thomas, "Lord of the things", *Business 2.0*, mar. 2002.

52 O estudo sobre a forma como as indústrias automobilísticas dos EUA transferiram estoque para as concessionárias é de Marshall L. Fisher, "What is the right supply chain for your product?", *Harvard Business Review*, mar./abr. 1997.

64 A pesquisa que revelou que a maioria das iniciativas de cadeias de suprimentos é limitada a uma única empresa é de Miles Cook e Rob Tyndall, "Lessons from the leaders", *Supply Chain Management Review*, nov./dez. 2001.

Capítulo 6
Softwares de Cadeia de Suprimentos

120 O número de transações diárias da Ingram Micro é citado no artigo de Christopher Koch, "Four strategies", *CIO Magazine*, 1º out. 2000.

Capítulo 7
Atendendo à Demanda

139 Os números de paletes em um armazém foram extraídos do livro dos autores Rushton, Oxley e Croucher, p. 230.

140 Os números relacionados ao tempo gasto pelos separadores foram obtidos no livro dos autores Rushton, Oxley e Croucher, p. 287.

144 A tabela de índices de erros em cada tipo de lançamento é do livro dos autores Rushton, Oxley e Croucher, p. 331.

Capítulo 8
Mantendo o Suprimento

167 Os números da Forrester referentes à maneira como muitas empresas estão utilizando os mercados foram extraídos do artigo de Miles Cook e Rob Tyndall, "Lessons from the leaders", *Supply Chain Management Review*, nov./dez. 2001.

Capítulo 9
Avaliando o Desempenho

175 Os números dos tempos de ciclo financeiro foram citados por George Taninecz em "Forging the chain", *Industry Week*, 15 maio 2000.

182 O número de giros de estoque da Lear foi obtido do livro de David Ross, *Competing through supply chain management: creating market-winning strategies through supply chain partnerships*, Dordrecht, Holanda: Kluwer Academic Publishers, 1998, p. 220.

183 O estudo sobre a indústria automobilística na Inglaterra pode ser encontrado no livro de David Taylor e David Brunt, *Manufacturing operations and supply chain management: the LEAN approach*, Thompson Learning, 2001, p. 133. (Não é o mesmo David Taylor que escreveu este livro.)

187 A informação sobre os 90 mil questionários enviados anualmente pela Caterpillar foi obtida no artigo de Donald V. Fites, "Make your dealers your partners", *Harvard Business Review*, mar./abr. 1996.

Capítulo 10
Prevendo a Demanda

206 O conceito de ponto desencadeante é detalhado por Malcolm Gladwell em seu interessante livro *O ponto de desequilíbrio: como pequenas coisas podem fazer uma grande diferença*, Rio de Janeiro: Rocco, 2002.

207 O modelo de escolha do cliente é descrito por Paul Ormerod em seu livro *Butterfly economics: a new general theory of social and economic behavior*, Nova York, Pantheon Books, 1998.

210 Os estudos que demonstram as vantagens da previsão colaborativa são citados no livro de David Ross, *Competing through supply chain management: creating market-winning strategies through supply chain partnerships*, Dordrecht, Holanda: Kluwer Academic Publishers, 1998, p. 218.

Capítulo 12
Melhorando o Desempenho

233 O estudo sobre o número de medidas utilizadas pelas empresas é citado por Miles Cook e Rob Tyndall, em "Lessons from the leaders", *Supply chain management review*, nov./dez. 2001.

235 Os números de benchmark são descritos por George Taninecz em "Forging the chain", *Industry Week*, 15 maio 2000.

243 As observações acerca da ineficácia na aplicação de incentivos são abordadas por Miles Cook e Rob Tyndall, em "Lessons from the leaders", *Supply chain management review*, nov./dez. 2001.

245 A observação referente ao atendimento dos clientes por ordem de lucro potencial foi extraída do artigo de David L. Anderson e Allen J. Delattre, "Predictions that will make you rethink your supply chain", *Supply Chain Management Review*, set./out. 2002.

Capítulo 13
Controlando a Demanda

260 Os custos de embarque de açúcar do Havaí a granel e não em sacas foram citados no livro dos autores Simchi-Levi, Kaminsky e Simchi-Levi, p. 177.

Capítulo 14
Projetando a Cadeia

277 A principal referência sobre o trade-off estratégico entre eficiência e flexibilidade é de Marshall L. Fisher, "What is the right supply chain for your product?", *Harvard Business Review*, mar./abr. 1997. Chopra e Meindl também abordam esta questão.

Capítulo 15
Maximizando o Desempenho

296 O anúncio da Benetton sobre as etiquetas detectadas por rádio-freqüência foi publicado no *San Francisco Chronicle* de 12 de março de 2003.

297 Os dados sobre as reduções médias de estoque graças à centralização do risco foram extraídos do livro dos autores Simchi-Levi, Kaminsky e Simchi-Levi, p. 59.

Leituras Sugeridas

Nível intermediário

David **Simchi-Levi**, Philip **Kaminsky** e Edith **Simchi-Levi**, *Cadeia de suprimentos — projeto e gestão: conceitos, estratégias e estudos de caso*. Porto Alegre: Bookman, 2003.

> Texto claro e abalizado escrito para curso de nível executivo, esse livro altamente recomendável é excelente para os gerentes que desejam aprender mais sobre estratégias e técnicas avançadas referentes às cadeias de suprimentos.

Alan **Rushton**, John **Oxley** e Phil **Croucher**, *The handbook of logistics and distribution management*. 2. ed. Londres: Kogan Page, 2000.

> Essa obra oferece uma análise detalhada e conceitual das questões táticas e operacionais ligadas ao gerenciamento da cadeia de suprimentos, ilustrada por inúmeras fotografias e exemplos práticos.

Martin **Christopher**, *Logística e gerenciamento da cadeia de suprimentos: estratégias para a redução de custos e melhoria dos serviços*. 2. ed. São Paulo: Thomson Pioneira, 2002.

> Bem organizado e de leitura agradável, esse livro apresenta observações valiosas sobre os processos de gerenciamento necessários para implementar técnicas avançadas nas cadeias de suprimentos.

Nível avançado

Sunil **Chopra** e Peter **Meindl**, *Gerenciamento da cadeia de suprimentos — estratégia, planejamento e operação*. São Paulo: Pearson Prentice Hall, 2003.

Trata-se de um livro abrangente, cuja leitura, embora considerada demorada por alguns gerentes, oferece uma ótima compensação em termos de orientações claras e práticas sobre todos os aspectos relacionados ao gerenciamento da cadeia de suprimentos. A excelente organização deste livro facilita a leitura seletiva.

Jeremy **Shapiro**, *Modeling the supply chain*. Pacific Grove, Califórnia: Duxbury/Wadsworth Group, 2001.

Para aqueles com a necessária experiência, este é o melhor trabalho disponível sobre a aplicação da programação linear e outras técnicas matemáticas direcionadas ao gerenciamento da cadeia de suprimentos.

Coletâneas de artigos

John A. **Woods** e Edward J. **Marien**, *The supply chain yearbook*, edição de 2001. Nova York: Irwin McGraw-Hill, 2001.

Reedição de diversos artigos recentes extraídos de periódicos sobre gerenciamento, formando um excelente compêndio de associações, sites da internet, revistas e outras fontes de grande utilidade.

"Harvard Business Review on managing the value chain". *Harvard Business Review*, 2000.

Reúne oito artigos sobre o gerenciamento da cadeia de suprimentos publicados na *HBR* entre 1993 e 2000.

Glossário

Fenômeno em que um fluxo normal harmonioso da demanda a montante na cadeia é agrupado em blocos maiores do que o necessário para atender as necessidades operacionais. O acúmulo de demanda é um grande desencadeador da **ampliação da demanda**. Sabe-se que é causado pela produção em lotes, compra antecipada e criação de reservas.	**Acúmulo de demanda**
O mesmo que **diferenciação adiada**.	**Adiamento**
Atividade de agrupamento de produtos e clientes semelhantes para simplificar o planejamento e obter previsões mais sólidas.	**Agregação**
Tendência de aumento das flutuações na demanda à medida que se movem a montante na cadeia. Muitas vezes denominada **efeito chicote** na literatura mais recente.	**Ampliação da demanda**
Técnica de análise de dados de vendas para determinar até que ponto um pequeno número de produtos é responsável pela maioria das vendas. Um resultado comum, geralmente denominado regra 80/20, afirma que 80% das vendas se originam de 20% dos produtos.	**Análise de Pareto**
Técnica de previsão em que os valores futuros de uma medida são previstos a partir de uma análise matemática dos valores históricos dessa medida.	**Análise de séries temporais**
Instalação de armazenagem que mantém quantidades controladas de produtos em uma determinada localidade dentro de uma cadeia de suprimentos. Consulte **centro de distribuição**.	**Armazém**
Documento enviado por um fornecedor a um cliente que indica o momento em que um pedido será entregue. Os ASNs são, em geral, enviados eletronicamente.	**Aviso antecipado de embarque (ASN)**

Cadeia de suprimentos	Rede de instalações e rotas de transporte que transformam matérias-primas em produtos acabados e os entregam aos consumidores.
Cadeia de suprimentos externa	Porção de uma cadeia de suprimentos que abrange instalações localizadas fora das fronteiras de propriedade de uma determinada empresa. Consulte **cadeia de suprimentos interna**.
Cadeia de suprimentos interna	Porção da cadeia de suprimentos que faz parte do grupo de instalações de posse da mesma empresa. Consulte **cadeia de suprimentos externa**.
Cadeia do tipo pull	Cadeia de suprimentos em que o estoque é fabricado apenas em resposta à demanda verificada em cada estágio da cadeia, com produtos 'puxados' a jusante na cadeia por pedidos efetivos.
Cadeia do tipo push	Cadeia de suprimentos em que o estoque é fabricado em antecipação à demanda e 'empurrado' à jusante na cadeia em direção ao consumidor.
Capaz de prometer (*capable to promise* — CTP)	*Status* do estoque de um produto que não está imediatamente disponível mas pode ser fabricado dentro do lead time de atendimento solicitado. Consulte **disponível para promessa**.
Catálogo eletrônico	Diretório de produtos armazenado em formato digital, normalmente acessível pela internet, que oferece acesso ao produto por tipo e fornecedor.
Centralização do risco	Técnica de gerenciamento de estoque em que o estoque de segurança necessário para enfrentar flutuações esperadas no suprimento e na demanda é reduzido por meio do gerenciamento de dois ou mais estoques fisicamente separados como se fossem um único estoque lógico.
Centro de distribuição (CD)	**Instalação de armazenagem** em que os produtos podem ser organizados, classificados, montados, embalados e/ou armazenados temporariamente à medida que são transferidos em um determinado segmento de uma cadeia de suprimentos. O centro de distribuição difere do **armazém** principalmente porque seu foco está na simplificação da distribuição, e não na manutenção de estoques.

Seqüência de eventos em uma organização de fornecedores que gerencia os três fluxos principais do processo de atendimento: fluxo do pedido, fluxo do produto e fluxo de caixa.	**Ciclo de atendimento**
Seqüência de eventos em uma organização do cliente que gerencia os três principais fluxos do processo de reabastecimento: fluxo do pedido, fluxo do produto e fluxo de caixa.	**Ciclo de reabastecimento**
Medida de eficiência com que o capital é utilizado na empresa. É calculado como o intervalo entre o momento em que a empresa paga por suas matérias-primas e o momento em que recebe o pagamento pelos produtos acabados fabricados com essas matérias-primas.	**Ciclo financeiro**
Indivíduo ou organização que compra um produto ou serviço numa transação de cadeia de suprimentos. O termo é utilizado com inconsistência na literatura sobre os negócios, resultando em discussões improdutivas acerca de quem é o 'verdadeiro' cliente. Neste livro, o termo é utilizado para denotar uma função dentro de uma transação e pode ser aplicado a qualquer elo na cadeia. Dessa forma, o cliente final é o **consumidor** ao final da cadeia de suprimentos.	**Cliente**
Na **análise de séries temporais**, a variabilidade na demanda que permanece depois que o **componente sistemático** foi removido. Em outras palavras, o aspecto da demanda que não pode ser previsto pelo modelo.	**Componente aleatório**
Em uma **análise de séries temporais**, a porção da demanda prevista que é constante e invariável. Consulte **componente de tendência, componente sazonal** e **componente aleatório**.	**Componente de nível**
Na **análise de séries temporais**, a porção da demanda prevista que exibe aumento constante e linear ao longo do tempo. Consulte **componente de nível, componente sazonal** e **componente aleatório**.	**Componente de tendência**
Na **análise de séries temporais**, a porção da demanda prevista que varia de forma cíclica ao longo de um ano. Consulte **componente de nível, componente de tendência** e **componente aleatório**.	**Componente sazonal**

Componente sistemático	Na **análise de séries temporais**, qualquer componente da demanda (nível, tendência ou sazonal) que pode ser previsto com o modelo. Em outras palavras, tudo com exceção do **componente aleatório**. Consulte **componente de nível**, **componente de tendência** e **componente sazonal**.
Compra antecipada	Compra de produtos antes de serem efetivamente necessários para aproveitar preços vantajosos ou prevenir contra possível falta.
Conhecimento de embarque	Documento que descreve todos os produtos inseridos em uma entrega e estabelece as condições que regem seu transporte. Alguns conhecimentos de embarque também servem como titularidade de produtos.
Consignação	Prática de controle de estoque em que um fornecedor mantém posse do estoque no local do cliente até que seja vendido, monitorando seu nível e reabastecendo-o conforme necessário.
Consolidação em trânsito	Técnica em que entregas separadas são combinadas em trânsito e entregues como apenas uma unidade.
Consumidor	O indivíduo ou organização que adquire um produto para utilizá-lo para os fins aos quais esse produto se destina em vez de revendê-lo a terceiros. Na terminologia deste livro, um consumidor é um tipo específico de **cliente**.
Cross dock	Instalação especializada destinada à transferência de estoque em trânsito entre caminhões. Normalmente, é uma grande construção formada principalmente por galpões de recebimento de um lado, galpões de embarque do outro e áreas de montagem entre ambos. Embora o nome indique um tipo de instalação de armazenagem, os cross docks geralmente não mantêm produtos por mais de 24 horas.
Cross docking	Utilização de **cross docks** e **centros de distribuição** para redistribuir entregas entre caminhões em trânsito de fornecedores para clientes, permitindo que cada caminhão permaneça cheio ao longo de sua viagem. Os produtos são transportados diretamente dos galpões de recebimento aos galpões de embarque, sem armazenagem intermediária.

Técnica de distribuição de custos indiretos às atividades de produção, tornando os custos indiretos mais comparáveis aos custos diretos e permitindo uma melhor avaliação do verdadeiro custo de fabricação de cada produto.	**Custeio baseado em atividades (ABC)**
Custo adicional relacionado à realização de pedidos originado do aumento nas quantidades do produto. Sua denominação se explica pelo fato de que a maioria deste custo variável está ligada à despesa de armazenagem do estoque que não é imediatamente consumido. Também conhecido como **custo de manutenção**. Consulte **custo de pedido**.	**Custo de armazenagem**
Custo adicional relacionado à realização de pedidos originado do aumento na quantidade do produto. Sua denominação se explica pelo fato de que a maioria desse custo variável está ligada à despesa de manutenção de estoque que não é imediatamente consumido. Também conhecido como **custo de armazenagem**. Consulte **custo do pedido**.	**Custo de manutenção**
Custo fixo de realização de um pedido, independentemente das quantidades envolvidas. Consulte custo de manutenção.	**Custo de pedido**
Demanda de um produto criada por clientes que não são os consumidores finais desse produto. É assim denominada porque essa demanda no fundo depende da demanda do consumidor. Consulte **demanda independente**.	**Demanda dependente**
Demanda de um produto criada pelos consumidores finais. É assim denominada porque é a fonte definitiva da demanda e não depende de uma fonte de demanda mais a jusante na cadeia de suprimentos. Consulte **demanda dependente**.	**Demanda independente**
Medida de desvio médio entre os valores de previsão e seus valores correspondentes observados, independentemente da direção (sinal) desses desvios. Consulte **rastreamento de sinal (tracking signal)**.	**Desvio absoluto médio percentual — Mape (DAM percentual)**

Dias de estoque disponível	Medida de nível de estoque calculada dividindo-se a quantidade disponível pela média do consumo diário. Oferece as mesmas informações do **índice de rotatividade de estoque**, mas de uma maneira mais adequada para ambientes de alta rotatividade.
Diferenciação adiada	Técnica em que os produtos com características em comum são deixados em seu formato genérico até o momento em que a demanda é verificada, permitindo uma combinação melhor de produção para a demanda efetiva. Também denominada **adiamento**.
Disponível para promessa (*available to promise* – ATP)	*Status* do estoque de um produto que está disponível no momento e pronto para entrega imediata. Consulte **capaz de prometer**.
Distribuição eletrônica	Distribuição de produtos em formato eletrônico pela internet ou outro meio eletrônico. A distribuição eletrônica é utilizada para músicas, documentos, softwares, fotografias, ingressos e outros produtos que podem ser transferidos em formato digital.
Efeito chicote	Outra denominação para **ampliação da demanda**.
Embalagem de transporte	Nível de embalagem, como um palete, utilizado para facilitar o envio e a armazenagem de grandes quantidades de produtos. Consulte **embalagem primária** e **embalagem secundária**.
Embalagem primária	Nível de embalagem que envolve imediatamente o produto, como garrafas, latas ou bisnagas. Consulte **embalagem secundária** e **embalagem de transporte**.
Embalagem secundária	Nível de embalagem que agrupa um número-padrão de embalagens primárias para facilitar o manuseio, a armazenagem e as vendas. O tipo mais comum de embalagem secundária é o papelão.
Embarque de cargas menores que um caminhão (LTL)	Embarque de produtos que utiliza apenas uma parte da capacidade do caminhão, fazendo com que esteseja dividido com outras entregas. Consulte **embarque em carga cheia (FTL)**.
Embarque em carga cheia (FTL)	Embarque de produtos que utiliza toda a capacidade do caminhão, exigindo que este se destine à entrega. Consulte **embarque de cargas menores que um caminhão (LTL)**.

Determinação inserida no pedido que exige que todos os produtos do pedido cheguem em uma única entrega.	**Entrega completa**
Tipo de distribuição em que os produtos que normalmente seriam transportados passando pelo armazém ou pelo centro de distribuição são transportados diretamente do fornecedor para o cliente.	**Entrega direta**
Medida de eficácia no atendimento, calculada pela porcentagem de pedidos que chegam no local ao cliente dentro do prazo acordado.	**Entrega pontual**
Situação em que não há estoque suficiente disponível para atender um pedido.	**Escassez**
Quantidade de estoque necessária para sustentar as operações de uma instalação, sem reserva para dar conta de eventos imprevistos. Consulte **estoque de segurança**.	**Estoque cíclico**
Estoque de materiais de entrada mantidos na fábrica para serem utilizados no processo de produção.	**Estoque de matérias-primas**
Armazenagem de produtos finalizados no extremo do output de uma fábrica.	**Estoque de produtos acabados**
Quantidade de estoque que deve ser mantida para lidar com oscilações de demanda e suprimento. Consulte **estoque cíclico**.	**Estoque de segurança**
Quando gerenciado de maneira centralizada, o estoque total distribuído entre os níveis de uma **rede de distribuição**.	**Estoque em níveis**
Estoque que é utilizado em um processo de produção ou mantido para utilização dentro da área de produção. Inclui todos os materiais que foram removidos do estoque de matérias-primas mas ainda não foram depositados no estoque de produtos acabados.	**Estoque em processo (WIP)**
Estoque que é transportado entre duas instalações por uma via.	**Estoque em trânsito**
Prática de controle de estoques em que um fornecedor monitora e reabastece o estoque na instalação do cliente.	**Estoque gerenciado pelo fornecedor (VMI)**

Estratégia de fabricação contra previsão de demanda	Fabricação de produtos em antecipação à demanda e armazenagem destes em estoques de produtos acabados, até que a demanda seja verificada.
Estratégia de fabricação sob encomenda	Fabricação de produtos em resposta à demanda verificada em vez da fabricação para armazenagem em antecipação à demanda.
Estratégia de montagem conforme pedido (*assemble to order*)	Prática em que a fabricação dos componentes do produto é feita em antecipação à demanda, mas a montagem final é adiada até o momento em que a demanda é verificada. Estratégia intermediária entre as estratégias de **fabricação contra previsão de demanda** e **fabricação sob encomenda**.
Estratégia de posicionamento	Conjunto de atributos em que uma empresa escolhe diferenciar-se em relação aos concorrentes, juntamente com métodos de melhoria desses atributos e transmissão destes a clientes potenciais. No setor de manufatura, os atributos mais comuns são qualidade do produto, qualidade do serviço e preço.
Extrator	Tipo especial de **fornecedor** que extrai matérias-primas da natureza, em forma viva ou inerte. Como exemplo, podemos citar minas, serralherias, fazendas e sítios.
Fator externo	Influência na demanda ou qualquer outra característica da cadeia de suprimentos que está além do controle da empresa, como a situação econômica ou as iniciativas de um concorrente.
Fator interno	Influência na demanda ou qualquer outra característica da cadeia de suprimentos que está dentro do escopo de controle da empresa, como o preço de um produto ou a velocidade da entrega.
Feedback	Fluxo físico ou de informações do output de um sistema para o input desse sistema. O uso adequado do feedback é essencial para controlar o comportamento de um sistema. Consulte **feedback positivo** e **feedback negativo**.

Forma de **feedback** em que o movimento de um output de um sistema em uma determinada direção é reduzido, desacelerando esse movimento. O feedback negativo costuma resultar em outputs estáveis e seguros que facilitam o controle de um sistema. Consulte **feedback positivo**.	**Feedback negativo**
Forma de **feedback** em que o movimento de um output de um sistema em uma determinada direção é elevado, acelerando esse movimento. Se não verificado por outros mecanismos, o feedback positivo normalmente resulta em crescimento exponencial e comportamento 'descontrolado'. Consulte **feedback negativo**.	**Feedback positivo**
Em uma **rede de compras**, um conjunto ou camada de instalações funcionalmente eqüidistantes da fábrica que os atende. Equivalente ao nível na rede de distribuição.	**Fila**
Organização que fornece um produto ou serviço em uma transação na cadeia de suprimentos. Neste livro, o termo é utilizado como aquele que se relaciona com o **cliente**, designando uma função dentro de uma transação que pode ser aplicada a qualquer elo na cadeia. Em alguns contextos, o termo se refere especificamente às empresas que fornecem matérias-primas e não é aplicado para integrantes a jusante na cadeia.	**Fornecedor**
Curva que descreve a mais vantajosa combinação possível de custo e flexibilidade numa cadeia de suprimentos. Essa curva permanece constantemente em avanço graças às melhores práticas no gerenciamento da cadeia de suprimentos.	**Fronteira de eficiência**
Ponto na cadeia de suprimentos em que a força propulsora muda de pull para push, com o pull operando a jusante em relação ao consumidor e o push operando a montante em relação ao extrator.	**Fronteira push-pull**
Na **programação linear**, a equação que define a quantidade que é otimizada, como o custo total ou uma combinação ponderada de custo e outras medidas de desempenho.	**Função objetivo**
Conjunto de atividades envolvidas no projeto, planejamento e execução do fluxo de demanda, suprimento e caixa na cadeia de suprimentos.	**Gerenciamento da cadeia de suprimentos (SCM)**

Gerenciamento por categorias	Organização do gerenciamento de estoques, promoções e atividades relacionadas referente aos produtos vistos pelos consumidores como relativamente equivalentes para a satisfação de suas necessidades.
Giros de estoque	O mesmo que **índice de rotatividade de estoque**.
Hill-climbing	Técnica utilizada para localizar uma configuração superior de um sistema como uma cadeia de suprimentos que realiza uma série de pequenas e benéficas modificações no sistema até que nenhuma outra melhoria pareça ser possível.
Horizonte de previsão	Data mais distante para a qual os eventos são prognosticados numa previsão.
Índice de atendimento do pedido	Porcentagem de pedidos para os quais as quantidades totais de todos os produtos inseridos no pedido estão disponíveis para embarque imediato. Consulte **índice de atendimento do produto**.
Índice de atendimento do produto	Porcentagem de produtos de uma linha, calculada entre todos os pedidos, pela qual a quantidade total do produto solicitado está disponível para embarque imediato. Consulte **índice de atendimento do pedido**.
Índice de rotatividade de estoque	Medida da rapidez com que o estoque é utilizado depois de chegar a uma instalação, calculado pelas vendas anuais de um produto divididas por seu nível médio de estoque.
Instalação de armazenagem	Instalação que existe basicamente para armazenar os produtos em antecipação à demanda futura. Algumas instalações de armazenagem também realizam a montagem final e o embalamento para transferir essas operações para locais mais próximos do consumidor final. Consulte **instalação de produção**.
Instalação de produção	Instalação que existe basicamente para fabricar produtos a partir de matérias-primas, armazenando materiais e produtos apenas em quantidade suficiente para sustentar as operações de produção. Consulte **instalação de armazenagem**.

Prática de propriedade de instalações que abrange um grande segmento de uma cadeia de suprimentos para controlar a maior parte da cadeia possível. Consulte **integração virtual**.	Integração vertical
Prática em que os integrantes de uma cadeia de suprimentos colaboram estreitamente entre si para obter os benefícios do gerenciamento centralizado da cadeia de suprimentos e, ao mesmo tempo, mantêm a propriedade e o controle independentes. Consulte **integração vertical**.	Integração virtual
Conjunto de protocolos de transferência de informações referentes à demanda e suprimento em redes eletrônicas privadas.	Intercâmbio eletrônico de dados (EDI)
Intervalo de números dentro do qual um valor previsto ocorrerá com uma determinada probabilidade. Por exemplo, nove de dez observações ocorrerão dentro de um intervalo de confiança de 90%. Os intervalos de confiança são quase sempre expressos em gráficos com barras acima e abaixo do valor esperado para indicar o intervalo dos valores prováveis.	Intervalo de confiança
Qualquer interação entre duas partes em que o ganho total para ambas é fixo, deixando as partes competindo entre si acerca de suas participações relativas nesse ganho. Muitos relacionamentos de cadeia de suprimentos que são tradicionalmente vistos como interações de soma zero são, na verdade, muito mais ricos do que isso, incluindo resultados em que o ganho total pode ser elevado ou reduzido dependendo de como as partes se comportam.	Jogo de soma zero
Termo japonês que designa um tipo de integração em que a empresa de manufatura assume propriedade parcial nos principais fornecedores e indica seu próprio pessoal para cargos de gerência.	Keiretsu
Intervalo entre o momento em que um pedido é feito ao fornecedor e o momento em que os produtos são recebidos pelo cliente.	Lead time de atendimento
Intervalo entre o momento em que a empresa realiza um pedido de matérias-primas e o momento em que recebe essas matérias-primas.	Lead time de reabastecimento

Leilão eletrônico	Leilão totalmente realizado pela internet, em que os fornecedores publicam seus produtos em um site e os compradores utilizam e-mail ou navegadores da web para dar lances.
Leilão inverso	Leilão em que os clientes publicam solicitações de cotações e os fornecedores dão lances entre si para tentar conseguir fechar o negócio.
Limitação	Em um procedimento de **otimização**, uma equação ou expressão matemática que restringe o intervalo de soluções que o método irá avaliar. Uma limitação comum seria um limite superior em despesas de capital no projeto de uma cadeia de suprimentos. Consulte **programação linear**.
Lista de materiais (BOM)	Relação de peças e materiais que integrarão um produto acabado, organizada em estrutura hierárquica que reflete seus componentes, pré-montagens ou formatos intermediários.
Lista de operações (BOO)	Relação dos procedimentos necessários para fabricar um produto acabado com seus materiais próprios, organizada em estrutura hierárquica que reflete a seqüência em que esses procedimentos devem ser realizados.
Manufatura just-in-time (JIT)	Atividade de redução dos níveis de estoque que programa os materiais para que cheguem à medida que são necessários no processo de produção. Em linhas gerais, um programa abrangente que visa à melhoria nas operações de manufatura com o objetivo de obter produtos de qualidade superior a custos mais baixos.
Média móvel	Valor médio obtido pela soma dos últimos valores N de uma medida e pela divisão por N, onde N é definido de acordo com a necessidade. Utilizada em previsões e outras atividades para obter um valor típico de recentes observações de alguma medida. O aumento do valor de N produz valores mais estáveis que são menos sensíveis às recentes mudanças.
Meio de transporte	O meio pelo qual um veículo transporta os produtos de uma instalação a outra. Os principais meios são caminhão, trem, navio, barcaça, avião e duto.

Mercado digital, acessado pela internet, que reúne compradores e fornecedores de um determinado tipo de produto e lhes fornece ferramentas para a realização de transações.	**Mercado eletrônico**
Mercado eletrônico com regras de associação que excluem partes que de outra forma seriam qualificadas a comprar e vender os produtos negociados no mercado. Consulte **mercado público**.	**Mercado privado**
Mercado eletrônico que é aberto a todos os compradores e vendedores qualificados dos produtos negociados no mercado. Consulte **mercado privado**.	**Mercado público**
Mercado eletrônico privado de posse de uma ou mais organizações integrantes e restrito a um grupo seleto de parceiros comerciais das organizações proprietárias. Consulte **mercado privado** e **mercado público**.	**Mercado setorial patrocinado**
Técnica de execução de um modelo de simulação que utiliza repetidamente variáveis aleatórias em cada execução para compreender o comportamento do modelo entre variações normais das condições dos negócios.	**Método de Monte Carlo**
Representação de um sistema real, como uma cadeia de suprimentos, criado a partir de termos e conceitos dos tipos listados neste glossário. Os modelos conceituais são expressos como diagramas e descrições. Consulte **modelo matemático** e **modelo de simulação**.	**Modelo conceitual**
Representação de um sistema real, como uma cadeia de suprimentos, criado com objetos de software que representam objetos reais. Os modelos de simulação são expressos como programas de computador que executam os modelos para observar seu provável comportamento. Consulte **modelo conceitual** e **modelo matemático**.	**Modelo de simulação**
Modelo de negócios que pode ser expresso de forma matemática ou executável, permitindo que gere previsões numéricas a partir de um conjunto de inputs. Dos três tipos de modelo discutidos neste livro, os **modelos matemáticos** e os **modelos de simulação** são formais, ao contrário dos modelos conceituais.	**Modelo formal**

Modelo matemático	Representação de um sistema real, como uma cadeia de suprimentos, criado a partir de relações e termos matemáticos. Os modelos matemáticos são expressos como fórmulas e/ou procedimentos para a solução de equações para prever o comportamento do sistema. Consulte **modelo conceitual** e **modelo de simulação**.
Nível	Na **rede de distribuição**, um conjunto ou camada de instalações funcionalmente eqüidistantes da fábrica que os atende. Equivalente à fila na rede de compras.
Nível de serviço ao cliente (CSL)	Meta de nível de disponibilidade do produto para uma determinada região e produto. O nível de serviço pode ser determinado de diversas maneiras, desde a distância máxima do estoque em relação à localização do cliente até o percentual de pedidos que podem ser atendidos com o estoque dentro de um período específico.
Otimização	Utilização de uma técnica matemática ou prática para explorar o espaço de todas as configurações possíveis de um sistema e identificar a configuração que maximiza (ou minimiza) uma medida designada de output. A otimização geralmente é realizada por meio de um programa especial denominado **otimizador**. Consulte **programação linear**.
Otimizador	Programa de software capaz de automatizar o processo de otimização de um sistema utilizando uma técnica matemática ou prática particular. Consulte **otimização** e **programação linear**.
Palete completo	Palete de produtos que contém apenas um único tipo de produto. Consulte **palete misto**.
Palete misto	Palete de produtos que contém dois ou mais tipos de produto. Consulte **palete completo**.
Parâmetro	Quantidade cujo valor é definido antes da realização de uma análise que depende dessa quantidade. Exemplo: custo de pedido e custo de manutenção são parâmetros utilizados no cálculo da **quantidade econômica do pedido**.

Medida de eficácia do atendimento, calculada pela porcentagem de pedidos entregues em remessas completas, pontualmente, com os produtos corretos, livre de avarias e com documentação organizada.	**Pedido perfeito**
Programa para vários mercados que utiliza a internet para alcançar a cooperação entre os integrantes de uma cadeia de suprimentos buscando melhorias na previsão, no planejamento e na execução do fluxo de produtos.	**Planejamento, previsão e reposição colaborativos (CPFR)**
Conjunto de regras pelas quais uma empresa decide quando reabastecer seu estoque, qual tamanho seus pedidos deverão ter e qual a quantidade de estoque a ser mantida em suas instalações.	**Política de reabastecimento**
Nível ou contagem em que o estoque de um determinado produto é reabastecido.	**Ponto de reposição (ROP)**
Fenômeno observado na proliferação de idéias em que a continuidade da idéia provoca um salto repentino de uma curva de crescimento vagaroso para uma curva diferente de crescimento rápido. Originalmente descoberto no estudo de doenças infecciosas e posteriormente aplicado às vendas de produtos, ondas de criminalidade e outras atividades sociais.	**Ponto desencadeante** (*tipping point*)
Previsão baseada em dados sobre o produto ou cliente que foram agrupados por similaridade. Consulte **agregação**.	**Previsão agregada**
Atividade de revisão das previsões atuais ao final de cada período visando a incorporar os dados desse período em vez de deixar essas previsões inalteradas durante sucessivos períodos. Consulte **previsão estática**.	**Previsão dinâmica**
Prática em que se gera uma previsão que é mantida inalterada até que uma nova previsão seja elaborada. Consulte **previsão dinâmica**.	**Previsão estática**
Extensão do programa de **resposta rápida (QR)** para abranger o intervalo completo de mercadorias de varejo e adicionar as técnicas de previsão do fornecedor e estoque gerenciado pelo fornecedor.	**Programa de reposição contínua (CR)**

Programação do cliente	Formato especial de um pedido que engloba diversas entregas em que os produtos de uma linha são agrupados na data de entrega.
Programação linear (PL)	Técnica de descoberta de soluções ótimas para modelos matemáticos em que todas as relações entre inputs e outputs se dão de forma linear.
Programação para a frente	Programação de atividades que começa pela data inicial planejada e acrescenta atividades à programação na ordem em que serão executadas. Consulte **programação para trás**.
Programação para trás	Prática de programação de atividades que trabalha no sentido contrário a partir da data de conclusão planejada, acrescentando atividades à programação na ordem inversa em que serão executadas. Consulte **programação para a frente**.
Projeto do produto	Prática de engenharia do produto que objetiva facilitar seu fluxo ao longo da cadeia de suprimentos.
Quantidade econômica do pedido (EOQ)	Quantidade calculada de estoque que deveria ser solicitada de uma vez para minimizar o custo total de reabastecimento, considerando os efeitos contrários dos **custos de pedido** e **custos de manutenção**.
Rastreamento de sinal (tracking signal)	Medida do viés de uma previsão para superestimar ou subestimar o valor observado. Consulte **desvio absoluto médio percentual — Mape (DAM percentual)**.
Rede de compras	Conjunto de instalações e vias que transportam matérias-primas para uma fábrica a partir dos fornecedores à montante dessa fábrica. A rede de compras pode ser dividida em **filas**.
Rede de distribuição	Conjunto de instalações e vias que transportam produtos acabados de uma instalação de produção para os clientes a jusante em relação a esta instalação. A rede de distribuição pode ser dividida em **níveis**.
Redução	Diminuição do estoque ocasionada por furtos, extravios e outras formas de depauperação.

Nos sistemas, o mapeamento de inputs para outputs que resulta em um ou mais outputs para um dado input. As relações são geralmente descritas por uma ou duas linhas num gráfico e variam em formato, desde linhas retas (relações lineares) até curvas complexas.	**Relação**
Programa de cadeias de suprimentos usado no mercado de alimentos que combina o rápido reabastecimento no varejo com as técnicas de gerenciamento por categorias e custeio baseado em atividades.	**Resposta eficiente ao consumidor (ECR)**
Programa de cadeia de suprimentos no setor de vestuário que aplicou as técnicas **just-in-time (JIT)** para reabastecimento no varejo.	**Resposta rápida (QR)**
Política de reabastecimento de estoque em que uma contagem contínua de estoque é sempre mantida e os pedidos são feitos sempre que o resultado da contagem fica abaixo de um determinado limite. Consulte **revisão periódica**.	**Revisão contínua**
Política de reabastecimento de estoque em que este é contado em intervalos fixos e os pedidos são realizados sempre que o resultado da contagem mais recente ficar abaixo de um determinado limite. Consulte **revisão contínua**.	**Revisão periódica**
Documento anexado à entrega que descreve os produtos incluídos nessa entrega juntamente com informações sobre origem, destino e meios de transporte.	**Romaneio**
Trajeto determinado para a movimentação de produtos de uma instalação para a próxima instalação numa cadeia de suprimentos. As rotas podem ser estradas, ferrovias, canais marítimos, vias aéreas e dutos.	**Rota de transporte**
Quantidade de estoque adquirida por um cliente durante uma promoção que é transferida para os clientes do cliente durante o período promocional. Os fornecedores podem limitar a quantidade de produtos que um cliente pode comprar durante a promoção para o valor de *sell-through* com o intuito de reduzir a **compra antecipada**.	*Sell-through*
Conjunto de tecnologias que permite que os programas de softwares solicitem funções entre si utilizando o **XML** e os protocolos-padrão da internet.	**Serviços da web**

Sistema de planejamento dos recursos da empresa (ERP)	Conjunto de softwares que combinam aplicativos práticos para o planejamento da produção e distribuição com sistemas de execução para gerenciamento de pedidos, controle de estoques, contabilidade e operações afins.
Sistema de planejamento e programação avançados (APS)	Tipo de software que utiliza modelos matemáticos e técnicas relacionadas para encontrar soluções ótimas para problemas complexos ligados à produção e ao produto. Consulte **otimizador** e **programação linear**.
Sistema de pontos-de-venda (POS)	Aplicativo de software que demarca preços e registra a venda dos produtos aos clientes que estão fisicamente no local e tomam posse de suas compras imediatamente.
Sistema *turn-and-earn*	Política em que os fornecedores limitam as compras dos clientes pela quantidade de produtos que eles 'giram' entregando-os como produtos acabados aos próprios clientes. Usado para reduzir a criação de reserva durante períodos de disponibilidade limitada.
Técnica Delphi	Procedimento em que as previsões geradas por diversos analistas são repetidamente combinadas e revistas até se chegar a um consenso em relação à previsão.
Técnicas arbitrárias	Conjunto de técnicas de previsão baseado no raciocínio de causa e efeito em vez de análises estatísticas. Também conhecidas como **técnicas subjetivas**.
Técnicas subjetivas	Conjunto de técnicas de previsão baseado no raciocínio de causa e efeito em vez de análises estatísticas. Também conhecidas como **técnicas arbitrárias**.
Tempo de ciclo	Termo usado para designar (a) o intervalo entre repetições sucessivas de um processo cíclico, como no tempo de ciclo de uma máquina ou linha de montagem, ou (b) a duração de um processo de negócios. Essas definições conflitantes geram confusão e comprometem a validade do termo.
Transbordo	Técnica em que os produtos são enviados lateralmente dentro do mesmo nível de um sistema de distribuição, como entre armazéns ou lojas varejistas.

Empresa especializada no transporte de produtos.	**Transportadora**
Utilização de mais de um meio de transporte para uma mesma entrega, como transporte ferroviário e marítimo.	**Transporte intermodal**
Velocidade com que o estoque se movimenta pela cadeia de suprimentos. Apesar da forma como o termo é normalmente utilizado, ele não representa uma medida de desempenho, e as empresas que buscam aumentar a velocidade do estoque continuam se baseando em medidas tradicionais como o **índice de rotatividade de estoque** e os **dias de estoque disponível**.	**Velocidade do estoque**
Entrega feita no sentido oposto ao longo de uma via que acaba de ser utilizada por um veículo para realizar uma entrega, permitindo que esse veículo aproveite sua capacidade de carregamento na viagem de retorno.	**Viagem de retorno** (*backhaul*)
Linguagem de marcação extensível (*extensible markup language*) para comunicação de dados pela internet em formato estruturado.	**XML**

Índice

A

A Agenda (Hammer), 8
Acompanhamento
   automação do, 144, 297
   para desempenho, 296
Acúmulo
   causas do, 271
   definição de, 270-271
   efeitos do, 271
   redução do, 272
Adiamento, 307
   custos de, 310-311
   e economias de escala, 307
   e projeto do produto, 309
   e redução de estoques, 308
   estudo de caso de, 307-308
   indicações do, 311
   papel do centro de distribuição no, 309-310
   seletivo, 311-312
Agregação da demanda, 197-202, 308
Agregação
   baseada na produção, 201
   da demanda, 197
   de produtos com padrões de vendas diferentes, 200, 264
   dos clientes, 201
   e credibilidade, 199
Amazon.com, o uso de cadeias de suprimentos na, 6
Amplificação da demanda, 38, 80
Análise de Pareto, 199-200, 201
Análises de causa e efeito, 203
Análises de séries temporais, 193-194
Aparência, como parte do projeto, 305
Apple Computer, o uso de cadeias de suprimentos na, 5
Armazéns, 21
   funções dos, 140
   layout dos, 139

Atendimento
   acompanhamento do, 144
   agilizando o, 147-150
   ciclo de, 127, 146
   cobrança, 144-147
   embalagem do, 141
   fase do produto do, 138
   medida do, 185
   montagem do pedido, 140-141
   separação, 140
   transporte, 142
Atraso
   componentes combinados e o, 77, 78
   efeitos do, 78-79
Avaliações e medidas, 232-233
   benchmarks, 235
   de atendimento, 185
   de capacidade fixa, 184
   de custos, 177, 181
   de eficiência, 181-185
   de estoque, 182-183
   de nível de serviço ao cliente, 186-187
   de programação, 249-251
   de tempo, 170-175
   definir os objetivos para, 235
   múltiplas, 233-235
   objetivos das, 236-239
   padrões na forma como, 234
   utilizando modelos formais, 236

B

Benchmarks, no mercado para avaliação, 235
Benetton, estratégia de adiamento da, 309
Boeing, estratégia de produção da, 27

Índice

C

Cadeias de suprimentos externas, 33
Cadeias de suprimentos internas, 33
Cadeias de suprimentos
 atraso nas, 77-80
 complexidades das, 34-37
 definição de, 20
 definições de blocos das, 26-27
 efeito no PIB, 13
 efeitos das falhas nas, 10-12
 estratégia das, 275-279
 êxitos das, 3-6
 externas, 33
 feedback e, 83
 fluxos a montante e a jusante, 25
 futuro das, 8
 história das, 3-5
 importância de compreender, 73
 incentivos ao longo das, 244-246
 instalações e elos das, 20-24
 internas, 33
 internet e, 122-123
 método JIT e, 43-45
 modelando a, 86-106, 282-283
 mútliplas, 279
 objetivo das, 24
 orientando a manufatura, 306-307
 otimização das, 285-290
 planejamento das, 213-231
 planejamento independente e as, 226
 problemas estruturais das, 36
 projeto de, 279-291
 push e pull, 28
 relações comerciais e, 53-65
 simulação das, 97-99, 289-291
 trabalho em equipe fundamental para as, 16-18
 variabilidade nas, 37-39
 visualização do sistema de, 69-85
Cadeias pull, 28
Cadeias push, 28

Camadas, 32, 33
Capacidade fixa, medindo o uso de, 184
Capaz de Prometer (*Capable to Promise* — CTP), 136
Catálogos eletrônicos, 166
Caterpillar, serviços aos clientes da, 188
Centralização do risco
 adiamento, 308
 aplicação do, 301
 centralização de estoques e a, 297-299
 dificuldades envolvidas na, 303
 divisão dos grupos, 299-300
 e redução de estoques, 297
 entrega direta, 301
 estoque em níveis, 299
 fontes múltiplas de fornecedores, 299
 questões referentes à, 302
 transbordo, 300
Centros de distribuição, 21
 adiamento e os, 308-310
Chrysler
 programa Score da, 5, 9, 54, 57, 306
 uso das cadeias de suprimentos da, 4-5
Cibernética, 69-70
Cisco Systems, falhas na cadeia de suprimentos da, 10
Clientes, 26
 conhecendo os, 255-256
 determinando os ideais, 267
 em comparação com consumidores, 26
 incentivos aos, 268
 padrões de compras dos, 256-257, 257-259
 retenção dos, 108
 satisfação dos, 187
Cobrança, 145
Colaboração. *Ver* Colaborativa
Colaborativa
 importância da, 15-18
 na previsão, 210-211
 no método JIT, 42-44
 no planejamento, 228-231
 no projeto, 306
 objetivos da, 61

para manter a competitividade, 61
para resultado de soma positiva, 61-65
Competência central, das empresas, 62-63
Complexidade
  documentação e, 35
  e o gerenciamento da cadeia de suprimentos, 35
  escala e, 38-39
  lidando com a, 34
  redução da, 39, 43, 49
Componente aleatório da demanda, 195
Componente de tendência da demanda, 195
Componente sazonal da demanda, 195
Componentes sistemáticos da demanda, 195
  previsão de, 196
Compra antecipada, 271
Compras
  gerenciamento de, 33
  sobreposição com distribuição, 33
Compreensão, 71-73
Comunicação, a internet e a, 118-119
Concorrência, em relacionamentos comerciais, 54
Conhecimentos de embarque, 35
Consignação, 45
Consolidação em trânsito, 142
Controle
  como processo de produção, 71
  modelando, 86-87, 88
Criação de reserva, 271
  reduzir a, 272
Cross docking, 143
Cross docks, 21
Curva de trade-off, 55
Custeio Baseado em Atividades (*Activity-based Costing* — ABC), 179
Custo de manutenção, 156
Custo de pedido, 156
Custos de erros, 180-181
Custos de oportunidade, 180

Custos diretos, 177
  em relação aos custos indiretos, 180
Custos indiretos, 178-179
  distribuição dos, 179
  em relação aos custos diretos, 180
Custos
  como função objetiva, 288
  de erros, 180-181
  de oportunidade, 180
  diretos *versus* indiretos, 179, 180
  distribuição de, 179
  medindo os, 177, 181
  redução de, 6
  tipos de, 156, 177

D

DaimlerChrysler, 9
Dell
  estratégia de cadeia de suprimentos da, 7-8, 18
  estratégia de produção da, 27
  modelo de vendas diretas da, 50
  modularização na, 304
  tempo do ciclo financeiro da, 172-173
  utilização das cadeias de suprimentos da, 6-7
Dell, Michael, 174
Demanda dependente, 209
Demanda do cliente, 209
Demanda independente, 209
Demanda
  aceleração da, 297
  ações das empresas e a, 204
  acúmulo de, 270-271
  agregada, 197
  atendendo à, 127
  componentes da, 194-196
  comunicando a, 128
  estabilizando a, 270-273
  importância da, 24
  independente *versus* dependente, 209
  melhorando a qualidade da, 266
  para produtos novos e recém-lançados, 204-207, 263-265

prevendo a, 193-202
promoções e, 272, 273
questões do cliente
  relacionadas à, 255-259
variabilidade da, 37-39, 99-100, 262
vendas direcionadas, 267
Demarcação de preços
  em camadas, 267-268
  etapas da, 134-136
Densidade, custos relacionados à, 261
Descontos, 135
  baseados no volume total, 272
Desempenho
  acompanhamento do, 296-297
  centralizando o risco, 297-303
  conflitos de, 236-239
  Consulte também Avaliações e medidas
  eliminação de atividades que não agregam valor, 296
  filas e, 295-296
  lucro como, 238-240
  maximizando o, 293-312
  medida de, 232-235
  melhoria da demanda e, 297
  melhoria do fluxo de caixa e, 297
  melhoria do, 244-246
  motivações para, 242-246
  objetivos e, 236-239
  velocidade e, 294-295
Desvio-padrão, 100
Diagrama de Entidade Relacionamento (ER), 90
Dias de estoque disponível, 182-183
Diferenciação adiada, 307
  custos da, 309-311
  e economias de escala, 307
  e projeto do produto, 309
  e redução de estoque, 308
  estudo de caso de, 307-308
  função do centro de distribuição na, 309-310
  no âmbito do produto, 308
  seletiva, 311-312
Diferenciação, 277
  adiando a, 307-312
Disponíveis para Promessa
(*Available to Promise* — ATP), 136

Distorções, 79
Distribuição eletrônica, 119
Distribuição normal, 100
Distribuição
  gerenciamento da, 31
  padrões na, 30
Distribuição, Estatística, 100

E

Economias de escala, efeitos da, 80
Efeito chicote, 38, 80, 271
Eficácia
  definição de, 185
  do atendimento, 185
  do serviço e satisfação do cliente, 186-188
Eficiência, 181-182
  medindo a, 181-185
  razões usadas para comparar, 185
  versus flexibilidade, 277
Embalagem de transporte, 141
Embalagem primária, 141
Embalagem secundária, 141
Embalagem
  do pedido, 141
  projeto do produto e, 305-306
Embarque de cargas menores que um caminhão (LTL), 22
Embarques de cargas cheias (TTL), 22, 301
Empresas de serviços de entrega expressa, 24
Engenharia convergente, 91
Engenharia simultânea, 303
Entrega direta, 301
Entrega
  aceleração da, 294
  cross docking, 142-143
  dificuldades de, 143
  direta, 301
  rota de, 142
  transbordo, 300
  transportadoras usadas para, 142
Erro absoluto médio percentual (Mape), 247-248
Escassez, 154
Estabilização da demanda
  acúmulo e, 270-272

Estoque cíclico, 160
Estoque de matérias-primas, 21
Estoque de produtos acabados, 21
Estoque em níveis, 299
Estoque em processo (WIP), 21
Estoque em trânsito, 23
Estoque gerenciado pelo fornecedor (VMI), 46
Estoque
  automatizado, 155
  centralização de risco e, 297-299
  conflitos relacionados ao, 236-238
  e o reabastecimento no varejo, 45
  em níveis, 299
  em trânsito, 23
  falsas reduções de, 50-53
  informações e, 29, 84, 155-156, 228-229
  medida de, 182-183
  redução do, 42, 50-53, 308
  tipos de, 21
  velocidade do, 174
Estoques de segurança, 29
  mantendo os, 158-160
  questões econômicas na manutenção do, 161
  variabilidade e, 160-161, 163
Estratégia de fabricação contra previsão de demanda, 26
Estratégia de fabricação sob encomenda, 26
Estratégia de posicionamento, 277, 278-279
Estratégia
  desenvolvimento de, 275-276
  falta de, 276
  múltipla, 279
  posicionamento, 277, 278
  trade-offs na, 277, 278
Estruturas de dados, hierárquicas, 120
Extração, de matérias-primas, 20

F

Falta de sincronia, 78
  conseqüências da, 79
  identificação de, 79
Fatores externos, definição de, 70

Fatores internos, definição de, 70
Faturas, elaboração de, 145
Feedback negativo, 82-83
  e estabilidade, 83-84
Feedback positivo, 82
  e crescimento, 83
Feedback, 81
  importância do, 83-85
  negativo, 82-83, 83-84
  positivo, 82, 83
  tipos de, 82
Filas, redução de, 295-296
Fluxo de Caixa
  e desempenho, 297
  importância do, 24, 29
Fontes múltiplas de fornecedores, 299
Ford, 28
  cadeia de suprimentos da, 62
  implementação do método JIT na, 44
Ford, Henry, 62
Fornecedores, 26
  e o método JIT, 42-44
Fraldas Pampers, 38
Fronteira de eficiência, 277
  avançar a, 294
Fronteira push-pull, 28
  deslocamento da, 261
Função objetivo, 286-288
  escolha da, 288

G

Gerenciamento da cadeia de suprimentos (SCM), 24
  internet e o, 119, 122
Gerenciamento do Relacionamento com Clientes (CRM), 115
  modelos de negócios implícitos no, 116-118
Gerenciamento do relacionamento com fornecedores (SRM), 115
Gerenciamento por categorias, 47
Gillette, uso das cadeias de suprimentos na, 4

H

Hammer, Michael, 8

Hewlett-Packard, impressoras
    Deskjet da, 307
Hill-climbing, 102-103
Honda, modificações do método
    JIT pela, 44
Horizonte de previsão, 196

I

i2 Technologies, 10
Incentivos, 242-243
    alinhados aos objetivos, 243
    alinhamento dos, 244
    aos clientes, 268
    mudanças nos, 243-244
    uso dos, 242
Índice de atendimento do pedido,
    162
Índice de atendimento do
    produto, 162
Índice de entregas pontuais,
    186
Índice de rotatividade de estoque
    (giros de estoque), 182
Informações
    e estoque, 29, 84, 155-156,
        228-229
    e seu movimento na cadeia de
        suprimentos, 28-30
Inovação
    e demanda, 205-207, 263-265
    ROI potencial para a, 269
Inputs, 70
    em relação aos outputs, 72-73
    fatores externos, 70
    feedback e, 81
Instalações de armazenagem, 20
    contêineres como, 23
Instalações de produção, 20
Instalações
    estrutura das, 21
    tipos de, 20
Integração vertical, 33, 62
Integração virtual, 62
Intercâmbio eletrônico de dados
    (EDI), 46, 121
Internet
    e comunicação, 118
    e o gerenciamento da cadeia
        de suprimentos, 118
    XML e a, 120-122
Intervalos de confiança, 195

Intervalos, 172
    tempo do ciclo financeiro,
        172-174

J

Jobs, Steve, 5
Jogos de soma zero, 55
Johnson Controls, 28

K

Keiretsu
    definição de, 42
    funcionamento do, 62
Kmart
    falência da, 9
    falhas na cadeia de
        suprimentos da, 9

L

Lead time de atendimento, 146-
    147, 171-172
Lead time de reabastecimento,
    154, 172
Lead times, 171
    de atendimento, 146, 171
    de reabastecimento, 154, 172
Lear, eficiência da, 182-183
Leilões eletrônicos, 167
Leilões inversos, 167
Leilões, 167
Limitações de recursos, 287
Limitações do projeto, 287
Limitações
    no projeto, 286
    tipos de, 287
Linha ganha-perde, 55
Lista de Materiais (*Bill of Materials*
    — BOM), 215
Lista de Operações (*Bill of
    Operations* — BOO), 216
Lucro
    ao longo da cadeia de
        suprimentos, 246
    como objetivo, 238-240, 288
    conflitos causados pelo, 239
    efeitos do, 241

M

Média móvel, 194
Média, definição de, 100

Medida de pedido perfeito, 187
Meios de transporte, 20, 22-23, 24
Mercado, previsão e, 204
Mercadorias, aquisição de, 165
Mercados eletrônicos, 166
Mercados privados, 167
Mercados públicos, 167
Mercados setoriais patrocinados, 167
Mercados
   o futuro dos, 167
   tipos de, 168
Método de manufatura just-in-time (JIT), 41
   alertas em relação ao, 43-45
   aplicações no varejo do, 46-47
   e a redução de estoques, 52-53
   e as necessidades de estoque, 42
   e o tempo de entrega, 130, 131
   fornecedores e o, 42
Método de Monte Carlo, 100, 222
Modas, 207
Modelagem em grupo, 91
Modelo linear, 93, 94, 95
Modelos conceituais, 88-89
   características dos, 90
   objetivos dos, 90-91
Modelos e modelagem, 86
   combinação de, 103-106
   conceituais, 90-92
   definição de meta para, 241
   dicas de, 282-285
   e compreensão, 87
   e controle, 87, 88
   e previsão, 86-87, 87-88
   escolha de, 90, 103
   formais, 89
   funções dos, 86-87
   implícitos, 116-117
   importância dos, 88
   matemáticos, 89, 92-97
   modalidades de, 86
   pelo gerenciamento, 282, 284
   por modeladores, 284-285
   simulação, 97-103
   tipos de, 88-90
   utilização de, 103-106
Modelos formais, 89

Modelos matemáticos, 89
   alertas em relação aos, 97-98
   como sistemas, 93-94
   exemplos de, 93
   inputs e outputs dos, 94
Modularidade
   descrição da, 303-305
   vantagens da, 304
Modularização para, 304
Módulo de planejamento mestre da produção (MPS), 1109, 215

N

Nike, falhas na cadeia de suprimentos da, 10
Nível de componente da demanda, 195
Nível de serviço ao cliente (CSL), 161
   como limite, 186
   medindo o, 185-188

O

Opções, no projeto da cadeia de suprimentos, 287
Otimização e otimizadores, 96
   coordenados com a simulação, 289-290
   ferramentas para, 286
Outputs, 70
   em relação aos inputs, 73-77
   feedback e, 81
   monitoramento de, 71

P

Pagamento
   cálculo do preço, 144
   cobrança, 145
   faturamento para, 145
   importância do recebimento imediato do, 147
   instantâneo, 149
   recebimento do, 144
Paletes completos, 141
Paletes mistos, 141
Parâmetros, 94
   como inputs e outputs, 94
Pedidos
   acompanhamento dos, 143
   configuração de, 134-136

confirmação pelo cliente, 137
especificados, 128-130
estrutura dos, 130-131
formas de, 132-133
montagem de, 141
pagamento pelos, 144-147
preço de, 134-136
processamento de, 133-138
separação de, 140
tipos de, 128
validação dos, 133-134
Perecíveis, transporte de, 261
Personalização, 261
Planejamento avançado e
programação (APS), 110-113
aproximações feitas pelo, 221
associado aos sistemas ERP,
112-113, 220
conexões de dados para, 220-221
módulo de planejamento de
demanda do, 217
otimização utilizando, 286-287
otimizando com o, 217-221
planejamento interativo por,
217
restrições do, 221
uso de modelo matemático
pelo, 219
vantagens do, 112, 219-220
Planejamento das Necessidades de
Produção (DRP), 109-110, 216
Planejamento de Capacidade de
Curto Prazo (*Capacity
Requirements Planning* — CRP),
109, 215
Planejamento de Necessidades de
Materiais (MRP), 109, 215
Planejamento de recursos do
negócio (ERP)
APS e o, 112-113, 219-221
componentes do, 109
documentos que
fundamentam o, 215
e programação para trás, 214-215
ênfase do, 108-109, 109-111
estratégia de planejamento do,
217
planejamento colaborativo
versus independente e o,
228-231

planejamento da distribuição
no, 108
planejamento da produção no,
108
usado como ferramenta de
planejamento, 213-217
Planejamento independente,
desvantagens do, 225-226
Planejamento
colaborativo, 227-231
elo-a-elo, 229
em multielos, 229
independente, 225-227
melhorias no, 246-251
Planejamento, previsão e
reposição colaborativos
(CPFR), 48-49
Planilhas, 95
Ponto de reposição, 154
Ponto de trade-off, 55
Ponto desencadeante (*tipping
point*), 206
efeitos do, 206
Previsão colaborativa, 210
Previsão dinâmica, 197
Previsão estática, 197
Previsão, 71, 72
modelagem e, 86-87, 87-88
Previsões
agregadas, 197-202, 308
ajustes às, 249
análises de séries temporais,
193-194
baseadas em produtos de alta
movimentação, 200
colaborativas, 210-211
compartilhamento das, 210-211
de produtos novos e recém-
lançados, 204-208
dinâmicas *versus* estáticas, 197
e programação, 250-251
entre as empresas, 208-210
entre departamentos, 208
erros de, 246-250
fatores externos nas, 204
intervalo das, 195-197
intervalos de confiança para
as, 195
objetivos das, 247
tamanho da amostra para as,
198-199

técnicas subjetivas nas, 203-205
vantagens comerciais da, 197
viés nas, 248
Processamento, tempo de, 183-184
Produção paralela, modularidade e, 304
Produção
    cadeias do tipo push e pull na, 28-29
    estratégias de, 26
Produto, 25
    projetando o, 303-306
    reabastecimento do, 152-164
    variabilidade do, 37
Produtos de densidade baixa, transporte de, 261
Produtos perigosos, 261
Produtos
    agregação de, 200-201, 264
    analisando os, 259-265
    com demanda previsível, 262-264
    de alta movimentação, 200, 264-265
    diferenciação de, 277
    e seu relacionamento na cadeia de suprimentos, 268
    famílias de, 265
    novos e recém-lançados, 204-207, 263-265
    personalização de, 261
    variáveis de acordo com a estação, 262
Programa Six Sigma, 15
Programação do cliente, 131
Programação Linear (LP), 96-97
    restrições na, 97
Programação para a frente, 214, 215
Programação para trás, 214, 215
Programação
    integrando a, 225-231
    monitoramento de desempenho da, 249-251
    para a frente *versus* para trás, 214-215
    planejamento colaborativo e, 227-231
    planejamento da, 224-226
    previsão e, 250-251
    software e modelo para, 213-214

Projeto
    colaboração no, 306
    competência central e, 281
    do produto, 303-307, 309
    escolhendo os parceiros, 281-282
    etapas no, 279
    limitações e, 286-287
    modelagem para o, 282-285
    modularização no, 304-305
    objetivos e, 286-287
    otimizadores e, 285-288
    para manufatura, 303
    simplificação e homogeneização no, 304
    simulações e, 289
    teste do, 289-291
Promoções
    causando acúmulo, 271
    para estabilizar a demanda, 272-273

Q

Quantidade Econômica do Pedido (EOQ), 157-159
    e o estoque de segurança, 158-160

R

Reabastecimento
    acionando o, 153-154
    ciclo de, 152
    e atendimento, 164-166
    políticas de, 153
    quantidade do pedido de, 156-158
    simplificando o, 164-168
    varejo. *Consulte* Reposição no varejo
Rede de compras, 30
    camadas nas, 33
Redes de distribuição, 30, 31
Redução, 155
Regra 80/20, 199
Relacionamentos ganha-ganha, 54
    e a fronteira de eficiência, 277
Relações comerciais
    concorrência nas, 53, 58
    parceria, 53-55
    soma positiva, 58-61
Relações contínuas, 75, 76

Relações de valor único, 75, 76
Relações de valores múltiplos, 75, 76
Relações lineares, 75
Relações perde-perde, 56
Relações uniformes, 75
Relações
 funções das, 73-74
 tipos de, 74-77
Reposição contínua (CR), 47
Reposição no varejo, 45, 47
 CPFR, 48-49
 EDI e, 46
 história do, 45-46
 sistemas POS e o, 46
 VMI, 46
Reserva redundante, 226
Resposta eficiente ao consumidor (ECR), 47
Resposta rápida (QR), 46, 47
Restrição, no projeto da cadeia de suprimentos, 287
Retorno sobre o investimento (ROI), 185
 cálculo do, 290-291
 como critério do projeto, 290
Revisão contínua, 154
Revisão periódica, 153
Risco
 centralizando o, 297-303
 e custos de transporte, 261
Romaneios, 35
Rotas de transporte, 20, 22

S

Score, 5, 9
 êxitos do, 54, 57-58
 parcerias de projeto no, 306
Sell-through, 272
Siemens CT, utilização das cadeias de suprimentos na, 3-4
Simulações
 alertas relacionados às, 101-102
 como modelos, 89, 97
 e o gerenciamento de riscos, 222
 indicações para, 96-98
 para completar os sistemas ERP e APS, 224-225

teste de, 98
 usadas como ferramenta de validação, 221-225
 variabilidade nas, 99-100
Sistema turn-and-earn, 272
Sistema
 definição de, 69-70
 importância de compreender o, 71-73
 recursos do, 70-71
Sistemas de contêineres, 155
Sistemas de pontos-de-venda (POS), 46
Software de cadeia de suprimentos
 APS, 110-113
 CRM, 115
 distribuição eletrônica do, 119
 ERP, 107-111
 ferramentas de projeto, 115
 internet e o, 118-123
 software de gerenciamento de ocorrências na cadeia de suprimentos, 115
 software de gerenciamento de transporte, 114-115
 software de sistema de manufatura, 107-111
 SRM, 115
Software de gerenciamento de armazéns, 113-114
Software de gerenciamento de transporte, 114-115
Sony, estratégia de produção da, 27

T

Tamanho da amostra, 198
Taxa de giro de capital, 185
Técnica Delphi, 208, 210
Técnicas arbitrárias, 203
Técnicas subjetivas, 203
Tempo de entrega, 129-130
Tempo do ciclo financeiro, 172, 185
 importância do, 172-173
Tempo do ciclo, 173
Tempo
 de atendimento, 146-147, 171-172
 de entrega, 129

de processamento, 183-184
de reabastecimento, 154, 172
do ciclo financeiro, 172-174, 185
do ciclo, 173
medidas de, 170, 174
variabilidade no, 175-176
Teoria do jogo
  descoberta apresentados pela, 56
  jogos de soma positiva, 58-60, 61-65
  jogos de soma zero, 55-56
  relacionamentos ganha-ganha, 55
  relacionamentos perde-perde, 56
Toyota, implementação do método JIT na, 42, 44
Trabalho em equipe. *Consulte* Colaborativa
Tracking signal, 248
Transbordo, 300
Transporte intermodal, 22
Transporte
  intermodal, 22-23
  meios de, 20, 22-23, 24

U

Utilizando ferramentas APS, 112-113, 286

V

Variabilidade, 37-38
  acúmulo e, 270-271
  e capacidade em excesso, 263-265
  escala e, 38-39
  lidando com a, 37, 158-164
  na demanda, 38-39, 99-100, 262
  nas simulações, 99-102
  no produto, 37
  no tempo de processamento, 175-176
  padrões de, 160-161
  previsão da, 197
  redução da, 39, 43, 48
Velocidade, 174
Vendas direcionado, 267
Verificações de crédito, 136
Verificações de disponibilidade, 137
Viagens de retorno (*Backhauls*), 142

W

Wal-Mart
  estratégias sobrepostas no, 279
  influência no mercado do, 305
  integração vertical pelo, 50-51, 62
  uso da cadeia de suprimentos pelo, 18, 50
Web
  XML na, 122

X

XML (linguagem de marcação extensível ou *extensible markup language*), 120
  estruturas de dados complexas no, 120
  nas páginas da web, 122
  padrões do, 121
  vantagens do, 120